U0905101

珍藏本
纪念版

汉译世界学术名著丛书

感觉的分析

〔奥〕马赫 著

洪谦 唐钺 梁志学 译

2017年·北京

Ernst Mach

DIE ANALYSE DER EMPFINDUNGEN

und

das Verhältnis des Physischen zum Psychischen

本书据耶拿 Gustav Fischer 出版社 1922 年第九版，并参照 C. M. Williams 与 S. Waterlow 英译本(The Analysis of Sensations，伦敦，1914 年)译出

汉译世界学术名著丛书
（120年纪念版·珍藏本）
出 版 说 明

2017年2月11日，商务印书馆迎来120岁的生日。120年前，商务印书馆前贤怀揣文化救国的理想，抱持“昌明教育，开启民智”的使命，立足本土，放眼寰宇，以出版为津梁，沟通中西，为中国、为世界提供最富智慧的思想文化成果。无论世事白云苍狗，潮流左右激荡，甚至战火硝烟弥漫，始终践行学术报国之志，无改初心。

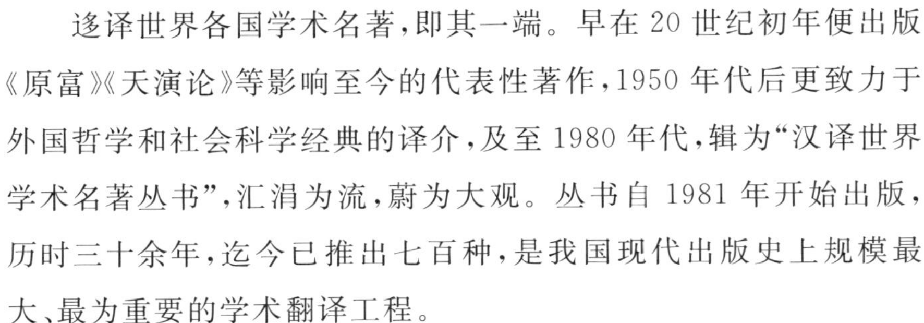

迻译世界各国学术名著，即其一端。早在20世纪初年便出版《原富》《天演论》等影响至今的代表性著作，1950年代后更致力于外国哲学和社会科学经典的译介，及至1980年代，辑为“汉译世界学术名著丛书”，汇涓为流，蔚为大观。丛书自1981年开始出版，历时三十余年，迄今已推出七百种，是我国现代出版史上规模最大、最为重要的学术翻译工程。

丛书所选之书，立场观点不囿于一派，学科领域不限于一门，皆为文明开启以来，各时代、各国家、各民族的思想与文化精粹，代表着人类已经到达过的精神境界。丛书系统译介世界学术经典，引领时代思想，为本土原创学术的发展提供丰富的文化滋养，为推动中国现代学术和现代化进程做出了突出的贡献。

为纪念商务印书馆成立120周年，我们整体推出“汉译世界学术名著丛书”120年纪念版的珍藏本，寄望既利于文化积累，又便于研读查考，同时向长期支持丛书出版的译者、编者和读者致以敬意。

两甲子后的今天，商务印书馆又站在了一个新的历史时间节点上。我们不仅要铭记先辈的身影和足迹，更须让我们的步伐充满新的时代精神。这是商务人代代相传的事业，更是与国家和民族的命运始终紧密相连的事业。我们责无旁贷，必须做好我们这代人的传承与创造，让我们的努力和成果不仅凝聚成民族文化的记忆，还能成为后来人可以接续的事业。唯此，才能不负前贤，无愧来者。

商务印书馆编辑部

2017年10月

前　　言

大约在一九七三年，北京大学哲学系安排了唐钺先生、宗白华先生和我三人共同选译马赫的《感觉的分析》中与列宁《唯物主义和经验批判主义》一书有关的部分，作为学习参考之用，一九七五年出版的《感觉的分析》节译本就是这样产生的。

十年动乱之后，我多次接到读者来信，要求我们把全书译出，同时，这件事也得到了商务印书馆编辑部的关注。于是，我终于克服了重重顾虑，着手组织了《感觉的分析》一书的全部翻译工作。经过几年时间，这本书终于和读者见面了。

这个译本虽然以原先的节译本为基础，但是，节译的部分在全译本中又重新作了一些修改。全书译校的情况是：

唐钺——第一章，导言：反形而上学；第四章，感官研究的主要观点；第九章，从生物学目的论的观点考察空间；第十四章，前面的研究对于物理学观点的影响。洪谦——六版的序言；第二章，论成见；第三章，我和阿芬那留斯以及其他科学家的关系；第五章，物理学和生物学·因果性和目的论；第十五章，本书陈述的见解被接受的情况。梁志学——第六章，眼睛的空间感觉；第七章，对空间感觉的进一步研究；第八章，意志；第十章，各个视觉相互之间以及它们与其他心理要素之间的关系；第十一章，感觉、记忆和联想；第十二章，时间感觉；第十三章，声音感觉。

这本书的序言，以及第一、二、三、四、五、九、十四、十五各章是由梁志学同志校阅的，其余的第六、七、八、十、十一、十二、十三章是由我审阅的。

唐钺先生的译文以英文译本为基础，参照德文原文译成。我的译文依据的是德文原文。梁志学同志的译文也是从德文原文译出的。译文中如有不妥之处，请指正。

节译本译成之后，唐钺先生和我曾根据翻译时对《感觉的分析》一书的理解，写了一个较详细的译者前言；但是，当时的北大哲学系鉴于我们写的前言不合“四人帮”所谓的“党性”原则，着人将其加以修改。现在，经过反复考虑，我们认为，这样的“党性”原则并无是处，于是新译本中就去掉了节译本的前言部分。现在本应另写一篇译序，但身体不好，力已不济，谨向读者表示歉意。

节译本之能完成，首先要归功于唐钺先生，另外，宗白华先生也出过一些力。至于全译本之能出版，则应归功于梁志学同志，他为此付出了最大的辛劳。胡文耕同志在全译本的组织方面也做了许多工作。

趁此机会，我对唐钺先生这位一直全心全意地献身学术研究的卓越学者表示敬意。此外，商务印书馆的高崧同志和武维琴同志在出版方面也给了许多帮助，在此一并表示感谢。

洪　谦

一九八四年九月十三日

北京大学外国哲学研究所

目　　录

第一版序言

我常常被引进感觉的分析这个领域里来，这是由于我深信全 vi
部科学的基础，特别是物理学的基础，须等待着生物学，尤其是感觉的分析作进一步的重要阐明。

当然，对于达到这个目的，我过去只能做出很少的贡献。我的研究不是作为专业来进行的，而仅仅是附带着进行的，并且常常是在隔了好长时间之后，才能再继续下去；这个事实本身必然会使我
所发表的那些散见的作品失去分量，也许甚至会使我受到不公开 vii
的谴责，以为我的研究是支离破碎的。因此，我更加觉得应该特别感谢那些研究家们，如赫林（E. Hering）、亨森（V. Hensen）、普赖尔（W. Preyer）等人，他们曾经注意到了我的著作的内容或我对于方法论的阐述。

本书概括性的和补充性的陈述，对于我的观点或许是某种更为有益的阐明，因为这一陈述表明，无论在什么场合，我在自己所研究的许多具体事实中注目的正是**同一个问题**。虽然我完全不能要求被称为生理学家，更不能要求被称为哲学家，但是我希望一个物理学家会突破通常的专业界限，纯粹出于要开导自己的强烈的愿望而进行工作，即使我可能不是在每一点上都正确，这种工作对于别人也不会毫无价值。

我本来爱好研究本书探讨的问题，我的这种爱好在二十五年前从费希纳（G. Th. Fechner）的《心理物理学基本原理》（莱比锡1860年）一书中得到了最大鼓舞，但对我推动最多的还是赫林对于本书第四章第七节和第七章第二十一节详细指明的那两个问题的解决。

有的读者出于某些理由，要避开比较概括的研讨，对于这样的读者，我可以提议他们不读第一章和最后一章。可是，对于我来说，全书的观点和各部分的观点是那么密切相关，因而我几乎很难把两者分开。

马　赫

布拉格，1885年11月

第二版序言

本书原来是要起一个概要作用，假如我认为可以根据阿芬那
留斯、科内利乌斯（H. Cornelius）、詹姆士、屈耳佩、勒卜（Loeb）、毕 viii
尔生、彼得楚尔特、维利等人偶尔发表的言论来作判断的话，那么，
它确实已经起到了这样的作用。现在，过了十四年之后，本书又出了新版。这是一个相当大胆的举动。尽管现在加上好多关于实验的具体研究，详细考虑本书问世以来曾经出现的文献，会使这本书膨胀成一厚册，而与它原来的性质不相符合，然而，我还是不愿意错过最近的这个机会，而不能不对我所重视的这一个题目再说一些话。因此，在这一版我增加了最必要的补充和解释，主要是插进一些简短的章节。其中的一章，即第二章，我已经搁到1897年发表的英文版中去了。

我的认识论的物理学研究和我现在对于感官生理学的研究，都是以**同一个**观点为依据，这就是：一切**形而上学**的东西必须**排除**掉，它们是**多余的**，并且会**破坏**科学的经济性。如果说我对于那些反对我的观点没有用批判的和论战的方式作详细的讨论，那么，这的确不是由于我轻视那些观点，而是因为我深信这类问题不能用讨论和论战来解决。在这里，唯一有益的办法是把未成熟的思想或内容矛盾的未成熟的思想耐心地经年累月地搁在心里，诚实地

努力完成未成熟的思想或除去矛盾的成分。有些读者把这本书翻了头几页之后，由于深信自己不能再跟着我前进，便把它抛开了；这些读者也只有采取我自己过去有时不得不采取的办法。

本书就其以前的形式说，曾经得到多方面的热忱欢迎，但也激起了强烈的反对。维利在其新近出版的一本著作《心理学的危机》
ix （莱比锡 1899 年）里采取了很近似于我的观点，但在许多细节上又反对我的见解。了解这一事实，对于那些打算更深入地探讨本书内容的读者，总会有意义的。

马　赫

维也纳，1900 年 4 月

第三版序言

第二版在几个月内就销售一空，这完全出乎我意料。我毫不错过机会，添加了能够有助于明确我的观点的题材，但并未因而改动 1886 年第一版的基本内容。仅有两处，即第二版第一章第七节和第十一节经过修改，在说法上比以前更明确了。维也纳大学物理学讲师朗巴(A. Lampa)博士在和不同的读者交谈中获悉，这两节往往被理解为片面的和唯心论的。当然这种理解绝不符合我的意图。我对于朗巴博士这种亲切的报道，表示衷心的感谢。这一版的第九章和第十五章，将第二版表示的意思作了进一步的论述，是新加的。

如果一切迹象没有被误解的话，那么从我的观点来看，我远不再像前几年那样孤立了。除阿芬那留斯学派之外，还有些年轻的思想家，例如冈佩茨(H. Gomperz)，通过他们自己的道路接近了我的观点。至于我们中间还存在着的分歧，我觉得是可以调和的。当然现在就来讨论这些分歧，还为时太早。“但是，问题的特殊困难是在于精确地搞清楚什么是别人所意指的，甚至于什么是个人自己所意指的。”这是数学家克利福德(W. K. Clifford)用富于风趣的口吻说的一段话(《论物自体的本性》;入《讲演集》,第二卷,第88页)。这个作家的思想方向和我自己是非常类似的。

马　赫

维也纳,1901年11月

第四版序言

科学的任务不是别的，仅是对事实作概要的陈述。现在逐渐 x
提倡的这个崭新见解，必然会指导着我们彻底地排除掉一切无聊的、无法用经验检查的假定，主要是在康德意义下的**形而上学的**假定。如果在最广泛的、包括了物理的东西和心理的东西的研究范围里，人们坚持这种观点，就会将“感觉”看作一切可能的物理经验和心理经验的共同“要素”，并把这种看法作为我们的**最基本的和最明白的**步骤，而这两种经验不过是这些要素的不同形式的结合，是这些要素之间的相互依存关系。这样一来，一系列妨碍科学研究前进的假问题便会立即销声匿迹了。这本书既不向我们提供任何哲学系统，也不向我们提供包罗万象的世界观。这里考察的仅仅是这样**一个**步骤的后果，而这个步骤可以与任何其他步骤结合起来使用。本书并不试图解决一切问题，而是引起一种**认识论上的转变**，这种转变会使距离较远的各种科学研究部门相互合作，从而为解决科学上的重要的细节问题**进行准备**。

也应该从这种观点来看本书所包括的专门研究。物理的东西和心理的东西如果不存在本质的差异，则可推测这两种东西的关系中也有人们在一切物理的东西中所探求的那种精确关系。我们希望，在心理学对感觉的分析所发现的一切细节上，能找到同样多的、对应的神经过程的细节。在本书中,我已经在自己力所能及的范围里,对这种对应关系作了论述。

对于我的观点过分的赞赏和过分的责难,我都已经听到。根据以上所说,我希望过分赞赏我的人和过分责难我的人都应当对
xi 自己有所节制,作出冷静的判断。大约在三十五年前,我克服了自己的成见,稳固地确立了当前的立场,从而摆脱了我生活方面的最大精神烦恼,在这个时候,我才从中感到一定程度的满意。当时我仅知道康德和赫尔巴特的观点与我接近。现在我发现,有为数不少的哲学家,如实证论者、经验批判论者、内在哲学的代表们以及非常个别的自然科学家,他们互不相识,走上了这样一些道路,这些道路尽管还存在着许多个人方面的差别,但几乎都是朝着一个地点会聚的。在这些情况之下,我不能过高估计我个人劳作的价值,但是我可以深信:我不是纯粹追求一种主观的空想,而是对于达到一般人所追求的目标已经做出了贡献。提出这种思想的优先权要求,当然没有什么意义;因为这种思想的线索就其根源而论,一直可以追溯到遥远的古代。

维也纳大学医学院讲师波拉克(Josef Pollak)博士和庖利(Wolfgang Pauli)博士校阅了这本书的清样。在这里,我对于这两位先生的盛意,表示衷心的感谢。

马　赫

维也纳,1902 年 11 月

第五版序言

这一版补充了一些附录与注解。在谈到对于方向感的最新研究的地方，插入了几节内容丰富的述评，它是由波拉克教授写出的；他还怀着盛意，阅读了本书的校样，订正了索引。对于这一切赞助，我应该向他表示衷心的感谢。在涉及埃瓦德（Ewald）听觉 xii
理论时的一处错误已经得到纠正。我满意地注意到，毕纳（Alfred Binet）关于物理东西与心理东西的关系的观点（《心灵与身体》，巴黎 1905 年）几乎与本书所持的观点是同时提出的。

马　赫

维也纳，1906 年 5 月

第六版序言

xiii 我希望公正的读者们对于有些作者对本书所作的过分热心的批评,不要感到惊奇。这本书代表的世界观,是每个人,特别是每个自然科学家经常见到的,是普遍而自然的。本书正在努力给这样的世界观奠定最简单和最可靠的理论基础。如果第一章不能说明这一点,我希望第十四章、第十五章以及新增加的附录会达到这个目的。新增加的附录有一部分涉及其他作者修订或扩充了的专门研究。我对于他们向我提供这方面的珍贵报道,表示非常的感谢。如果将来再一次在感官生理学领域内进行实验,我期望布尔迈斯特(L. Burmester)教授(慕尼黑)和希尔布兰德(F. Hillebrand)博士(因斯布鲁克)能给我以亲切的帮助,会特别推动我的工作前进。庖利(R. Pauli)博士的论文《论光刺激的时间秩序的判定》,我读到太晚,因此没有来得及在这本书内把它作为参考文献。

马　赫

维也纳,1911 年 5 月

第一章　导言:反形而上学

一

物理学的研究,在过去几百年中,不仅在自己的领域里获得了 1
巨大的成就,而且通过它的帮助,在其他各种科学范围里也获得了巨大的成就。这些成就导致**物理学**的观点和方法无论在哪里都居于突出的地位,并且人们对于应用这些观点和方法是抱有极大的成功希望的。因此,连感官生理学也把歌德、叔本华等人所采用的、缪勒(Johannes Müller)借以取得最大成就的那种**就感觉本身**研究感觉的方法逐渐抛弃了,而几乎完全带上了物理学的性质。可是,在我们看来,这种转变应该说是一种并不完全合适的转变,如果我们考虑到,物理学尽管有重大的发展,毕竟仅仅是整个更大的知识范围的一**部分**,用它那些为片面目的而提出的片面思想方法并不能把所有的问题研究透彻。不放弃物理学的支持,感官生理学不但可以促进其自身的发展,而且对于物理学也能提供有力的帮助。以下的简略考察也许可以说明这种关系。

二

颜色、声音、温度、压力、空间、时间等等,以各种各样的方式相

2 互结合起来；与这些要素相联系的，又有心情、感情和意志。在这个组织中，相对稳定、相对恒久的部分特别显著，因而被铭刻于记忆，被表现于语言。显得相对恒久的，首先是由颜色、声音、压力等等在时间和空间方面（函数方面）联结而成的**复合体**；因此，这些复合体得到了一个特别的名称，叫做**物体**。这样的复合体并不是绝对恒久的。

我的桌子受到光照，一会儿更明亮些，一会儿更暗淡些，可能更热一些，也可能更冷一些。它也许被墨水污染了一块。它也许有一条腿折了。它也许经过修理、重漆，各部分都逐一更换过。但是，在我看来，它还是我每天在上头写字的桌子。

我的朋友可以穿另一件上衣。他的面容也许严肃，也许和悦。他的脸色也许由于受光线或情绪的影响而有所变化。他的身材也许是由于运动而改变了，也许是经常改变的。但是，恒久的东西的总和总是比逐渐的改变大得多，所以这些逐渐的改变可以略而不计。他依然是同一个天天陪我散步的朋友。

我的上衣也许弄脏了一块，也许有一块扯破了。我的这种说法表示，重要的是恒久的东西的总和，既可以给这个恒久的东西加进新的成分，也可以随后从中抽出不合适的成分。

我们对于这个恒久的东西比较熟悉，这个东西比可变的东西对我们更加重要。这就促使我们养成了表象和命名的经济方法。这个方法部分地是本能的，部分地是随意的、自觉的，表现在通常的思维和语言里。凡是一下子表象出来的东西，都有**单一的**称呼，**单一的**名字。

其次，显得**相对**恒久的，还有记忆、心情和感情同一个特殊物体(身体)联结而成的复合体;这个复合体被称为**自我**。我也许做这个事情,也许做那个事情;也许沉静,也许快活;也许兴奋,也许忧郁。可是,除开病态不论,剩下的恒久的东西也足以确认我是同 3
一个自我。当然,自我也只有**相对的**恒久性。自我之所以貌似恒久不变,主要是由于它有**连续性**,由于它变得缓慢。昨天的许多思想和计划今天可以继续下去,醒时的环境不断使自我想到这些思想和计划(因此,在梦中,自我可能异常模糊,变成两个人,或完全不在场);这些思想计划和长期不自觉地无意识地保持下来的细小习惯,构成自我的基础。在不同的人们中间所存在的自我的差异,很难说比**一个**人的自我多年经历的差异更大。当我今天回想我的少年时,假若不是由于有记忆的连锁,那么,除开个别地方之外,我将会认为我在童年时代是另一个人。我二十年前写的好多论文,现在我感到是极其陌生的东西。身体的变化很缓慢,这也有助于自我的恒久不变,但比人们设想的程度小得多。这些事情比理智的和道德的自我所得到的分析与重视要少得多。人对自己的认识很不清楚①。我写这一段时(1886年),还没有看到利鲍(Th. Ribot)的佳作《人格的病》,在这本书中,他认为共同的感觉是构成

① 我年轻时,有一回在街上瞥见一个人的脸的侧面,我觉得它很难看,很讨厌。过了一会儿,我发现自己经过一家镜店,从两面相互倾斜的镜子里所看到的脸正是我自己的脸,这时我大为惊遽自失。另一回,我乘了一夜累人的火车之后,很疲劳了,上公共汽车时,正碰见一个人从对面上车。我心里想:"刚来上车的是个多么破落褴褛的教书匠!"原来他正是我自己,因为对面有一面大镜子。可见,我对本阶层的面貌比对我自己的面貌更熟习。

自我的重要因素。我对他的见解完全同意[①]。

4 自我同物体一样，不是绝对恒久的。我们那么怕死，就是怕消灭自我的恒久性。但这种消灭实际上在生存中就已经大量出现了。我们所最珍视的东西在无数摹本中保存下来，或是因为有卓著的特点，通常会永垂不朽。可是，即使是最好的人也有其个人的特点，对于这些特点的丧失，他自己和别人都不必惋惜。其实，死亡作为摆脱个人特点来看，甚至可以成为一种愉快的思想。当然，这种设想不能使**生理**的死亡轻松易受。

如果说，构成了“物体”和“自我”（物质和灵魂）这些实体概念，就完成了第一步的考察，那么，意志便急需更精确地考察这些相对恒久的东西中的**变化**。而物体和自我中的这种变化成分，正是推动意志[②]从事这种考察的原因。这些复合体的组成部分这时才表现为这些复合体的**特性**。一个水果是甜的，但也可以是苦的。别的水果也可以是甜的。所寻求的红色见于很多物体。有些物体的近旁是适意的，其他物体的近旁则是不适意的。这样，不同的复合体就逐渐显得是由共同的成分构成的。看得见的、听得到的、触得着的东西与物体分离开了。看得见的东西分解为颜色和形式，在各种各样的颜色中又出现少数组成部分，如原色等等。复合体分解为**要素**[③]，即它们的最后组成部分，也就是**到目前为止**我们不能再作进一步分

---

① 参看休谟：《人性论》，第一卷，第四部分，第六页；格卢特胡森（Fr. u. P. Gruithuisen）：《对鉴貌知人术和自知术的研究》，慕尼黑1812年，第37—58页。

② 不可从形而上学的意义来了解。

③ 即使认为这个过程是个抽象，如我们将会看到的，这些要素也不会因此而丝毫失去它们的意义。参看此后第十四章关于**概念**的讨论。

解的成分。这些要素的性质还不能断定;将来的研究会进而阐明它们的性质。自然科学家比较容易研究的,不是这些要素的直接关系,而是这些要素的关系的关系;这个事实在这里无须使我们操心。

三

用单一的名字指称恒久的东西,用单一的思想把握它,而不必 5
每次都去分析它的组成部分,这是一个有用的习惯,这个习惯可能会与那种力求分析各个组成部分的倾向发生异常的冲突。我们对恒久的东西的模糊映象,在除去这一个或那一个组成部分时,不会有看得出来的变化,因此,这个映象就显得是某种独立存在的东西。因为每个组成部分都可以单独地除去,而这个映象还能够代表和再认出是整个恒久的东西,所以,人们就以为一切组成部分都可以除掉,而仍然有一个东西剩下来。于是,就自然而然地产生了一个虽然最初很惊人,但后来才认出是怪诞的哲学观念,就是以为有个物自体[1](它与它的"现象"不同,是不可认识的)。

物、物体和物质,除了颜色、声音等等要素的结合以外,除了所谓属性以外,就没有什么东西了。那个有好多表现形态的假哲学问题,即带有许多特征的单个东西的问题,是由于误解了下列情况而产生的:概括综合与精细分析虽然暂时都有存在的理由,并且对

① 参看舒佩(W. Schuppe)反对宇伯威格的论战,见布拉什(Brasch):《宇伯威格的世界观与人生观》(莱比锡 1889 年)。又参看施米特(F. J. Schmidt):《哲学的愤怒·一篇康德研究》(柏林 1897 年)。

好多目的都有用，但不能够同时进行。只要我们不需要考虑细节，一个物体就是单一的、不变的。例如，一俟我们撇开不切合球形的全部差异，不需要较大的精确性，那么，地球和台球就都是球形。可是，如果我们必须作山岳学的或显微镜下的研究，那么，地球和台球就都不再是球形了。

四

人突出地具有一种自觉地、随意地决定自己观点的能力。他
6 有时能够撇开极显著的特点，而立刻注目于极微小的部分，有时又能够考察稳流（不管它的内容是热，是电，或是液体），而随后计量光谱上弗兰霍夫线的广度；人能够随意做极概括的抽象，又能够沉湎于极琐碎的细节。动物的这种能力就小得多了。动物不能选取观点，而通常是被驱迫到一个观点上的。乳儿不认得戴了帽子的父亲，狗会认错换了新衣的主人，这都是无法应付观点之间的冲突。谁能始终不为类似的情况所迷惑呢？连作哲学思考的人有时也为这种情况所迷惑，上述怪诞的物自体问题就是证明。有些特殊的情况，好像还可以成为给哲学家提出这个问题作辩护的理由。物体的颜色、声音、香气都是顷刻即逝的；但是它的可触的方面是常在的核心，不容易消灭，还会残留下来，表现为那些顷刻即逝的特性的载体。因此，就是在我们已经认识到视觉、听觉、嗅觉同触觉根本是一类性质时，习惯也使我们的心思紧紧地坚持着这个核心。还有一个理由，那就是机械物理学特别发达，因而人们以为空间、时间比颜色、声音和香气具有更高的实在性，于是颜色、声音和

香气在时间与空间上的联系也就好像比这些特性本身更实在。可是,感官生理学表明,空间、时间与颜色、声音一样,应该叫做感觉。关于这一点,以后再来讨论。

五

自我,同物体对于自我的关系一样,也引起类似的假问题。这
些问题的实质可以简短地指明如下:我们把上述要素用字母 7
ABC……,KLM……,$\alpha\beta\gamma$……来表示。为清楚起见,把那些通常叫做物体的、由颜色、声音等等组成的复合体称为ABC……;把那些叫做我们的身体的、在前一类复合体中以某些特点为优异标志的一部分复合体称为KLM……,把意志、记忆印象等等构成的复合体称为$\alpha\beta\gamma$……。通常把组成自我的复合体$\alpha\beta\gamma$……KLM……与组成物质世界的复合体ABC……置于对立的地位。但是,有时只把$\alpha\beta\gamma$……视为自我,把KLM……ABC……视为物质世界。初看起来,好像ABC……是离自我而独立的,并且是与自我相对立的。可是,这种独立性只是相对的,一经细究,就消失了。固然,$\alpha\beta\gamma$……这种复合体可以有很多变化,而不引起ABC……那种复合体上多大看得出的变化;反过来,也一样。可是$\alpha\beta\gamma$……的好多变化却能通过KLM……的变化而波及ABC……;反之,也一样(例如,人的强烈思想变为行动,或是环境引起我们身体上看得出的变化)。同时,KLM……与$\alpha\beta\gamma$……的相互联系,或KLM……与ABC……的相互联系,比后两种复合体的相互联系更紧密。三种复合体的这种关系,恰好在通常的思想和言语中表现出来。

但是,精细的考察指明,ABC……总是由 KLM……共同决定的。一个正立方体,近看大,远看就小了;左眼看它是一个样子,右眼看又是一个样子;有时它会被看成是两个;假如闭上眼睛,就完全看不见了。所以,同一物体的性质似乎为我们的身体所改变,以我们的
8 身体为条件。可是,有这许多**不同**表现的同一个物体到底在哪里呢? 我们只能回答说:不同的 KLM 与不同的 ABC……相结合。①

在通俗的思想和语言方式中,人们习惯于把"实在"与"假象"对立起来。一支铅笔,放在空气中,我们看它是直的,斜放在水中,我们看它是曲折的。在后一场合,人们说铅笔像是曲折的,但**实在**是直的。可是,我们有什么理由宣称**此一**事实是实在,而把**彼一**事实降为假象呢? 在两个场合,我们都是面对这样一些事实,这些事实由于条件不同而呈现出**要素**的不同结合。正因为铅笔的环境,插进水中的铅笔**在视觉上**才是曲折的,而**在触觉**和度量上是直的。凹镜或平面镜所现的映象**只是**看得见的,而在**别的**(通常的)环境中,触得到的物体则与看得见的映象相符。一个明亮的物面在一个暗淡的物面旁边,比在一个较亮的物面旁边更亮些。如果**我们**不仔细注意条件,而把要素联系的不同情况互相替代,犯了在不常

① 好久以前,我曾在《精神病学季刊》(莱比锡与挪威,1868 年)上发表的《论各个网膜点的相互依存关系》一文中以如下方式表达了这个思想:"'感官错觉'这个词证明,人们还没有完全意识到,或至少没有认为有必要用这个术语表示意识到下列事实:**感官的表示,既没有错误,也没有正确**。对于感官可以据实说的话只是:**在不同情况之下,感官产生不同的感觉与知觉**。因为这些'情况'是极其多种多样的,部分是外部的(在客体之内的),部分是内部的(在感官之内的),部分是最内心的(在中枢器官内活动的),所以人只注意外界情况时,当然会觉得感官在相同情况之下起着不同的作用。人们惯于把不寻常的作用叫做错觉。"

有的情况下预期常有的事物的自然错误，我们的预期当然就落空了。这不应归咎于种种事实。在这些情况下说到**假象**，只有实用 9
的意义，不能够有科学的意义。以此类推，究竟这个世界是实在的，还是纯粹梦想的，这个常常提到的问题毫无科学的意义。就是最怪诞的梦，同任何其他事实一样，也是事实。假如我们的梦境更有规则性，更连贯，更稳定，那么，它们对我们在实用上也会更为重要。在我们醒时，要素的相互关系比在我们梦中丰富得多。我们认为梦是梦。当这个过程逆转过来时，心理的眼界就变得狭窄了，梦与醒的那种对立几乎完全没有了。在没有对立的场合，梦与醒、假象与实在之间的区别是完全无用的、无价值的。

假象和实在的对立这个普通观念对科学哲学的思想影响很大。例如，从柏拉图的富于暗示、带有诗意的洞穴比喻——在洞穴中，人背着火光，只观察到经过他背后的事物的影子（《共和国》第七卷第一段）——中就可以看到这一点。可是，这个观念没有完全想彻底，结果对我们的世界观起了不幸的影响。我们毕竟是世界的一部分，但这个观念使世界变成了我们完全抓不到的东西，使世界退到无限远处去了。同样，好多青年人第一次听到恒星光的折射，就对全部天文学产生怀疑，但是，只须作一个容易查明而并不重要的改正，一切事情就都转为正常了。

六

我们看见一个具有尖端 S 的物体。假如我们触到 S，使它与我们的身体发生关系，我们就感到刺痛。我们可以看见 S，而没有感到刺痛。但是，我们一感到刺痛，就看到 S 在皮肤上。因此，看得见的尖端是一个**常久的核心**；依照各种情况，刺痛是作为某种偶然的事物联结在这个核心上的。由于常有同类的事情，我们最后
10 就习惯于认为物体的**一切**特性都是由常久核心出发，通过身体的中介而传到自我的“作用”；我们把这些作用叫做**感觉**。可是，这样一来，这些核心便失去了它们的全部感觉内容，变成赤裸裸的思想符号了。因而，说世界**仅仅**由我们的感觉构成，这是正确的。这样一来，我们的知识也就**仅仅**是关于感觉的知识，而关于那些核心以及它们之间的相互作用（这些相互作用的产物只是感觉）的假定，就是完全无用的和多余的了。这种见解只能适合于**不彻底的**实在论或**不彻底的**批判主义。

七

作为自我的 $\alpha\beta\gamma$……KLM……这种复合体通常总是与ABC……那种复合体相对立。在最初，只有 ABC……中的那些会把$\alpha\beta\gamma$……作较大改变的要素，如刺痛、痛苦，才常常被包括在自我之内。可是，后来由于上文所说的那一类观察，就显得把 ABC……归属于自我的权利并**没有**止境。依照这个看法，自我可以扩大到最后包罗了全世界的地步①。自我没有准确的界限，这种界限很不明确，

① 当我说桌子、树木等等是我的感觉时，这个陈述与普通人的观念相对比，有自我真正扩大的含义。在情绪方面，这种扩大也会发生。例如，对自己的乐器了如指掌、运用自如的乐师，能完全集中听众视线、左右听众思想的灵巧的演说家和熟练地指导自己的政党的政治能手等人，就是如此。相反，在像神经过敏的人常常要忍受的那种忧郁状态中，自我就缩小了。好像有一道墙，把他与世界隔开了。

可以任意移动。只因为忽视这件事,不自觉地缩小同时又扩大自我的界限,才在哲学观点中产生了形而上学的难题。

这些假定的单一体,即“物体”和“自我”,只是权宜的工具,用以作初步的考察和达到某些实用目的(例如,为了把握物体,防止 11
痛楚等等)。我们一俟知道这些假定的单一体的用途,在好多更高深的科学研究中就不得不承认它们是不充分的和不适宜的,而把它们抛弃。这样,自我与世界,感觉(现象)与物体的对立就消失了,只须考虑 $\alpha\beta\gamma$……ABC……KLM……这些要素的联系,而那种对立只不过是对于这种联系的不完全的表示;它只能部分适用。这种联系无非是上述要素和其他同类要素(时间和空间)的联系。科学只须接受这些联系并在其中审定自己的方向,而不必同时解释何以有这种联系。

只作粗浅的考察,会觉得 $\alpha\beta\gamma$……这种复合体所含的要素似乎比 ABC……和 KLM……所含的要素消逝得更快,在后两种复合体中,要素与要素的联系似乎更稳定,更经久,好像是联结到强固的核心上似的。虽然经过精细的审查之后,就会发现一切复合体所含的要素是同类的。可是,甚至在我们知道这个事实之后,那种把物体与精神对立起来的很陈旧的观念也容易又潜入心中。哲学唯灵论者往往感到,要使自己的那种用精神创造出来的物体世界具有其应有的坚实性是很困难的;同时,唯物主义者又感到,要使物体世界有感觉,也不知所措。我们通过反省获得的一元论观点,容易被很陈旧的和很有力的本能的观念弄得晦暗不明。

八

刚才所指的困难，作如下的考虑，就会特别使人感觉出来。在我们称为物体世界的 ABC……这种复合体的各部分中，不特有我
12 们的身体 KLM……，而且也有别人（或动物）的身体的 K′L′M′……K″L″M″……；由此类推，我们可以想象，有与复合体 $\alpha\beta\gamma$……相似的其他 $\alpha'\beta'\gamma'$……$\alpha''\beta''\gamma''$……，连结在别人的身体上。假如我们是研究 K′L′M′……，那么，我们觉得它是完全熟悉的领域，处处都是我们能感觉到的。可是，一俟我们要探究属于身体 K′L′M′……的感觉或感情，我们就不能再从感觉领域里找到这些要素了；我们是**在思想中**附加了这些要素。我们不特对我们现在所走进的领域很不熟悉，而且要过渡到这个领域也相当不安全。我们觉得我们好像投入无底的深渊里去了[①]。只采取这种思想方法的人始终不会完全破除这种不安全的感觉；这种感觉会产生好多假问题。

但是，我们并不是只有这个方法。首先，让我们考虑复合体 ABC……的各要素的相互关系，而不管 KLM……（我们的身体）。

---

① 我四五岁时，第一次从乡村来到维也纳，我父亲带我登上碉堡（旧时的城墙），我看见下面城壕里有人，大为惊讶；从我的观点看，我不了解人怎么能到下面那地方，因为我完全没想到另有一条可以走到那里的路。另一回，是在布拉格的城墙上散步，我观察到我的大约三岁的男孩，也表现出同样的惊讶。每当我从事本文所述的思考时，这种情绪都再现于我的心上，并且我乐于承认，我的这个偶然经验实质上有助于巩固我长期以来关于这一点所抱的见解。事实上和心理上老是走同一条路的习惯，起了很大的迷乱进向的作用。一个儿童，在他长住的房子的墙壁上打开一个洞时，可以体验到自己的世界观真正扩大了；同样，一个微小的科学暗示就能起很大的启蒙作用。

一切物理科学的研究都属于这一类。一个白弹子掉到一个铃上头，发生一个声音。这个弹子在钠光灯之下变成黄色；在锂光灯之下又变成红色。在这里，这些要素（ABC……）似乎完全是自己互相联系起来，而与我们的身体（KLM……）无关。可是，假如我服 13
下山道年，弹子就又变成黄色。我们把一只眼睛挤到一边，就看见两个弹子。我们把两只眼睛全闭上，就完全看不见了。我们把听觉神经割断，铃就不响了。所以 ABC……这种要素不特自己互相联系，而且也与 KLM……那种要素相联系，在这个情况下，并且只在这个情况下，我们才把 ABC……叫作感觉，认为 ABC……属于自我。在下文中，凡是把“感觉”、“感觉的复合体”这两个名词和“要素”、“要素的复合体”这两个名词同时并用，或是用前者来代替后者的地方，读者必须经常记住，只有在这里所指的联系或关系中，只有在这里所指的函数的依存关系中，要素才是感觉。在另一种函数关系中，要素同时又是物理对象。我们用附加名词“感觉”表示要素，只是因为所指的要素作为感觉（颜色、声音、压力、空间、时间等等）对大多数人更熟悉得多，而照广泛流行的见解，物质粒子则是物理要素，这里所谓的要素也就是附属于物理要素的“特性”或“作用”了①。

因此，照这样看，我们就见不到物体和感觉之间，内部和外部

① 我曾经在《认识和谬误》（莱比锡 1905 年）一书中把这个基本论点作了阐明，其实质与这里相同，但其形式可能是自然科学家易于接受的。

之间，物质世界和精神世界之间有以前所指的那种鸿沟了[①]。一
切要素 ABC……，KLM……，只构成单一的联合体，在这个联合体
中，触动任何一个要素，**一切**就都动了；不过，KLM……受到的扰
动比 ABC……受到的扰动更广泛、更深刻。我们周围的一块磁
14 石，会扰动附近的铁屑；一块大石头落地，会振动地面；可是，割断
一条神经，则会扰乱**整个**要素体系。这种关系会使人完全不由自
主地想到一团胶质的比喻，在这团胶质中，有些地方（如在自我那
里）比其他地方黏结得更牢固。我在讲演时常常使用这个比喻。

九

这样，只在用那个习惯的呆板的考察方法时，物理学研究和心理学研究之间才有大鸿沟。例如，我们一俟注意到一个颜色对其光源（其他颜色、温度、空间等等）的依存关系，这个颜色就是一个**物理学的对象**。可是，假如注意这个颜色对**网膜**（要素 KLM……）**的依存关系**，它就是一个**心理学的对象**，它就是**感觉**了。在物理学领域和心理学领域里，并不是**题材**不同，只是**探求的方向**不同罢了。（参看第 35、36 页）

无论是要由别人或动物的身体推想他们的感觉，还是要探究我们自己的身体对于我们的感觉的影响，我们都必须用**类推**方法

① 参看我的《动觉理论大纲》（莱比锡，1875 年，第 54 页），我在那里第一次把我的见解简短而明确地陈述如下："现象可以分解为要素；就这些要素被认为与物体（身体）的一定过程相联系，并为这些过程所决定而言，我们称它们为感觉。"

去补充观察到的事实。这种补充工作，假如只涉及神经过程（这种过程不能从我们自己的身体上完全观察到），那么，就比心理过程的补充工作可以做得更可靠得多，更容易得多——就是说，这种工作在比较熟悉的物质领域比在心理领域，比在别人的感觉和思想上可以做得更可靠得多，更容易得多。除此以外，物理学研究与心理学研究并没有根本的不同。

十

刚才提出的思想，假如我们不但以抽象形式去表达，而且直接从产生这些思想的具体事实去领会，就会更加坚实，更加生动。例
如，我躺在沙发上，合上右眼，我的左眼就会见到如图所描写的形 15
象。在我的眉棱、鼻子和胡子所围成的框子内，出现了我身体的可以见到的部分及其周围环境①。我的身体与别的人体不同。每个强烈的动作念头都会立刻发为动作，并且触动我的身体会比触动别的身体引起更使人注意的变化。除了这两件事实之外，这种不同还在于我的身体只是部分地被见到，特别是在于见到我的身体没有
头。假如我观察我视野内的一个要素 A，并研究它与我视野内的另 16
一个要素 B 的联系，倘若——用我的一个朋友②看见这个图时很恰当地说过的话来表示——B 透过我的皮肤，那么，我就离开了物理学

① 关于双眼的视野，它的独有的实体镜的特点是人人熟悉的，但很难描述，并且不能以单一平面图表示，因此，这里不论。

② 维也纳波珀（J. Popper）工程师先生。

的领域，而踏进生理学或心理学的领域了。对触觉领域和其他感官的知觉领域，也可以进行像对视觉领域所进行的思考[①]。

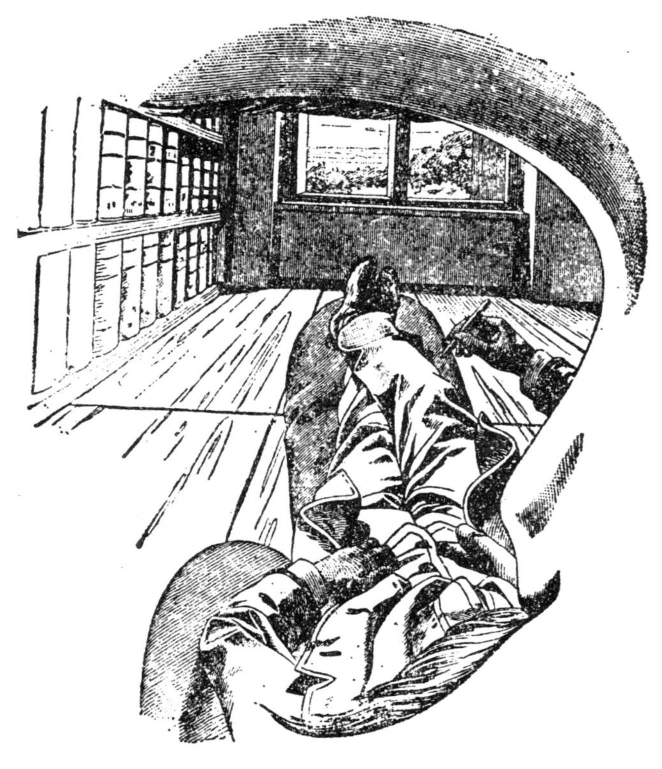

图 1

① 大约在1870年，有件可笑的偶然事情，促使我设计了这个图。有个v. L.先生，死好久了。他有好多怪癖，但都为他的真正和蔼可亲的品性所抵消。有一回，他逼我阅读克劳赛(Chr. Fr. Krause)的著作，其中有下列的文句：

“课题：对‘自我’进行自我检查。

解决：立刻进行这种检查”。

为了要有个插画，对这个哲学上的“无事自扰”作有趣的证明，并且同时表示怎样可以真正进行对“自我”的自我检查，我设计了上图。与v. L.先生交往，对我很有教益，使我很受鼓舞，因为他会把人们小心地保持沉默或弄得暧昧的哲学思想表达得那么天真。

十一

上文提过称为 ABC……的要素集合体与称为 αβγ……的要素集合体不同。事实上，在我们看见一棵绿树，或是记起一棵绿树，即心上有绿树的表象时，我们完全明白这两件事的不同。被表象的树的形式更不确定得多，更容易变化得多；它的绿色更黯淡得多，更不经久得多；尤其是，被表象的树显然表现在另一个领域内。我们立意要作的动作，始终是一个表象性的动作；它所在的领域与实际动作所在的领域不同。这种实际动作在动作表象足够活跃时，总要发生的。A 与 α 这两个要素出现于不同的领域这句话，归根到底，只是说这些要素各与其他不同的要素相联结。因此，在这 17
个程度内，ABC……中和 αβγ……中的基本成分是相同的（颜色、声音、空间、时间、运动感觉……），只是它们相互联结的方式不同罢了。

人通常以为痛苦和快乐与特感感觉不同。可是，不特触觉会渐渐过渡到痛苦和快乐；而且一切其他特感感觉也是这样。所以，痛苦与快乐也可以正当地称为感觉。不过它们不如特感感觉被分析得那么清楚，那么熟悉，也许更不像特感感觉那样，局限于很少的器官。痛苦和快乐的感觉，无论多么微弱，都构成一切所谓情绪的主要内容。当我们被情绪激动起来的时候，出现于意识内的另加成分可以描述为或多或少散漫的、没有精确定位的感觉。威廉·詹姆士[①]和后来利鲍[②]研究了情绪的生理机制，他们认为主要

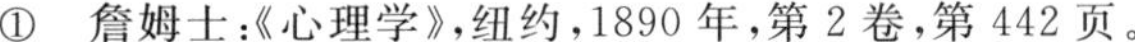

① 詹姆士：《心理学》，纽约，1890 年，第 2 卷，第 442 页。

② 利鲍：《情绪心理学》，1899 年。

的是身体的有目的的动作趋向——这些趋向与情况相应，由身体的结构表现出来。只有这些趋向的一部分出现于意识内。詹姆士说，我们流泪，所以悲哀，不是悲哀才流泪。并且利鲍正确地看到，我们对情绪的知识之所以落后，是由于我们始终只观察进入意识的那部分生理过程。当然，他主张一切心理的东西对于物质的东西只是 surajouté（附加的），只是物质的东西起作用，这时他就走得太远了。对于我们，这种区别是不存在的。

这样，知觉和表象、意志、情绪，简言之，整个内部世界与外部世界，就都是由**少数同类的要素**所构成，只不过这些要素的联结有暂
18 有久罢了。**通常**人们把这些要素叫作**感觉**。但是，因为这个**名词**已经有一种**片面的学说**的意味，所以，我们宁可像我们已经做过的那样，只谈要素。一切研究都是要探知这些要素的联结方式[①]。如果只假定其中的**一类**要素不能解决问题，那么，就要假定更多的要素种类。可是，对于这里讨论的问题，一开头就做出复杂的假定，是不适当的。

十二

上文已说过，这种要素的复合体根本只是**一个**；在这一个复合体内，各种**物体**与**自我**的界限并不能划得很明确，使之足以应用于一切事例。我们的理智为避苦求乐的意志服务；把那些与痛苦和快乐有最密切的联系的要素结合成一个理想的思维经济的单一体，即

---

① 参看本章第二节末一段、第五节第一段、第七节与第八节；最后也可以参看我的《功的守恒定律的历史和根源》（布拉格，1872 年）一书结论的附注。

自我,对这种理智有极其重要的意义。因此,确定自我的界限这个工作是出于本能,并且变得很熟练,也许甚至于会由遗传固定下来。由于“自我”和“物体”这些复合体,不特对于个人,而且对于全人类都具有高度的实用意义,所以,它们要本能地实现它们的要求,并显示不可抗拒的威力。可是,在与实用目的无关、专为寻求知识的特殊场合中,确定自我的界限这种工作会显得不够用、有阻碍和无法成立[①]。

不是自我,而是要素(感觉)是第一性的。要记住本章第十节 19
关于“感觉”这个名词所说的话。要素构成自我。自我感觉到绿色,是说绿色这个要素出现于其他要素(感觉、记忆)构成的某个复合体中。当自我不再感觉绿色,当自我死了的时候,绿色这个要素就不再出现于通常熟悉的聚合体中了。这就是一切。只是一个理想的思维经济的单一体,而不是真实的单一体不再存在了。自我不是一个确定的、不变的、界限分明的单一体。重要的不是自我的不变性,不是自我与其他人的确定差别,不是自我的分明界限;因为这一切属性在个人生存时就已经在变化,甚至于个人还追求这种变化。重要的只是连续性。这个见解与魏斯曼由生物学研究(《关于单细胞体不死的问题》,《生物学汇报》第 4 卷第 21、22 号;特别参看第 654 和 655 页论个体分裂为相等的两半之处)达到的见解相符合。连续性只是预备并保存自我的内容的工具。首要的

① 同理,阶级意识、阶级偏见、民族感情和狭隘的地方主义,对于某些目的是很重要的。可是,这种见识不是眼光广阔的科学家的特点,至少在研究的时刻不是这样。所有这些以我为中心的见识只适合于实用目的。当然,科学家也会屈服于习惯。琐屑的学究式的无谓讨论,狡猾的抄袭而不诚实地承认来源,非承认不可时的勉为其难,对别人的成就加以曲解:凡此种种,足以证明科学家也要作求生存的斗争,科学的道路也还是为了吃饭,并且在我们现在的社会组织中,纯粹求知的志向还是一个理想。

东西是这种**内容**，而不是**自我**。可是，内容并不限于个人。这个内容，除开无关紧要的和无价值的私人记忆之外，就是在一个人死后，还会继续保存在**其他人们**中。**某一个**人的意识要素是互相联结得很牢固的，而与另一个人的意识要素则只有微弱的联结，并且这种联结只是偶然看得出来。因此，每个人都认为自己是一个不可分的、独立于别人之外的**单一体**，所以他只知道自己。可是，有
20 普遍意义的意识内容会冲破个人的这种界限，又自然而然地附属于各个人，不依靠发展出这些内容的那个人，而长久维持着一种普遍的、**非私人的**、**超私人的**生命。对这个生命作出贡献是艺术家、科学家、发明家、社会改革家等等的最大幸福。

自我是保存不了的。部分地由于这个认识，部分地由于害怕这个认识，引起了许多极其奇怪的悲观主义的、乐观主义的、宗教的、苦行主义的和哲学的荒诞表现。人终究不能够对于心理学分析所得出的这个简单真理熟视无睹。这样，人就不再会以为自我有那么高的价值了。——自我就是在个人生存时也有很多变化，并且自我在睡眠时，在沉醉于一个直观，沉醉于一个思想时，正在最幸福时，可以部分地或完全地不复存在。于是，人就愿意放弃**个人**不朽的想法[①]，而不认为次要的东西比主要的东西有更高的价值了。这样，我们就达到一个更自由、更**开明**的人生观，这种人生观会排除对于其他自我的蔑视和对自己的过高估价。以这种人生观为依据的道德理想，离苦行主义者的理想同离骄横的尼采式“超人”的理想一样远；前一种理想从生物学上看来不能为苦行主义者

① 如果要把关于我们各人的记忆保存到死后，我们的行为就像那种狡黠的爱斯基摩人了，这种人对于说他长生表示感谢，但拒不接受没有他的海豹和海象的长生。

所坚持，随着他的死亡也就同时消失了；后一种理想是其他人们所不能容忍的，而且也不希望人们容忍[①]。

假如关于要素（感觉）之间的联结的这种知识不能使我们满意，假如我们要问“谁有这种感觉的联结，谁在感觉？”那么，我们就是屈服于把一切要素（一切感觉）排列到一个**不经分析**的复合体里的旧习惯，就是不知不觉地陷入一个更陈旧的、更低级的和更有限的观点中去了。有人常常指出，不是任何确定的主体的经验的心 21
理经验是不可设想的，并且以为这样就证明了意识的统一性起着主要的作用。但是，自我意识可以有多么不同的程度呵！是由多么形形色色的、偶然的记忆所构成的呵！有人同样可以说，不发生于这个或那个环境的，或至少不发生于**宇宙**内的一个处所的物理过程，是不可设想的。在这种场合同在那种场合一样，要**开始**进行研究，就必须容许我们撇开这样一种环境，这种环境的**影响**在不同事例中很不相同，在特别事例中则可能缩到最低程度。试设想低等动物的感觉，人们几乎不能认为它是具有确定特点的主体。主体是由感觉构成的，一经构成了，当然又会对感觉起反作用。

把不经分析的自我复合体当作不可分解的单一体的习惯，在科学上往往以特异的方式表现出来。首先是从身体中把神经系统分出来，作为感觉的所在地。在神经系统中，人们又选出脑作为宜于担任这个职位的部分，最后为了维护假想的心理**单一性**，又在脑中找出**一个点**作为灵魂驻地。可是，哪怕只是预示将来研究物理的东西和心理的东西的联系的最粗略的纲领，这么粗陋的见解也很难适应。不同的器官，不同的神经系统部分，在物理方面互相**联系**，并

① 从理论了解到实际举动的距离无论怎么远，后者终究不能够抵抗前者。

且可以容易互相刺激，这个事实大概就是“心理单一性”的基础。

有一回我听到人们认真地讨论这样一个问题：“关于一棵大树的知觉怎么能在一个人的小小的头脑里找到足够的地方？”虽然这
22 个问题并不是问题，但它使我们深切地感到，从空间方面把感觉塞进头脑里，是容易陷入荒谬的。讲到别人的感觉，当然那些感觉不是在我的视觉空间或物理空间内；它们是在思想上加上去的，并且我设想它们是在因果关系上（或者更好地说，在函数的关系上），而不是在空间上与所观察的或所设想的人脑联系着。若是我说到我自己的感觉，那么，这些感觉并不是在空间方面存在于我的头脑内，而是如上文所说的那样，我的“头脑”和这些感觉共同占有同一个空间领域（参看本章第十节关于图 1 所说的话）[①]。

不要强调意识的统一性。实在的世界和被感知的世界所以貌似对立，只是由于考察的方式，这两个世界中间并没有真正的鸿

---

① 在约翰·缪勒的著作中，我们已经见到抱类似的见解的趋势。可是，他的形而上学的偏见阻碍了他把这种见解坚决贯彻到底。然而在赫林的著作中（赫尔曼〔Hermann〕编《生理学手册》，第三册，第 345 页），我们碰到下列代表性言论：“构成视觉物的材料是视感觉。正在没落的太阳，作为一个视觉物，是一个平坦的、圆形的盘子，它是由橙色构成的，因而是由视感觉构成的。因此，我们可以直接地把太阳描述为一个圆形的橙色感觉。在我们正看见太阳显现的那个地方，我们获得了这种感觉。”根据我偶尔在交谈中获得的经验，我可以说，大多数没有通过认真思考而深切地领会这种问题的人，会觉得这种看法简直令人头发竖起，惊怖万分。当然，他们的这种惊愕之感主要应归罪于通常把感觉的空间和概念的空间混淆起来。假如人们像我那样，从科学的经济课题出发，认为只有可观察的东西、被给予的东西的联系对我们才是重要的，而一切假设的、形而上学的和多余的东西，都必须消除掉，那么，他们就必然会达到我的这个看法。很可以认为，阿芬那留斯有类似的立场，因为在他的《人的世界概念》第 76 页上，我们看到下列的话：“脑不是思维的住所、座位或创造者，也不是思维的工具或器官，承担者或基础等等。思维不是脑的居住者或施令者，不是脑的另一半或另一面等等，但思维也不是脑的产物，甚至也不是脑的生理机能或一般状态。”我不可能，也不愿意对阿芬那留斯所说的一切或其解释表示同意，但是我觉得他的见解同我的很接近。他所用的“排除嵌入”的方法只是消除形而上学的东西的一种特别形式。

沟。所以，意识内容有多种多样的联系并不比世界内有多种多样的联系更难了解。

把自我视为实在的单一体，就会遇到两无一可的难题：或是必须将一个包罗不可知之物的世界与自我对立起来（这是十分无聊和无益的），或是把包括别人的自我在内的全世界认为都包含在我的自我里（这是人们很难当真同意的）。

可是，假如认为自我只是用以作初步辨明方向的考察的实践单一体，只是联结得比较牢固的要素的集合体，这个集合体与别的同类集合体则联结得比较脆弱，那么，像上文所说的问题就不会发生，研究的前途就毫无障碍了。

利希滕贝格（Lichtenberg）在哲学笔记里说："我们觉得有些表象是不随我们为转移的；其余的表象是随我们为转移的，至少我们以为是这样。这两种表象的界线在哪里呢？我们只知道我们的感觉、表象和思想的存在。我们应该说'思考啦'，就像我们说'闪电啦'一样。假如把 cogito 译作'我思'，那就说得太多了。假定自我，设立自我，只是为了实用上的需要"。虽然利希滕贝格得到这个结论的方法与我们的有点不同，但我们必须同意他的结论本身。

十三

并不是物体产生感觉，而是要素的复合体（感觉的复合体）构成物体。假如在物理学家看来，物体似乎是长存的、实在的东西，"要素"则是物体的瞬时即灭的外现，那么，他就是忘记了一切"物体"只是代表要素复合体（感觉复合体）的思想符号。在物理学中，真正的、直接的、最根本的基础也是这些要素；生理物理学的研究就

24 是进一步探究这个基础。认识到这种情况之后，生理学和物理学的好多方面都会得到更明白、更经济的方式；好多假问题也就消除了。

有人以为世界是由一种神秘的东西构成的，这些神秘的东西与另一个同等神秘的东西，即自我，相互作用，通过这些作用，产生了所能经验到的感觉。由于上述理由，我们以为世界并不是这样。在我们看来，颜色、声音、空间、时间……暂时是基本的要素（参看第11、12、13页）；我们的任务就在于探究这些要素的某些联系[①]。

① 我大约十五岁时，在我父亲的图书室里，偶然见到康德的《对任何一个未来的形而上学的导言》，我始终觉得这特别幸运。这本书当时给我留下了强烈的、不可磨灭的印象，这样的印象是我此后阅读哲学著作时始终没有再体验到的。大约两三年后，我忽然感到"物自体"所起的作用是多余的。一个晴朗的夏季白天，在露天里，我突然觉得世界和我的自我是一个感觉集合体，只是在自我内感觉联结得更牢固。虽然这一点是以后才真正想通的，但这个瞬间对我的整个观点起了决定性的作用。我又经过了长期艰苦的奋斗，才能够在我的专门领域里坚持我新得到的观点。我们在吸收物理学理论的有价值部分的同时，必然也吸收了相当多的虚妄的形而上学，这种形而上学很难从必须保存的东西中淘汰出去，尤其是在这些理论业已为我们熟悉的情况下。并且，传统的本能的见解，有时以强大的威力表露出来，阻碍着我们的道路。我在关于心理物理学的演讲中，曾经徒劳无益地试图以一种物理心理学的单子论解决这个冲突（我的演讲摘要载于《实用医学期刊》，维也纳，1863年，第364页），失败以后，只是由于交替地研究物理学和感官生理学，由于研究物理学史，我才大约从1863年起更加巩固了我的观点。我不自命为哲学家。我只是要在物理学内采取这么一个观点，这个观点，当我们的眼光转到其他科学领域的时候，也无须立即放弃，因为归根到底，一切事物都必须成为一个整体。今天的分子物理学断然不能适应这个需要。我所说的话，也许不是我第一个说出的。我也不愿把我的这个阐明作为一个特别成就提出来。我倒相信，凡是对不太窄的科学领域作过细心检阅的人，大致都会走上与此相同的道路。我的观点接近于阿芬那留斯的观点；1883年我才知道他的观点（《哲学——按费力最小的原则对世界的思维》1876年）。赫林在他的演讲《论记忆》载《维也纳科学院年鉴》（1870年，第258页）和波珀在他的佳作《生的权利和死的义务》（莱比锡，1878年，第62页）也部分地提出了类似的思想。也可以参看我的演讲《论物理研究的经济本性》（载《维也纳科学院年鉴》，1882年，第179页，注解；和《通俗科学讲演集》，第三版，1903年，第239页）。最后，我这里还必须提到普赖尔的《纯粹感觉理论》的引言和黎尔（A. Riehl）的夫赖堡就职演讲（第40页）以及瓦勒（R. Wahle）的《脑与意识》（1884年）。我于1872年和1875年简短地陈述我的观点之后，于1882年及1883年第一次作了详细的说明。假如我对于文献知道得更多，也许我可以引用更多的、与这个观点多少有关的材料。

对**实在**所进行的探究恰恰就在于此。在从事这种研究时,我们绝 25
不能让自己受诸如物体、自我、物质、精神……这样一些概括和限定的障碍,因为这些概括和限定,是为特别**实用的**、暂时的和有限的目的而作出的。反之,正如在一切专门科学中所做的那样,我们必须为这个研究**本身**创立最适宜的思想方式。必须完全用一种更自由的、更纯朴的、符合于成熟经验的、超出实际生活需要的观点,去代替传统的本能的观点。

十四

科学总是起源于要把思想适应于一个确定的经验领域的过程,这种适应过程的结果就是那些能够代表整个领域的思想要素。当然,这种结果会随着所探究的领域的性质和大小而不同。假如要研究的经验范围扩大了,或是以前分开的几个领域现在联合起来了,那么,传统的熟悉的思想要素就应付不了这个业已扩大的领域。在业已养成的习惯与适应新领域的努力互相斗争之时,就发生了一些问题,这些问题在适应完成后就消失了,以便让位于适应过程中新出现的其他问题。

对于纯粹物理学家来说,物体这个观念会使他在研究中易于辨明方向,并不引起干扰。同理,追求纯粹实用目的的人也可以从
自我这个观念得到切实的支持。因为任何有意地或无意地为特种 26
目的而建立起来的思想方式,都对于那个目的本身有**永久的**价值,这是无疑的。可是,到了物理学和心理学会合之时,把这一领域的观念移到那一领域内,就显得是要不得的了。由于思想和经验领

域努力互相适应，就发生了各种各样的原子论和单子论，但这并不能达到它们的目的。假如我们认为（本章第七节第一段所指的意义上的）**要素是世界要素**，那么，上述问题就实质上取消了。**第一个**最重要的适应就成功了。这个基本见解，虽然不自命为万古不灭的哲学，但现在一切经验领域都可以采取它；因此，这个见解费力最小，比其他见解都更为经济，适合于**现时的知识总和**。并且，这个基本见解明白它自己的功能是纯粹经济的，因而对于其他见解最能宽容。它并不闯入现在流行的见解还适用的领域。它也随时准备着以后经验领域扩大时让位于更好的见解。

十五

形成与支配普通人关于世界的表象和概念的，不是完全的、纯粹的、以**自身为目的**的知识，而是要有利地适应**生活条件**的奋斗。因此，它们虽然很不准确，但同时也会防止由于片面地狂热地贯彻一种科学（哲学）观点而容易发生的怪诞现象。毫无偏见的、心理健全的人，觉得我们称为 ABC……的要素是**在空间上**处于 KLM……这些要素**之旁**和**之外**的。他是**直接地**持有这样的看法，而不是经过心理外投或逻辑推论（或构造）的过程；即使有这一类过程，
27 他也必定意识不到。于是，他就看到了一个不同于他的身体 KLM……的、存在于他的身体之外的“外部世界”ABC……。他不首先注意 ABC……依赖于 KLM……（KLM……始终以同样的方式重复出现，因而很少引人注目），而是追究 ABC……的固定的相互联系，因此，在他面前就呈现出一个**不依赖于**他的自我的物的世界。

这个自我是由于观察 KLM……这种特殊事物的特性而形成的,痛苦、快乐、感情、意志等等与这种特殊事物有极其密切的联系。其次,他注意到 K′L′M′,K″L″M″……这些事物的行为完全类似于 KLM 的,并且就像他观察到感觉、感情等等与他自身联结着一样,他一想到有类似的感觉、感情等等与这些事物联结着,他就完全了解了这些事物的行为,而这些事物的行为与 ABC……的行为是相反的。推动他得到这个结论的类推过程同他得到下列结论的类推过程相同:他观察到一条金属线具有通电导体的**一切**特性,只有**一个**特性还没有直接证明,于是他推出这条线也有**这一个**特性的结论。这样,因为他**并不**是直接感到别人和动物的感觉,而只是以类推去补充这些感觉,所以,在他从别人的行为推测出别人与他自己处于相同境地时,他就认为这些感觉、记忆等等具有一种**特殊的**、**不同于** ABC……KLM……的性质,这种性质总是随他所达到的文化阶段而得到不同的理解。但是,如上文指出的,这种类推过程是**不必要的**,并且会把科学引到错误途径上,尽管这个错误对实际生活关系很小。

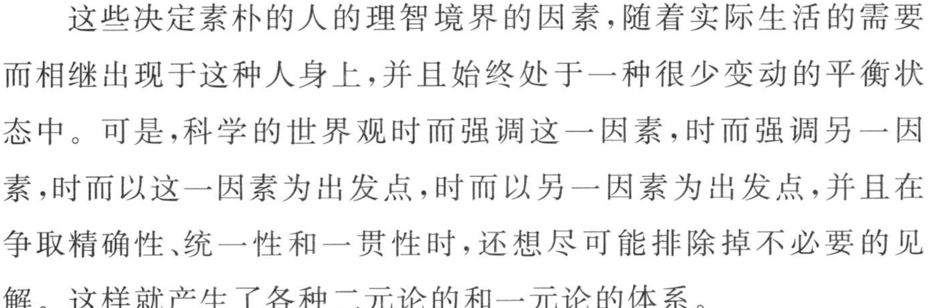

这些决定素朴的人的理智境界的因素,随着实际生活的需要而相继出现于这种人身上,并且始终处于一种很少变动的平衡状态中。可是,科学的世界观时而强调这一因素,时而强调另一因素,时而以这一因素为出发点,时而以另一因素为出发点,并且在争取精确性、统一性和一贯性时,还想尽可能排除掉不必要的见 28
解。这样就产生了各种二元论的和一元论的体系。

素朴的人是熟悉盲聋状态的,并且,由于他的日常经验,他知道外物的样子会受他的感官的影响;但是,他始终不会想到整个世界是他的感官所创造的东西。他会觉得唯心主义的体系,或像唯我主义那样的怪论在实践上是不能容忍的。

把适应于某个特殊的、狭小的目的的见解作为**一切**研究的基础，就容易使无偏见的科学考察受到干扰。例如，在一切经验被认为是外部世界伸展到意识里来的“作用”时，这样的事就发生了。这种见解导致一团乱丝般的形而上学困难，这团乱丝似乎不能解开。但是，假如我们以“数学的见识”理解这件事，弄明白对我们有价值的只是**函数关系**的发现，我们要知道的只是**经验的相互依存关系**，这个幽灵就立即消失了。这样就会看出，考察未知的、没有给予的终极变元（物自体）是纯粹虚构的和多余的。可是，我们即使最初让这个很不经济的虚构保留着，也很容易区别出“意识事实”的要素之间的各类不同的相互依存关系；并且，对于我们，只有这件事是重要的。

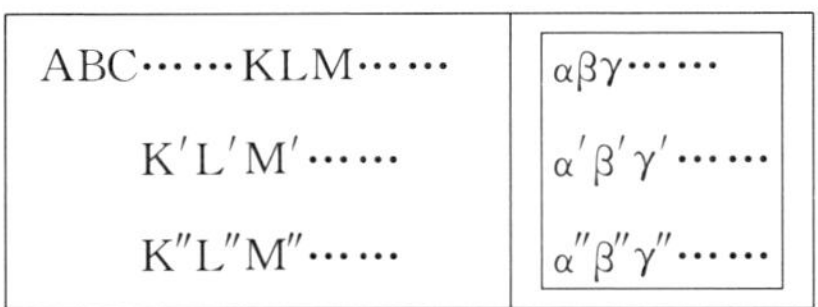

上图表示要素系统。在单线围成的空白处是属于感性世界的
29 要素；这些要素的合乎规律的结合、它们的**特殊的相互依存关系**，代表**物理的**（无生命的）物体以及人、动物和植物的躯体。所有这些要素又对某些要素 KLM，即我们身上的神经，有十分特殊的依存关系——**感官生理学**的事实就是以这种关系表示出来的。在双线围成的空白处，包含了属于高级心理生活的要素，如记忆和表象，其中也有我们对别人的心理生活所形成的记忆和表象，这可用着重号来区别。这些**表象**虽然又以不同于感性要素 ABC……

KLM……的方式相互**结合**起来(联想、幻想),但是,毫无疑问,这些表象与后者有着极其密切的联系,并且它们的活动归根到底是由 ABC……KLM……这整个**物理**世界决定的,特别是由我们的身体和神经系统决定的。关于别人的意识内容的表象 $\alpha'\beta'\gamma'$……,对于我们起着**中间交换**的作用,通过这种中间交换,别人的行为,即 K′L′M′对 ABC 的函数关系——就这种关系本身(在物理学方面)还没有得到解释而论——就变得可以理解了。

因此,对我们来说,重要的是要认识到:在这里可以合理地提出的、可以引起我们兴趣的一切问题上,关键都在于考虑不同的**基本变元**和不同的**依存关系**。这是主要之点。不论我们把一切与件视为**意识内容**还是部分地或全部地视为物理的[①],在事实上,在函数关系上,都不会有什么变化。生物学的科学任务就在于使全面发展的个人尽可能在环境中**完全辨明自己的方向**。没有别的科学 30 理想可以实现,并且任何别的科学理想也没有意义。

假如素朴实在论可以称为普通人的哲学观点,那么,这个观点就有得到最高评价的权利。这个观点不假人的有意的助力,业已发生于无限久远的年代;它是**自然界的产物**,并且由自然界保持着。虽然承认哲学的每一进展,甚至每一错误,在生物学方面都有道理,但哲学作出的一切贡献,与这个观点相比,只是微不足道的**瞬息即逝的人工产物**。事实上,我们看到每个思想家,每个哲学家,一到实际需要驱使他离开自己的片面理智工作时,都立刻回到

① 参看彼得楚尔特的极好论文《实用领域的唯我主义》(载《科学哲学季刊》第 25 卷第 3 期第 399 页),和舒佩的《唯我主义》(载《内在哲学期刊》第 3 卷第 327 页)。

了这个普通的观点上。教授 X 在理论上相信自己是唯我主义者，但当他为得到勋章而对国家长官表示感谢时，或是当他对听众演讲时，他在实践上则确实不是唯我主义者。莫里哀的《勉强的婚姻》中的怀疑主义者挨打时不再说“il me semble que vous me battez”(“我觉得是你在打我”)，而是认为真正挨打。

所以，这篇“导言”的目的绝不是要破坏普通人的这种观点的信用。它的任务只是要说明，我们一生的最大部分时间为什么理由和有什么目的采取这个观点，我们又为什么理由，有什么目的和朝什么方向而有时暂且放弃这个观点。没有什么观点会绝对永久有效；每个观点只对一个确定的目的具有重要性。参看附录 1。

第二章　论成见

一

物理学家常常有机会见到，当人们不去进行无成见的研究，而 31
把其他科学部门的观点搬到自己研究领域中的时候，这个科学领域内的认识就会受到很大的干扰。从物理学搬到心理学中的那些成见所引起的纷乱，是极其明显的。关于这一点，我们可以用几个例子来说明。

物理学家观察一只割下来的眼睛的网膜倒像，同时向自己提出一个问题：一个点是在空间的**下边**，反映到网膜上则是在**上边**，这是怎么一回事呢？他用折光学说答复这个问题。如果把这个物理学中完全正当的问题搬到心理学中来，那只会引起许多模糊的思想。为什么我们**见到**网膜上的倒像是正的这个问题，对于心理学家来说，是毫无意义的。那些分布在各个网膜点上的光感觉**一开始**就是和空间感觉联系着的，而且我们称那些和网膜**下边**的点相对应的地方为“上边”。对于感觉的主体来说，这样的问题也是完全不会产生的。

著名的向外投出说从心理学来看，也是同样无意义的。物理学家的任务，是要通过延长眼睛的交点和像点之间的光线，寻求和 32

网膜上像点相对应的明亮的东西。这样的问题对于感觉的主体来说,也是不会存在,因为光感觉和固定的空间感觉一开始就是联系着的。因此,以感觉向外投出为外部世界的心理起源的整个理论,仅是误用了物理学观点。我们的视觉和听觉是和种种不同的空间感觉互相结合着,就是说,它们既相互依存,同时又彼此分开;它们处于我们的身体仅能部分地占有的空间区域。桌子、房子和树木当然存在于我们身体之外。因此,向外投出问题在心理学中绝不会出现,既不能有意识地加以解决,也不能无意识地加以解决。

物理学家马略特(Mariotte)发现网膜上一定的点是盲点。物理学家惯于把每个空间点同一个像点对应起来,把每一个像点同一种感觉对应起来。这样,就引起了一个问题:我们在对应于盲点的空间点上能看见什么呢?这个间隙怎能填补起来呢?如果人们把这种不正确的物理学提问形式从心理学研究中排除出去,那么,我们就会看到,这里根本不存在什么问题。我们在盲点一无所见,那个影像中的间隙根本无须填补。或者毋宁说,这个间隙是完全不能被感觉的。理由极其简单,因为一开始就盲了的网膜点上缺少光感觉,是不能进行观察的,正如同背上的皮肤自己不能看见东西,不能成为视野的间隙那样。参看附录 2。

我故意选择了一些简单而明显的例子,来阐明把一个认识领域内有效的观点粗心大意地搬到另一个完全不同的认识领域内,会引起多么不必要的混乱。

我在一个著名的德国人种学家的著作里读到下列的话:"这个部落由于吃人肉而被视为堕落的部落。"此外,还有一个英国人种
33 学家的著作。这本著作里提出那么一个问题:为什么某些南太平

洋群岛的人是吃人肉者。这位科学家在研究过程中发现了我们的祖先也吃人肉，同时还理解了印度人在这个问题上的看法。印度人对于这个问题的看法，有一次在我的五岁孩子那里也曾经表现出来。他在吃烤肉的时候，忽然震惊地停住，并且呼喊："对于动物来说，我们是吃同类的"。"你不应当吃人肉"，这是一个非常值得赞美的准则。但是，人种学家自己抹杀了科学家崇高温良、胸无成见的光辉，而我们是乐意对科学家的这种光辉表示景仰的。再前进一步，我们也会说："人类不应从猿猴演变而来"，"地球不宜自己转动"，"物质不宜连续地充满空间"，"能量必须守恒"* 等等。我相信，如果我们不把物理学观点加以试验，贸然要求它搬到心理学中后就绝对有效，那么，我们处理事物的这种方法和以上叙述的方法就只有程度上的不同，而没有本质上的不同了。在这种情况之下，我们就会屈服于教条，虽然我们不像我们的经院哲学先辈们那样，屈服于强制性的教条，而是屈服于自己造成的教条。有哪些研究成果不会由于长期的习惯的作怪而成为教条呢？我们在常常反复出现的智力情况中获得的技能，夺去了我们的清醒头脑和坦白胸怀，而这样的清醒头脑和坦白胸怀，我们在新的情况中又是多么需要呵！

提出这些一般的考察之后，我才能把我对心物二元论的立场作出必要的说明。按照我的看法，这种心物二元论是人为的，是不需要的。

* 从上下文看，此句应为"能量无须守恒"；疑原书漏 nicht 一词。——中译者

二

在纯粹物理过程的研究中,我们习惯于应用抽象概念,常常粗
34 心大意地完全忽视了作为这些概念的基础的感觉(要素)。例如,如果我们断定一安培强度的电流在摄氏零度、760毫米水银柱压力下每分钟产生10 $\frac{1}{2}$立方厘米的氢氧气体,我情愿给这个被确定的对象加上一种完全不依赖于我的感觉的实在性。但是,要得出这种被确定的东西,我必须让电流——只有我的感觉能保证其存在——通过一种半径固定的线圈,这样,电流在给定的地磁力强度下,就会使磁针从子午线偏转到一定的角度。要测定磁力强度和氢氧气体容积等等,也是同样的复杂。整个测定是以一系列几乎数不尽的感觉为根据的,特别是,如果我们从仪器的调节方面来看,这一点就更加明显,因为仪器的调节总是在测定之前进行的。对于一个没有搞过**心理学**试验的**物理学家**来说,容易发生一种现象,就是忽略了感觉是他的物理学概念的基础,用句成语来说,就是他只见森林,不见树木。我坚持每个物理学**概念**仅是本书称为ABC……的**感性要素**的一定形式的联系。这些要素——在迄今尚未进一步加以分解的意义上的要素——是构成物理的(同时也是心理的)世界的最简单的基石。

生理学研究会具有绝对的物理学性质。我能研究通过感觉神经一直到中枢神经的物理过程,并从此出发再去寻求它到达肌肉的种种不同道路。这些肌肉的收缩会引起周围环境新的物理变

化。这里我无须想到被观察的人和动物的**感觉**。我所研究的对象
是纯粹物理学的。当然我们对这种物理过程的细节的理解，是非 35
常不完善的，同时，认为一切东西都以“分子运动”为根据的那个保证，对于我的无知来说，既不会使我得到安慰，也不会使我感到失望。

但是，早在一种科学的心理学得到发展以前，人们就注意到在物理环境的影响下，对于动物的行为能作出更精确的预见，就是说，能作出更好的理解，如果我们认为动物的感觉和记忆与我们的感觉和记忆是类似的。我所能观察到的东西，即我的感觉，我可以在思想中用**我的**感觉范围内所不能见到的动物感觉来做补充。人的感觉和动物感觉之间的对立，只有在那种用死板的抽象概念研究神经过程的科学家看来，才是非常突出的，例如，他需要在思想中把绿的感觉加进这种神经过程里。实际上，这种绿的感觉是表现为某种全新的东西，非常奇异的东西，而且我们可以问我们自己，这种奇异的东西是怎样从化学过程、电流以及类似的过程中产生出来的。

三

心理学的分析告诉我们，这种奇异的现象并没有什么根据，因为物理学家**常常**把感觉看成实验的对象。这种分析还指出，思想中的感觉复合体的补充过程是一种按照类比法，应用尚未被观察到的或根本不可能观察到的要素进行工作的过程，是物理学家天天在实践着的。例如，他想象月亮是可触的、有重量的和有惯性的

物质。因此，上述情况中的整个奇异现象就成为一种错觉了。

另一种局限于亲身感觉范围的观察也会消除这样的错觉。一片树叶摆在我的面前，树叶的绿色（A）和一定的光的空间感觉
36 （B）、一定的触觉（C）以及阳光或灯光（D）互相结合着。如果用钠素的黄色光（E）代替阳光，则绿色（A）变成棕色（F）。如果用酒精去掉叶绿素，则绿色（A）变成白色（G）。这种实验用感性要素同样可以进行，所有这些观察都是物理学的观察。但是绿色（A）也和我的网膜过程会有联系。原则上没有任何东西能妨碍我用上面提到的那种方式研究我自己眼睛中的这种过程，并把它分解为要素XYZ……。如果这种研究在自己眼睛中发生困难，也可以用别人的眼睛来做实验，而且其中的间隙用类比法也会填补起来，完全和其他物理学研究一样。现在，（A）在其对于BCD……的依存关系中是一种物理要素，在其对于XYZ……的依存关系中则是一种感觉，同时也可以被看成是心理要素。但是，无论我们注意这一种或那一种形式的依存关系，绿色（A）本身在其本性方面并没有发生什么变化。因此，我所见到的并不是心理的东西和物理的东西的对立，而是这些要素的简单的同一性。在我的意识的感性范围内，每种对象都是物理的，同时也是心理的。（参看第14页。）

四

按照我的看法，人们在这种智力情况中见到的暧昧性仅仅是由于搬到心理学中的物理学成见所引起的。物理学家说：我到处见到的都是物体和物体的运动，而不是感觉；因此感觉必定是和我

所接触的物理对象**根本不同的东西**。心理学家则接受这种见解的
第二部分。对于他来说，感觉是第一性的存在，这是完全正确的；
但是他认为，有一种神秘的、物理的东西对应于这种感觉，按照那 37
种物理学成见，这种东西必定与感觉完全**不同**。然而，这种神秘的东西实际上是什么呢？它是物质呢还是精神呢？或两者兼而有之呢？这种神秘的东西似乎是这样的：它有时是物质，有时是精神，它的存在完全为不可渗透的黑暗所掩盖，因而人们无从揭露其真面目。或许在这里我们是为恶魔牵着兜圈子吧？

我相信后面的一说。我认为要素 ABC……是直接的、无可怀疑的存在，而且在我看来，它们绝不会为以后的观察引起变化。因为观察本身最后总是以要素 ABC……的存在为根据的。

这些一般的考察指出，对物理和心理的感性范围作专门研究是非常必要的：这种专门研究的任务在于发现 ABC……的独特联系。这一点可以用符号语言表达如下：这种专门研究的目的在于发现 F(A，B，C……)＝0 的形式的方程式。参看附录 3。

第三章　我和阿芬那留斯以及其他科学家的关系

一

38 我这里代表的观点和各种哲学家以及作哲学思考的科学家的观点的相关之处，已经在上面指出来了。我如果要把这些相关之处完全列举出来，那便必须从斯宾诺莎开始。我的思想出发点和休谟的哲学出发点实质上没有差别，这是很明显的。我和孔德则有些距离，就是我认为**心理的**事实作为认识源泉来说，至少和物理学的事实是同样重要的。内在哲学的代表们和我的观点非常接近。特别是关于舒佩的哲学，我可以这样说。他的著作我在1902年就已经知道。尤其是他的内容丰富的《认识论和逻辑纲要》一书，无须用专门字典即能阅读，而且使我非常钦佩。我在这本书中几乎没有发现什么使我不会同意，或者仅作微小修正就会同意的观点。的确，关于自我的见解是我们之间的分歧点，但这种分歧是能调和的。阿芬那留斯和我个人的观点很类似，以致人们难以想象，居于不同研究领域、经过不同发展阶段、相互毫无联系的两个作者会有这样相似的观点。我们之间的一致性多少被形式上的巨大距离掩盖起来了。阿芬那留斯向我们提供了一种非常细致的、

高度概括的论述。但他的论述使用了生疏的、少见的术语，因而使 39
人感到难以领会。要作这样的论述，我既无此动机，也无此职责，既无此兴趣，也无此才能。我仅仅是自然科学家，而不是哲学家。我仅寻求一种稳固的、明确的哲学立场，从这种立场出发，无论在心理生理学领域里，还是在物理学领域里，都能指出一条走得通的道路来，在这条道路上没有形而上学的烟雾能阻碍我们前进。我认为做到这一点，我的任务就算完成了。我的论述虽然同样是以多年的、从青年时期就已经开始的思考为根据，但为了避免作冗长的陈述，便采用了概要的形式。如果人们在这种意义下了解我们的论述，这对我完全不是侮辱。我乐于承认：我讨厌生造术语，在这一点上，我和阿芬那留斯也许是各走一个极端。如果说阿芬那留斯的著作常常没有被人彻底了解，或者在研究之后才能加以了解，那么，我自己的话则常常被人误解了。敏锐的批评家发现，我达到的某些结论，据说是我**不应当**达到的(!)。因此他们大可不必费力气去研究，因为他们已经知道这种研究行**将**达到的结论。这些批评家还责难我没有将我的思想适当地表达出来，因为我仅仅应用了日常语言，因此人们看不出我所坚持的“体系”。按照这种说法，人们读哲学最主要的是选择一个“体系”，然后就可以在这个体系之内去思想和说话了。人们就是用这种方式，非常方便地拿一切流行的哲学观点来揣度我的话，把我说成是唯心论者、贝克莱主义者，甚至于是唯物论者，如此等等，不胜枚举。关于这点，我相信自己是没有什么过失的。

上面提到阿芬那留斯和我的两种论述方式恰好都有其优点和缺点。而这种表达形式上的距离给我们之间的相互了解也带来了

不利的影响。我在很早的时候，就认识到我们的观点之间的类似
40 性，而且我确信，1883 年在《力学》里、1886 年在本书第一版里，我已经指明这个存在于我们之间的类似性，虽然我那时候仅引证了阿芬那留斯 1876 年出版的一本小册子[①]。这本书我是偶然地在《力学》出版之前才知道的。到 1888 年、1891 年和 1894 年，通过阿芬那留斯的其他著作——《纯粹经验批判》、《人的世界概念》以及在《科学哲学季刊》里发表的心理学论文——我才完全认识到我们的哲学趋向是非常一致的。但是，当我读他的《纯粹经验批判》的时候，其中许多累赘的术语使得我不能对我们的观点之间的协调感到兴高采烈。对于一位老人来说，他除了学许多国家的语言以外，还要学**各个人**的语言，这未免要求太过分了。因此，要阿芬那留斯的著作发挥更大作用的任务，就只有留给青年一代了。我很高兴，我能在本书中引证科内利乌斯、霍卜特曼(C. Hauptmann)和彼得楚尔特的著作。这些著作都是对于阿芬那留斯著作的中心思想的阐明和进一步的发展。阿芬那留斯本人也承认了我们观点之间的融合，并且在 1888 年到 1895 年出版的著作里提到这点。但是，正如我按照他过去反对第三者的意见所必须假定的那样，我们观点之间根本一致的信念，对于他来说，也是逐步地形成的。我和阿芬那留斯素不相识。尽管有人作出一些毫无疑问的努力，企图减少阿芬那留斯在哲学上的重要性，但是我情愿这样说：人们对于他的著作的重视，仍然日见增加。

① 《哲学——按照费力最小的原则对世界的思维》1876 年。

二

现在我想特别指出我和阿芬那留斯的主要一致之点。最初我在 1871 年、1872 年简明地将**思维经济**，即事实的经济陈述当作科学的主要任务，在 1882 年、1883 年又对这点作了进一步的论证。41 如我在其他著作里指出的那样，这种观点包含和预示着基尔霍夫“全面而最简单的描述”（1874 年）的思想，绝不是什么新的东西。它甚至于可以追溯到亚当·斯密，而且如福耳克曼（P. Volkmann）所说的，它的起源可以追溯到牛顿。现在我见到阿芬那留斯已经将这种观点又作了巨大的发展，尽管他的陈述没有将它的一些特征显明地揭示出来。

如果人们按照达尔文学说对我们的启发，将整个心理生活——包括科学在内——看作**生物**现象，并在这种现象上应用达尔文关于生存竞争、物种进化和自然淘汰的理论，那么，上述观点就会立即得到广阔的基础，从**新的科学方面**得到阐明。这种观点和下列假设是不可分离的：**一切心理事实都有物理的根据，为物理现象所决定**。阿芬那留斯在《纯粹经验批判》一书中试图详细地说明人的一切理论活动和实践活动都取决于中枢神经系统的变化。为了说明这一论点，他从下列非常一般的前提出发：中枢神经系统不仅从整体来说，就是从它的各个部分来说，也都是力求保存自己，有一种保持它的平衡状态的趋向。阿芬那留斯的这种见解和赫林所阐明的生物行为理论是非常协调的。阿芬那留斯的这些观点和现代实证科学的研究，特别是生理学的研究，也极其接近。我的著作里面已经包含着许多和这种观点一致的论述。这些论述虽然比较简短，但是无可怀疑，1863 年以来就在我的著作里出现了，而且在 1883 年我还对这种观点作了广泛的陈述，尽管我没有像阿芬那留斯那样，将它发展成为一个完善的系统。

但是，我认为我和阿芬那留斯的一致之处，最重要的是在于对物理的东西和心理的东西的关系的看法方面。对于我来说，这是核心之点。关于我和阿芬那留斯在这方面的融合，我是在偶然读了他的心理学论文之后，才深信不疑的。为了避免发生误解，我向沃拉沙克(Rudolf Wlassak)博士先生提出过与此相关的问题。他
42 和阿芬那留斯有过多年的交往，对于阿芬那留斯的观点非常熟悉。他对我的问题作了如下的答复：

“关于物理的东西和心理的东西的关系的见解，在阿芬那留斯和马赫是相同的。他们得出了一个结论，一致认为物理的东西和心理的东西的区别仅仅在于它们的依存关系的不同。这种依存关系一方面是物理学的对象——在最广泛的意义之下的——，另一方面是心理学的对象。如果我研究一种环境组成部分 A 对于第二种环境组成部分 B 的依存关系，我就是研究物理学；如果我研究一种生物的感觉器官或中枢神经系统的变化在何种程度上改变了 A，我就是研究心理学。阿芬那留斯建议将‘物理的’和‘心理的’这两个术语取消掉，而在今后只说物理学和心理学的依存关系(参看《科学哲学季刊》第 19 卷第 18 页)。在马赫的著作里面也出现了同样的看法，但马赫没有(?)说明关于心理的东西和心理学的任务的陈旧见解是不能成立的。

“**嵌入说和成为它的理论根据的形式逻辑缺点之被揭露**，解决

了这个课题。阿芬那留斯的哲学出发点是：在一切哲学思考的开端总不能不面对素朴实在论，即‘自然的世界观’。在这种‘自然的世界观’之内，可以划出‘环境’、‘物体世界’和‘自我’这两种复合体之间的相对界限，而不必导致‘物体’和‘精神’的二元论，因为从素朴实在论的观点来看，那些属于‘自我’、属于自己身体的组成部分和环境的组成部分是完全可以比较的。即使对构成实体概念的初步考察有了进展（参看本书第 4 页），也不存在物体和精神在本质上的完全不同。素朴实在论者所理解的原始统一世界的最后分 43
裂，按照阿芬那留斯的看法，是由于解释别人的陈述所引起的。如果我说，这棵树不仅对我是存在的，而且别人的陈述也会容许我设想，这棵树对他和对我是同样存在的，那么我绝没有超出我和别人之间的形式逻辑所能允许的类比范围。但是，如果我说，在我嵌入这棵树时，这棵树是在别人的‘映象’、‘感觉’和‘表象’里面，那么，我就超出我与别人之间的形式逻辑所能允许的类比范围了。因为我为别人假定的东西在我自己经验中绝不会发现，我自己的经验仅能指出常常和我的身体有固定的空间关系的环境组成部分，而绝不能指出在我的意识或类似的东西里面的任何对象。嵌入是超出经验之外，所以，使嵌入和经验事实一致起来的一切尝试都会成为产生无穷无尽的假问题的根源。在哲学发展史中，人们应用各种各样的形式，假定嵌入的存在，这是极其明显的。最陈旧、最粗糙的知觉理论表现了嵌入论的最简单、最粗糙的形式；按照这些理论来说，映象和物体可以分离，而且从物体分离出来的映象会进入身体的内部。现在人们已经认识到，身体内部和身体外部的环境组成部分的存在具有不同的方式。环境的组成部分只要存在于身

体内部，就必定会成为与环境有本质差别的某些东西。心物二元论产生的根源，是在于妄图将嵌入和从环境复合体中来的经验协调起来，是夸大了‘嵌入说’的作用。

“始终成为问题的，是阿芬那留斯对于构成嵌入说的理由有无全面的、正确的评价。按照他的看法，嵌入总是和别人的‘知觉’的说明联系起来。但是，人们完全可以说，同一种环境组成部分这一次是作为感性给予的‘事物’而存在的，另一次则是作为‘回忆’而 44 存在的，这些事实能给我足够的理由，假定环境组成部分这一次是‘物质的’，存在于环境之中，另一次是‘精神的’，存在于我的意识之中，存在于我的‘心灵’之中。我们似乎还有必要考虑，在原始文化阶段，梦的经验能否同样地成为心物二元论的独立理由。[①] 虽然阿芬那留斯将嵌入作为二元论解释梦的经验的前提，但并没有举出使人信服的根据。但是，如果人们理解的万物有神论，仅仅是假定一切无生命的环境组成部分是如同我们自己那样的存在，那么，人们将史前万物有神论看成心物二元论的根源，便是不能容许的。在‘自然的世界观’的基础上，只要有深刻的心理学理由能容许这样做，也会产生下列假定：例如，对于树木来说，环境的组成部分就是如同对于人类那样的存在。换句话说，凡是同阿芬那留斯和马赫对于心理事物具有同样观点的人，如果他缺少任何生理学的知识，也许会认为一棵树或者一块石头能触及或看到自己的环境。在这种情况之下，他还不是一个二元论者。他能成为一个二元论者，必须满足下列条件：他为着说明树木或者石头的触觉和视

① 按照太勒(Tylor)的看法，这种经验确实是强有力的理由之一。

觉，假定那种被树木或者石头触过或见过的环境组成部分能在树木里面，作为树木的‘感觉’、‘意识’而再次存在着。只有这样，世界才会二重化，分裂成为一个精神的部分和一个物质的部分。

“由于发现嵌入的不合理性而得到的阐明，从两方面增加了人的了解。一方面是它在认识论上给我们的启发。所有关于我们的‘感觉’、‘表象’、‘意识内容’与‘物质事物’——上述嵌入的产物被看成为‘物质事物’的复写、符号等等——的关系问题，都显得是一 45
些假问题。关于空间理论的向外投出问题，即空间感觉的向外移置等问题，同样显得是一些假问题。

“另一方面，排除嵌入意味着除了生理心理学之外，其他的心理学都是不能容许的。只要我们认识到‘意识内容’——随着神经系统的变化而产生的‘心理过程’——不是别的东西，仅仅是我给别人引入，而且最后也给自己引入的环境组成部分，那么，我们在神经系统里面除了生理过程之外，就找不到任何其他东西。这样，种种特殊的心理因果性便都消失不见了，所有关于心理力量介入大脑的生理过程是否和能量守恒原理协调的问题也都消失不见了。①

---

① 有人把能量守恒原理常常和是否有一种特殊心理动因的问题联系起来，我在这里不得不对此表示诧异。从能量守恒来说，物理过程的进程是有限制的，而不是能完全明确地确定的。能量守恒原理在一切生理状态中的实现只是告诉我们，心灵既不消耗功，也不做出功。因此，心灵也许是一种部分地确定的因素。当哲学家提出与此相关的问题时，他似乎对于能量守恒原理没有作出正确的评价。而物理学家对这个问题所给出的踌躇不定的答复，在和自己的思想相去甚远的情况下，也不具有能够了解的意义。参看赫夫勒(Höfler)关于这个问题的报告：《心理学》(1897年)第58页以下，注释。上面申述的抛开不谈，我们在一种特殊心理动因的假设中所见到的，仅仅是一些不合适的、不幸的、使科学研究发生困难的前提，而且还是不必要的、不大可信的前提。参看附录4。

“如果人们说到‘表象不在意识中仍然继续存在’(马赫《热学原理》第 441 页),那么,严格地说,这种说法只有作为表示确定的中枢神经过程的短语才能允许。但是,这句短语无论如何总带着强烈的二元论思想的色彩”。

三

46 在论述方面,我和阿芬那留斯还有其他分歧,这是出于下列容易看出的理由:第一,我不企图从世界观发展的先前阶段中作出关于我的立场发展的整个陈述。第二,阿芬那留斯的陈述是从实在论出发,我的陈述如我在青年初期所实际经历过的那样,则是从唯心论(见本书第 29 页注释)出发。在这个方面,我也许可以提出排除投出(Die Extrajektion)的看法(见本书第 5 页、第 9—18 页、第 23—27 页以及第 35 页)。第三,我没有必要让别人的陈述和嵌入——在坏的意义下的——在达到新的观点以前,起很重要的作用,因而人们也无须将这种嵌入再排除出去。沉思的思想家也会达到这种新的观点,甚至于会像沃拉沙克提到的那样,一定要把二元论的趋向消除掉。但是,如果达到了这样的新观点,而且认识到各种不同的要素依存关系是实质性的东西,那么,无论是实在论的出发点或唯心论的出发点,其意义就绝不会比方程式中基本变元的代换对物理学家或数学家所具有的意义更大。

阿芬那留斯和我自己所提出的观点,在我看来,几乎是自明的,至少对于所有从“放荡哲学残余”——如太勒所说——的压迫下解放出来的人来说是自明的。这样的自明性永远是科学体系的稳固基础。由于各种各样的哲学思想家所走的道路彼此接近，特别是由于一般哲学家和实证科学家的观点亲密会合，我相信，我有理由可以说：各门科学的相互适应是有其吉利的征兆的。

第四章　感官研究的主要观点

一

47　我们现在试图从所达到的观点出发，为我们的特殊目的作一个判明研究方向的展望。

做研究的理智，通过适应，一经获得了把 A 和 B 两个事物在思想中联系起来的习惯，就尽可能地保持这种习惯，甚至在情况稍微变更了的地方也是这样。凡是在 A 出现的地方，就在思想中加上 B。这里表述的原理以力求经济为其根源，并且在伟大的研究家的工作中表现得特别显著。这个原理可以叫做**连续性原理**。

在 A 和 B 的联系内实际被观察的每项变异，假如大得足以察觉出来，就会被认为是对于上述习惯的干扰，并且直至这个习惯改变得足以不再感觉到这种干扰时为止，都会被认为是这样。例如，假定我们已经习惯于看到光碰到空气和玻璃间的界线就会偏转。但是，这些偏转在不同实例中有显著的不同。对于每个特殊入射角(A)还不能用一个特殊折射角(B)对应起来之前，由观察一些实例而获得的习惯不能够原封不动地移用于新的实例。到我们发现了所谓折射定律并且熟悉了这个定律所包含的那些规则之时，我们就能够这样做了。

这样，就有另一个原理和连续性原理相对立，并且修正连续性原理。我们把这另一个原理叫做**充足规定原理**，或**充足分化原理**。48

这两个原理的协同作用可以通过上述例证的进一步分析而得到很好的说明。为了处理光色变化中所显示的现象，必须坚持折射律这个观念，但是，对于每个特殊颜色，也必须用一个特殊折射指数对应起来。我们不久就会看到，对每个特殊温度，也必须得有一个特殊折射指数相对应，诸如此类。

这种过程最后会使我们暂时安心满意，A 和 B 这两件事物被认为是这样联系着，就是说，对**一件**事物在任何顷刻所观察到的任何变化，都有**另一件事物**的一个适当的变化相对应。可能发生这种情形：A 和 B 二者都被认为是组成部分的复合体，并且对 A 的每个组成部分都有 B 的一个组成部分相对应。例如，当 B 是一个光谱，而 A 是要检验的一个化合物样品时，就是这种情况。在这种情况之下，对应于光谱的每个组成部分的，是在分光镜前挥发出来的这种样品的组成部分之一，它与其他组成部分无关。只有对这种关系完全熟悉，充足规定原理才能够满足。

二

现在假定我们考察一个颜色感觉 B，不是从它对于所检验的炽热物质 A 的依存关系方面，而是从它对于**网膜过程**的要素 N 的依存关系方面进行考察。这样做并不会改变我们的观点的**种类**，只是改变了它的方向。上述观察没有一个失效，要遵守的原理还是一样。当然，一切感觉也是如此。

49 我们可以就感觉本身直接地分析感觉，即从心理方面分析感觉（如约翰·缪勒所做过的），或者，可以照物理学的方法研究与感觉相对应的物理的（生理的）过程（如现代派生理学家所特别喜欢做的），或者，最后也可以追究从心理方面可观察到的东西和相应的物理（生理）过程的联系。最后这种办法会把我们带到最远的地方，因为照这种方法，观察接触到了一切方面，并且一种研究能支持另一种研究。凡是这种方法显得可以实行的地方，我们都要努力达到这个最后提到的目的。

因为这是我们的目的，所以，连续性原理以及充足规定原理显然只有在下列条件之下才能够满足，这种条件就是：我们始终把同一个 N（同一神经过程）和同一个 B（这个或那个感觉）对应起来，并且对于 B 的每个可观察到的变化都发现 N 的一个相应的变化。假如 B **从心理学**方面可以分解为一些**互相独立的**组成部分，那么，只有在 N 中发现和这些组成部分相当的组成部分，我们才可以心安理得。另一方面，假如觉察到 B 有不能孤立出现的特性或方面，例如乐音的音高和强度，我们就要预期 N 也有同样的情形。简言之，对于一切从心理方面可观察到的 B 的细节，我们都必须追寻与它相对应的 N 的物理细节。

我当然不主张一个（心理方面）**单纯的**感觉也不能受很**复杂的**情况的制约。因为这些情况会像一根链条的各个环节那样连在一起，假如这根链条不伸展到神经里，那就不会发生感觉。但是，因为在身体外面不存在发生这个感觉的物理条件时，这个感觉可能是个幻觉，所以我们就认识到某一种神经过程，作为这根链条的最后环节，是感觉的基本的和直接的条件。我们不能设想这个直接 50
条件变化而不设想感觉也变化，反过来也一样。对于这个最后环节和感觉的联系，我们可以认为我们立下的原理是有效的。

三

这样，我们就可以为感觉的研究建立起一条指导原理。这条原理可以叫做心理的东西和物理的东西完全平行的原理。我们的基本观点不承认这两个领域（心理的和物理的）之间有任何鸿沟。按照这个观点，这条原理几乎是当然的原理。但是，如我多年前做的那样，我们也可以不借助于这个基本观点而提出这个原理，作为指引新发现的原理①。

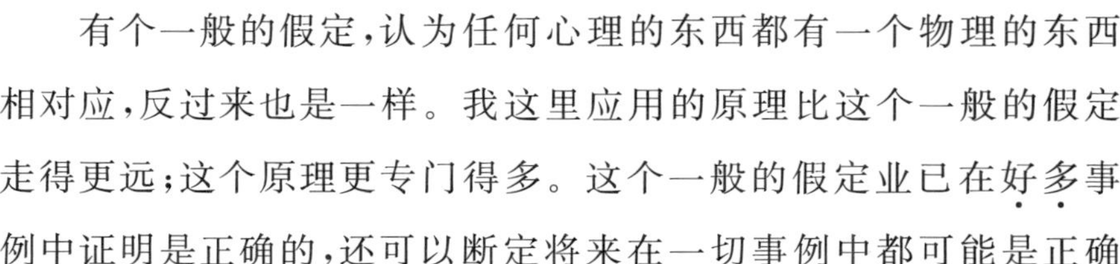

有个一般的假定，认为任何心理的东西都有一个物理的东西相对应，反过来也是一样。我这里应用的原理比这个一般的假定走得更远；这个原理更专门得多。这个一般的假定业已在好多事例中证明是正确的，还可以断定将来在一切事例中都可能是正确

① 参看我的论文《论光刺激在网膜上的空间分布的作用》，载《维也纳科学院会刊》，第52卷，1865年；再参看《赖歇特和杜步瓦文库》，1865年，第634页，以及《动觉理论大纲》，1875年，第63页。我在《费希特哲学期刊》第46卷，1865年，第5页所作的阐述也隐含着这个原理。（重印于《通俗科学讲演集》，莱比锡，第三版，1903年。）

的，并且是一切精确研究的必要前提。我们这里所持的见解不同于费希纳的观点；费希纳以为物理的东西和心理的东西是同一个实在的两个不同方面。首先，我们的见解没有形而上学的基础，只是符合于经验的概括表现。其次，我们不是区别一个不知道的第
51 三者的两个不同方面，而是研究经验所给予的要素间的联系。虽然这些要素，依照联系的方式，时而表现为物理的要素，时而表现为心理的要素，但这些要素总是一样的，仅仅是一个种类的[①]。曾经有人问我，假如不认为心理的东西和物理的东西实质上不同，那么，整个心理物理平行论还会有意义吗？不是纯粹的同语反复吗？这个疑问是由于对我以上的论述发生误会而引起的。虽然一切形式、颜色等等本身是同类的，既不是心理的，也不是物理的；但在我看见一片绿树叶（这是以某些脑过程为条件的事）时，这片树叶的形式和颜色当然和我在研究脑时所发现的形式、颜色等等不同。我所看见的树叶，就它依存于脑过程而论，是个心理的东西，而这个脑过程自身，就它的要素间的联系而论，代表一个物理的东西。并且平行原理对于前一群直接给予的要素依存于后一群要素这个关系是适用的；后一群要素只有通过（也许是复杂的）物理学研究才可以确知（参看本书第 36 页）。参看附录 5。

① 关于平行论问题的各个不同方面，请参看施图姆普夫（Stumpf）《在慕尼黑心理学家大会上的讲演》（慕尼黑，1897 年）；亥曼斯（G. Heymans）《关于平行论问题》（载《感官心理学期刊》，第 17 卷）；屈耳佩《论身体过程和心理过程之间的关系》（载《催眠术期刊》第 7 卷）；克里斯（J. v. Kries）《论意识现象的物质基础》（夫赖堡，1898 年）；霍卜特曼《生理学中的形而上学》（德累斯登，1893 年）。

四

我也许把这个原理说得有些过于抽象。现在可以立刻借助于具体的例子来说明这个原理。在我有**空间**感觉的任何场合，无论这种感觉是通过视觉、触觉或其他方式得到的，我都必须假定在一切实例中有同类神经过程。对于一切时间感觉，我也必须假定同类神经过程。

假如我看见大小和形状**相同**而颜色不同的多个物形，我就 52
追寻与不同颜色感觉相联系的**某些相同**的空间感觉以及与之相应的神经过程。假如两个物形相似（就是说，它们引起部分相同的空间感觉），那么，相应的神经过程也含有部分相同的组成部分。假如两个不同的旋律有相同的节奏，那么，在这两旋律中与不同的乐音感觉并存的，还有相同的时间感觉以及相同的相应神经过程。假如音调不同的两个旋律是相同的，那么，不管音调多么不同，这些乐音感觉以及它们的生理条件都具有相同的组成部分。假如似乎无限繁多的颜色感觉可以通过心理学的分析（自我观察）简化为六个要素（基本感觉），那么，我们便可以预期相应的神经过程系统也可作同样的简化。假如我们的空间感觉系统表现三方面的复合体的特性，那么，相应的神经过程系统也会呈现这种特性。

五

并且，这个原理曾经总是多少自觉地、多少一贯地被遵守的。

例如，当赫尔姆霍茨[①]假定每个乐音感觉都有一个特殊神经纤维（及其附属的神经过程），当他将乐音分解为各个乐音感觉，当他把复乐音的相似性归结为相同的乐音感觉（和神经过程）的内容时，这种做法就含有我们这个原理的实践证明。只是他应用得不完全，这在以后还会说明。布鲁斯特（Brewster）[②]被颜色感觉的一
53 个有缺点的心理学分析和不完善的物理学实验[③]引到一个见解，这一见解以为，与红、黄、蓝三种感觉相对应，物理方面也只有三种光，因此牛顿假定有无数种光及其一系列连续的折射指数，是错误的。布鲁斯特可能是轻易地犯了一个错误，认为绿色是个复合感觉。但是，假如他想到完全没有**物理光**，颜色感觉也可以发生，那么，他就会把他的结论只用于**神经过程**，而不触动**牛顿在物理学领域内的假定**——这些假定同他自己的假定一样，是颇有根据的。托马斯·杨（Thomas Young）至少在原则上改正了这个错误。杨

---

① 赫尔姆霍茨：《乐音感觉理论》（布朗施威克，1863年）。

② 布鲁斯特：《光学论》（伦敦，1831年）。布鲁斯特认为红、黄、蓝三种光分布于太阳光谱的**全部**，不过分布的强度不同，因而从眼睛看来，红出现于两端（红和堇色），黄在中间，而蓝在折光率较大的那一端。

③ 布鲁斯特相信，他能够用吸收方法改变牛顿视为**单色**的光谱色调，这一结果如果正确，将会当真打倒牛顿的见解。可是，如赫尔姆霍茨所证明的（《生理光学》），布鲁斯特是用不纯净的光谱做实验的。

认识到，无数种物理光及其一系列连续折射指数（和波长）与少数颜色感觉和神经过程不相冲突，认识到少数间断的颜色感觉实际上对应于三棱镜中的连续折射区（对应于连续空间感觉区）。可是，就是不谈杨在心理学分析上让物理学成见把自己引入迷途，杨也没有完全自觉地、严格一贯地应用这个原理。尽管他开始也假定红、黄、蓝为基本感觉，但是，如迈尔（Alfred Mayer，霍博垦）在一篇卓越的文章中证明的[①]，杨受到武拉斯吞（Wollaston）的一个物理学错误的迷惑，后来把基本感觉改为红、绿、堇色。颜色感觉 54
说通过赫林达到了高度完善的地步，至于这个学说还要朝什么方向改进，我于多年前已经在别的地方指出来了。

① 《哲学杂志》(*Philosophical Magazine*)，1876年2月号，第Ⅲ页。武拉斯吞是最早看到(1802年)太阳光谱的暗线的，这些暗线后来以弗兰霍夫的姓氏称为弗兰霍夫线；武拉斯吞相信他看到的狭窄光谱被最强的暗线分成红的、绿的和堇色的部分。他认为这些线是物理颜色的分界线。杨采取了这个见解，用红、绿、堇色代替他的红、黄、蓝基本感觉。这样，杨在他的前一个见解中，以绿为复合感觉。在他的后一个见解中，则把绿和堇色都认为是简单感觉。心理学分析这样可能产生的可疑结果，很容易破坏以为心理学分析一般有用这个信念。可是，我们千万不要忘记，人们在应用任何原理时，都可能犯错误。在这里，也是实用起决定作用。感觉的物理条件几乎总是发生复合感觉，并且感觉的组成部分很少单独出现，这种情况使心理学分析弄得很困难。例如，绿是个简单感觉；可是，某一个颜料或光谱的绿一般也会同时引起黄或蓝的感觉，这样就支持了以为绿的感觉是由黄和蓝两种感觉合成的这个错误观念(这观念是以混合颜料的结果为根据)。因此，小心的物理学研究也是心理学分析的一个不可少的必要条件。另一方面，也不可过高估价物理学的经验。黄的和蓝的颜料混合起来，得到绿的颜料；仅仅观察到这件事实，并不能使我们在绿色中看到黄和蓝，除非绿色中已经实际有黄色或蓝色在内。虽然事实上光谱的黄色和光谱的蓝色合起来出现白色，但确实没有人在白色中看到黄和蓝。

六

这里我只想简短地叙述一下我关于颜色感觉说的讨论所要说的东西。在近年的著述中，我们常常碰到一种断言，说赫林所采取的六个基本颜色感觉，即白、黑、红、绿、黄、蓝，是达·芬奇最先提出，后来马赫和奥柏德(Aubert)又提了出来的。就达·芬奇而论，鉴于他那个时候所流行的见解，我一开始就以为这一断言极可能是以一个错误看法为依据的。让我们听听达·芬奇本人在他的《绘画论》里说的[①]。“第 254 条。单纯的颜色有六个。其中的第一个是白，虽然哲学家们不承认白，也不承认黑是在颜色之列；因为
55 白是颜色的原因，而黑是没有颜色。但是，**因为画家没有黑白就一事无成**，所以我们要把这两者也包括在其他颜色中间，说在这个分类中，白色是单纯颜色中的第一个，黄是第二个，绿是第三个，蓝是第四个，红色是第五个，黑是第六个。并且我们要让白代表光，没有光就看不见颜色，让黄代表土，绿代表水，蓝代表空气，红代表火，而黑代表在火素之上的暗，因为在那个地方没有日光能够施展威力和因此可以照射的物质或固体”。“第 255 条。蓝和绿自身并不是单纯颜色。因为蓝是由光和暗合成的，如空气的蓝是由最完全的黑和完全纯粹的白构成的。”“绿是由一个单纯颜色和一个复合颜色构成的，即由黄和蓝构成的。”这就足够证明达·芬奇是部

① 《美术史原著》，路德维希(H. Ludwig)译本，维也纳，1882 年，第十八卷，第 254 和 255 条。

分地讲到对于颜料的观察，部分地讲到自然哲学概念，而没有涉及基本颜色感觉这个题目。达·芬奇的书所包含的种种奇异而深刻的科学观察引起一种信念，认为那些美术家，尤其是达·芬奇本人，是后来不久的伟大科学家的真正先驱。这些人为了要以令人喜悦的方式再现自然，而不得不理解自然，他们以纯粹愉快的心情去观察自己和别人。但是，像格罗特（Groth）[1]在《作为工程师和哲学家的达·芬奇》一书中归功于他的一切发现和发明，达·芬奇却远远没有做出来。我关于颜色感觉说所发表的零散见解是完全明白的。我假定了白、黑、红、黄、绿、蓝六个基本感觉和在网膜内与此相对应的六个不同的（化学）过程（不是神经纤维）。（参看《赖
歇特和杜步瓦文库》，1865 年，第 633 页及其后）。作为一个物理 56
学家，我当然熟悉补色的关系。但是，我的观点是，两个互补过程合起来引起一个新的——白的——过程。（前引书，第 634 页）我高兴地承认赫林的颜色感觉说的大优点。在我看来，这些优点如下。首先，黑的过程被认为是对白的过程的反作用。我能够更好地领会这个看法所含的便利，因为正是黑和白的关系给我以最大困难。其次，红和绿、黄和蓝也被认为是相对抗的过程，它们不产生一个新过程，而是互相抵消。按照这个见解，白不是后来产生的，而是事先已经存在的，并且一个颜色在被它的补色抵消之后，还会存留下来。赫林的学说只有一点我还不满意，这就是，我们难于理解为什么黑和白这两个相反的过程可以同时产生并同时感觉

[1] 《作为工程师和哲学家的达·芬奇》（柏林，1874 年。）——赫茨费尔德（M. Herzfeld）《达·芬奇，印行手稿选集》（莱比锡，1904 年）。

到，而红和绿、蓝和黄却不是这样。对赫林学说的一个进一步的发展部分地克服了这个难点[①]。对这种关系的完全解释无疑在于庖利（W. Pauli）所提供的那个证明。庖利证明，在胶质和活物质中，有些过程可以由相反的过程沿着同一道路（homodrom）造成逆转，如 a 图所示；其他过程则只能由相反的过程沿着不同道路（heterodrom）造成逆转，如 b 图所示[②]。我自己好久以前就已经证明，某些感觉是作为正数与负数而互相联
57 系起来的（例如，红和绿），其他感觉则没有这种关系（例如，白和黑）[③]。假如我们同意庖利的看法，假定赫林所说的两个相反的颜色过程，相当于红和绿的是同渠道的，而相当于白和黑的是异渠道的，那么，一切困难就都克服了[④]。

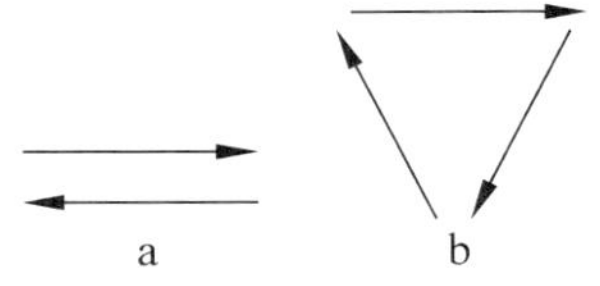

七

所引的这些例证足够说明上文提出的研究原理的意义，同时也证明这个原理不是完全新的。好些年前，在我将这个原理明确提出来时，我没有其他企图，只是要使我自己完全弄明白我很久以来就已经有点本能地感到的真理。

---

① 《关于光觉理论》，维也纳，1878 年，第 122 页。也可以参看前面援引的我的论文：载《维也纳科学院会刊》，第 52 卷，1865 年 10 月。

② 庖利：《胶质状态和活物质中的过程》，布朗施威克，1902 年，第 22、30 页。

③ 《动觉理论大纲》，1875 年，第 57 页。

④ 赫林在格雷夫-色米什（Graefe-Saemisch）：《综合眼科手册》（莱比锡，1905 年）第 3 册中提出了关于他的见解的一种新说明。

相似性必须以部分的相同、部分的等同为基础，因而遇到相似的感觉时，我们就必须追求它们共有的相同成分以及相应的共有的生理过程，这在我看来，是一个简单而自然的假定，甚至于是个几乎自明的假定。可是，我希望读者十分明白，这个见解并没有得到普遍的同意。我们经常发现一些哲学著作主张，绝不涉及这种相同的成分，也可以观察到相似性。例如，一个生理学家[①]可以对这里所讨论的原理说如下的话："应用这个原理于上列问题，使他（马赫）问道：对应于这样假定的感觉性质的生理因素是什么？在我看来，在一切定理和原理中，似乎没有比这个原理更可疑，引起更大的误会的了。假如它不过是所谓平行原理的改写，那么，它就 58
既不能认为是新的，也不能认为是特别有效的，而且也不值得这样加以重视。另一方面，假如它要表明，对于我们可以提示的每个有心理统一性的东西，对于每种关系，对于每个形式，简言之，对于我们可以用一般观念表示的每个东西，都必须和一个生理过程的特定要素或部分相对应，那么，我相信，这个公式只能被认为具有可疑的和引入到迷途的特性"。并且，我被认为是主张对这个原理（在第 49 页所作的保留条件下）必须从这种"可疑的和引人到迷途的"意义上来了解的。我必须完全让读者自己选择，他是要陪着我前进，同我进入由我们的原理所明白规定的那个初步研究阶段呢，他还是拜倒在反对我的人的权威之下，要走回头路，只满足于考虑他遇到的困难呢。假如他选择前一行动，我希望他会发现，在比较简单的实例解决之后，更深刻、更抽象的相似性的实例的困难就不

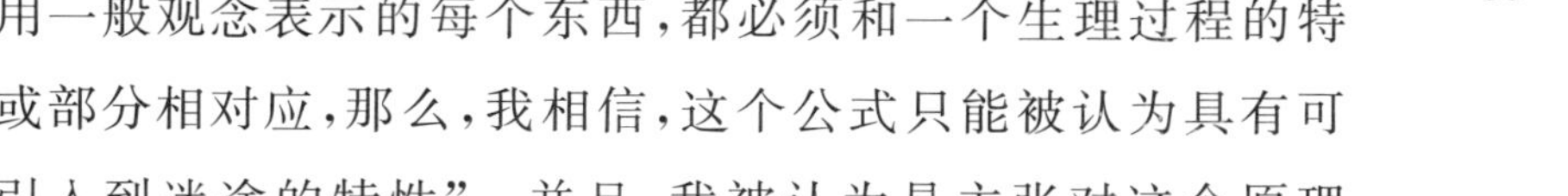

① 克里斯：《论意识现象的物质基础》，夫赖堡，1898 年。

再显得像以前那么可怕了。我此刻要再说的只是：在相似性的这些复杂的实例中，相似性的发生不是由于有一个共同要素，而是由于有一个共同的要素系统，如我在讲到概念的思维时要充分说明的那样（参看本书第十四章）。

八

因为我们不承认物理的东西和心理的东西之间有真正的鸿沟，所以，在感官研究上，一般物理学的观察同特殊的生物学的观察一样可以使用，就是当然的事情了。依据进化论的见解，只要假定我们是研究一个活的机体，这活的机体具有特殊的记忆、特殊的

59 习惯和举动形态，而这是起源于长久的、多事的种族历史，那么，当我们把感官与“灵魂”所观察的物理仪器相比拟时，在我们看来，难以理解的好多事情就都成为十分显而易见的了。感官自身就是灵魂的片段；它们自身就做了部分的心理工作，而把完成的结果传给意识。我想在这里把我对这个题目要说的话简略地概括起来。

九

把进化论一般用于生理学，特别是用于感官生理学这个观念，在达尔文以前，斯宾塞已经提出（1855 年）。通过达尔文的《情绪的表现》这部书，这个观念得到了巨大的推动。后来舒斯特尔（P. R. Schuster）讨论了（1879 年）有没有达尔文意义上的“遗传观念”这个问题。我也曾表示赞成把进化论应用于感官学说（《维也纳科

学院会刊》,1866 年 10 月)。关于进化论在心理生理学中的应用的最好的和最有启示性的讨论之一,见于赫林的科学院周年演讲[①]。事实上,假如我们想到双亲的局部机体外迁而成为新个体的基础,那么,记忆和遗传就几乎合为一个概念了。这个想法使遗传几乎像美国人说英语、他们的国家制度在好多方面类似于英国的那样,对我们是可以理解的。有机体具有无机物似乎缺少的记忆,这方面的问题当然并未由此得到讨论,而是依然存在(参看本书第五章和第十一章)。假如我们要避免不公正地批评赫林的学说,我们必须看到他是采用了记忆这个概念的较为广泛的意义。60
他认识到,机体的种族历史铭刻在它们身上的永久痕迹和个体生活遗留在意识内的很快消逝的印象之间有近似关系。他认识到,一度引起的过程在反应一个轻微刺激时的自发再现,实质上是同一过程,无论这个再现能不能在意识的狭窄范围内观察到。在一个长系列的现象中看到这个共同特点,是一个实质性的进步,即使这个基本特点本身还依然没有得到解释[②]。最近魏斯曼认为死也是遗传现象(《论生命的持续》,1882 年)。他这本可以称赞的书也颇有鼓舞人心的作用。遗传过程终止之后才出现于亲体的一个特性,还会被遗传下来;从这件事实中看到的困难大概只存在于陈述方式里。当我们考虑到身体细胞的繁殖能力能牺牲生殖细胞的繁殖(如魏斯曼所证明的)而增长时,这个困难就消失了。因此,我们可以说细胞集合体的生命加长和生殖减少是互为条件的两个适应

① 《论记忆是有组织的物质的一般功能》,1870 年。

② 塞荞(R. Semon):《记忆》,莱比锡,1904 年。

现象。——我在做中学生时，听说由南半球移来的植物在我们这里开花的时候是它们的原生地的春天。我现在还活生生地记得这个报道在我心里引起的震动。假如这个说法是对的，那么，即使要承认所涉及的主要之点是生命现象的周期性，我们还可以当真说植物具有一种记忆。动物的所谓反射动作可以自然地解释为意识
61 器官之外的记忆现象。洛勒特(Rollet)在用除去脑子的鸽子做实验时，我曾亲眼看到他那里有这样一个很奇异的现象(我想是在1865年)。任何时候这样的鸽子的脚被放在冷的液体中，无论液体是水、水银或是硫酸，它们就渴。因为一只鸟通常在解渴时要把它的脚弄湿，所以我们很自然地产生了一个见解，认为这是一个合乎目的的习惯，它起因于生活方式，而通过遗传固定下来，即使意识消除了，也会在遇到适当的刺激时，像时钟那样准确地出现。戈尔茨(Goltz)在他的奇书《蛙的神经中枢》(1869年)以及后来的著作中描述了许多这样的现象。——我要利用这个机会再讲一些观察。我回忆这些观察是感到很大愉快的。在1873年的秋假期间，我的小男孩拿了一只才出生几天就从窠里掉下来的麻雀给我，并且要把它养大。这件事可不那么容易。人不能引这只小生物咽东西，强迫它吃，又免不了让它受折磨，这必然会很快把它弄死。我那时做过如下的设想："无论达尔文的理论对不对，假如新生的小孩没有吃奶的预成器官和遗传冲动，假如这种器官和冲动不能由适当的刺激十分自动地和机械地发动起来，新生小孩就必然会死亡。鸟必定也有相似的(另一形式的)东西"。我尽力去发现这个适当刺激。将一只小虫子插在一根尖棍子上，让它在这只麻雀的头旁边很快地摇来晃去。这只鸟立刻张开它的喙，拍拍翅膀，渴望

把这个献给它的食物吞咽下去。这样，我就发现了发动这种冲动和这种自动动作的合适的刺激。这只麻雀看来长得更强壮了，也更贪食了；它开始攫取食物，并且有一回抓到了一只用棍子偶然打得掉到桌子上的小虫；从此它就不客气地自动地吃东西了。它的 62
智力和记忆越发展，所需要的刺激也就越小。在达到独立生存的过程中，这只麻雀渐渐地表现出麻雀类的一切行径，而这些行径并不是它亲自学到的。白天，在智力清醒时，它对人信任而友好；到晚间，它就经常做出别的表现。它变得胆怯。它总是找房间的最高地方，在受到天花板的阻拦而不能再上去时，才安静下来。这又是另一个合乎目的的遗传习惯。黑暗来到时，它的行动完全变了。如果接近它，它就蓬松起羽毛，开始发出嗤嗤声，表现得万分惊慌，做出真正怕鬼的表现。对于一种在平常情况下可能随时被怪物吞噬的生物，这种恐惧也是完全有根据的和合乎目的的。

最后这个观察支持了我的一个已经形成的意见，就是认为我的孩子们怕鬼不是起源于幼时常听的故事（我曾小心地不让他们听到这些故事），而是天生的。我的一个孩子看见放在黑影中的靠椅就心里不安；另一个在晚间小心地避开火炉边的煤斗，特别是在煤斗盖子开得像张大口的上下颚时。怕鬼是宗教的真正生母。在智力坚强的人看来，神话甚至在未编造以前就已被驳倒了。对于神话的科学分析或大卫·施特劳斯之流的审慎的历史批判，都还不会立刻废除和扫掉这些东西。一个那么长久地满足过实际经济需要，并且现在还部分地满足这种需要的动机（怕更坏的事，希望更好的事），会长久地继续地存在于神秘的、无法检验的、本能的思
想系列中。正像无人居住的岛屿上的鸟只有经过许多世代才学得 63

怕人（根据达尔文的看法）一样，我们只有经过好多世代之后才会**消除**那个无用的、叫做“毛骨悚然”的习惯。每回《浮士德》上演都可以使我们懂得我们还多么暗中同情于巫术时代的见解。对于人来说，对自然界和人的生存条件的精确知识比对不知道的事物的恐惧会逐渐变得更为有用。并且对人来说，一切事情中最重要的早晚是要防备那些凶暴地压迫自己或以迷乱理智和情感的手段来阴险地摆弄自己的人们。我在这里还想叙述一个奇异的观察，我是从我父亲那里得知这个观察的（他是一个热情的达尔文主义者，在他生命的后期是克拉因的一个地主）。他大量养蚕，在橡树林中露天养**橡蚕**等等。平常的吃桑叶的蚕好多世代养在户内，因此变得极其拙笨而不能独立生存。到这种蚕要变蛹时，人习惯于给它们预备一捆一捆的干蒿，让它们在上面作茧。有一天，我父亲忽然想**不**给一批蚕预备惯用的蒿捆了。结果，这些蚕大多数死亡了，只有一小部分天才的蚕（有最大的适应能力的蚕）作了茧。到底是不是像我妹妹相信她观察到的那样，一代的经验显然为后继的第二代所利用，这还是需要进一步加以研究的问题。摩尔根（C. Lloyd Morgan）使用小鸡、小鸭等等进行的实验（《比较心理学》，伦敦，1894 年）证明，无论如何，就较高等的动物而论，除了**反射动作**之外，几乎没有什么是天生的。新孵出来的小鸡立刻开始很有把握地啄它看到的一切东西；但是，对于什么是适宜于啄吃的，它必须从**自个儿的**经验学到。机体越简单，个体的记忆所起的作用就越
64 小。从这些可注意的现象，我们无须引出关于“无意识”的神秘论。一种超越个体生命的记忆（在上文规定的较广的意义上的）就会使这些现象成为可理解的。一种斯宾塞-达尔文意义上的心理学，以

进化论为根据，以详细的实证研究为支柱，会比从前的一切推测产生更丰富的成果。——我的这些观察和考察，在施奈德(Schneider)的可贵的著作《动物的意志》(莱比锡，1880 年)出版之前，早已做完和写出了。施奈德的这部书包含着好多类似的观察和考察。虽然他在自然科学领域内关于感觉与物理过程的关系、物种生存的意义等等的基本见解和我的见解实质上不同，虽然我主张，例如，区分感觉冲动和知觉冲动是十分多余的，但他论述的细节只要没有被摩尔根的实验弄成可疑的，我几乎全部同意。——魏斯曼的《论遗传》(耶拿，1883 年)一书可能给我们关于遗传的见解引起一场重要的革命。魏斯曼认为，由使用而获得的特性的遗传是不大可能的，并且见到生殖基素的偶然变异和生殖基素的选择是最重要的因素。无论我们对魏斯曼的学说采取什么态度，他所引起的讨论必然会有助于阐明这些问题。人们确实不能不承认他叙说这个问题的方式几乎具有数学的准确性和深刻性，并且也不能否认他的论证有巨大的力量。例如，他说无性蚂蚁的奇特的、非凡的体形显然起源于使用和适应，这些体形与能生殖的蚂蚁的体形相差那么显著，不可能发生于通过使用而获得的特性的遗传，这些话是很有启发性的[①]。曾经形成过新种，这些新种能维持自己的新种 65
特性并将这些特性遗传下去，又能够在其他情况之下改变自己——这种事实看来明白证明外界影响可以改变生殖基素本身。因此，包围种质的身体确实会对种质发生一些影响(如魏斯曼自己承认的那样)。这样，即使(根据魏斯曼的论述)不可以再预期个体

① 但是，也许无性蚂蚁的强有力的上颚是这个物种的原有获得性，而这种上颚在专任传种的个体身上只以萎缩退化的形式出现。

使用的结果能直接传给后代，但也不能完全排除个体生命对它的后代的影响。我们在抱着生殖基素发生偶然变异的观念时，必须记住偶然性不是一个作用原理。当种类不同的、周期不同的各个情况完全合乎规律地发生作用，在一起同时出现时，这些情况互相部分地重叠起来，使得人们不可能在任何特别实例中看到有任何规律。但是，这个规律会在较长的时间过程中表露出来，使我们可以计算结果的某些平均值或概率[①]。没有一个这样的作用原理，偶然性、概率是毫无意义的。但是，哪个作用原理可以被认为比亲体对于生殖基素会有更多的影响呢？——我个人不能想象物种会受变化着的情况的影响，而这种情况不会同样影响个体。并且，我确知我自己随着每个思想、每个记忆、每个经验而变异；这一切因素无疑会改变我的全部实际行动[②]。

虽然几乎是不必要的，但我愿意明白地说，我认为无论什么形
66 式的进化论都是一个自然科学的作业假设，它可以被改变，可以被弄得更精确，就它便于暂时理解经验所给予的材料而论，是有价值的。我曾亲眼看见达尔文的著作在我的年代不特给予生物学，而且给予一切科学研究以强大的推动力，所以，在我看来进化论的价值当然就更大得多了。但是，我不愿与任何低估进化论价值的人争论。在 1883 年和 1886 年我已经指出，科学研究的进展有必要使用更精确的、通过研究生物学事实本身所得到的概念[③]。所以我绝不是没有理解，就反对如杜里舒所作的那种研究。但是，杜里

① 《心理物理学讲演》，载《实用医学期刊》，维也纳，1863 年，第 148、168、169 页。

② 《通俗科学讲演集》，第 3 版，1903 年，第 260、261 页。

③ 参考《通俗科学讲演集》第 244 页以下，和《感觉的分析》1866 年版第 34 页。

舒关于我对进化论的态度所作的批评是不是合理[①]，我宁愿让那些不顾这种批评而仍然愿意费力阅读我的著作的人们作出判断。

十

我们决不害怕把目的论的考察方式作为研究的辅助方法。诚然，把事实归于一个不知道的、自身成问题的“世界目的”，或归于一个同样成问题的生物目的，并不会使我们更加理解这种事实。可是，关于某个功能对于机体的实际生存有什么价值的问题，或是这个功能对于保存机体有什么贡献的问题，却可能有助于理解这个功能自身[②]。当然，我们不可因此而认为，当我们发现一个功能 67 对于物种的生存是必要的时候，我们就像多数达尔文主义者表示

① 杜里舒:《有机体的调节》,1901 年,第 165 页以下。

② 这样的目的论考察方式对我往往是有用的并有启示性的。例如,说在照明度变化之下的一个看得见的物体,只有当所引起的感觉依存于客体与其环境的照明度的比率时,才会被认为是同一个物体,这就使眼睛的一整串的器官特性都可以理解了。(参看赫林在格雷夫-色米什编《眼科手册》第 3 册第 12 章第 13 页以下的陈述)。这样,人们也就可以理解机体为了生存,必须怎样使自己适应上述需要,并把自己调节得能感觉到光强度的比率。所以,所谓的韦伯(Weber)定律,或费希纳的心理物理学基本公式,就显得不是基本的东西了,而是可以解释的机体调节活动结果。这样,认为这个定律普遍有效的信条自然也就放弃了。我曾在几篇论文中提出关于这一点的论证(《维也纳科学院会刊》第 52 卷,1865 年;《精神病学季刊》,1868 年;《维也纳科学院会刊》第 57 卷,1868 年)。在最后提到的论文里,我从心理的东西和物理的东西相平行这个假定出发,或如我当时说的,从刺激和感觉的比例出发,放弃了费希纳的度量公式(对数律),采取了关于基本公式的另一种观点,关于这种观点对光感觉的有效性,我从来没有异议。从那篇论文的阐述方式看,毫无疑义,这是明白的。所以,不可像赫林那样,说我到处以心理物理学定律作为我的基础,如果这个定律是指那个度量公式的话。我怎么能够利用对数的依存关系而同时主张刺激与感觉成比例呢?对我来说,把我的意思弄明白就够了;出于好多显而易见的理由,我无需对费希纳定律作深入的批评和反驳。严格地说,我认为“比例”这个词也不恰当,因为我们不能说对感觉作实际量度,而只能说用数字精确描述和记录感觉。参看我在《热学原理》第 56 页关于如何表示热的状态所说过的话。

的那样，已经“从机制方面解释了”这个功能。达尔文本人是完全没有这样的浅见的。一个功能用什么物理方法发展起来，这始终是一个**物理学**问题；而机体的有意的适应是怎样进行的，是为了什么，则始终是一个**心理学**问题。物种的保存仅仅是科学研究的一个实际的、很有价值的出发点，并不是最后的和最高的出发点。的确有些物种毁灭了；也的确有些新物种产生了。因此，求乐避苦的
68 意志[①]必然远远地超出了保存物种的目的。值得保存物种时，这个意志就保存它；物种不再值得生存时，这个意志就毁灭它。假如这个意志**只是**以保存物种为目的，它就会作无目的的、恶性循环的运动，既欺骗**一切**个体，也欺骗**自己**。这就是物理学中恶名昭著的“永动机”在生物学中的相应体现。认为国家以自身为目的的政治家，也是陷入同样的荒谬见解里去了。

① 很可以采取叔本华关于意志和力的关系的观点，而不认为意志或力具有任何形而上学的意味。

第五章　物理学和生物学·因果性和目的论

一

不同的科学领域往往长期相互没有影响而同时发展。但是，69
如果人们意识到这一种理论借助于另一种理论会得到意料之外的阐明，它们便偶然地又发生了密切的接触。在这种情况之下，甚至于产生一种自然的倾向，让第一种科学领域完全合并到第二种科学领域中来[①]。但是，这个充满希望的愉快时期，这个夸大这种关系足以说明一切的时期，很快就被失望的时期和各种科学领域再次分离的时期所代替。在这个时期内，每种科学领域都重新制定自己的目标，提出自己特有的问题和应用自己特殊的方法。每种那样暂时的接触所留给我们的，仅仅是不灭的痕迹。但是，那些不同科学领域暂时的联系，除了提供一些不可低估的实证知识之外，还导致一种概念的嬗变。这种概念的嬗变，既能说明不同的科学，还能超出产生它们的范围，获得广泛的应用。

① 参看 W. 庖利：《医学中的物理—化学方法》，维也纳，1900 年。这本书也谈到一个性质相似而范围很窄的问题。

二

现在我们正处在这样一个纵横交错的时期。那些经过嬗变的概念显示出一些的确奇异的现象。当某些物理学家努力应用心理学的、逻辑的和数学的方法澄清物理学概念的时候，其他的物理学
70 家则对这种趋向感到不安，而且比哲学家还要更哲学地宣扬陈旧的、哲学家久已抛弃了的形而上学概念。哲学家、心理学家、生物学家和化学家如此自由地在极其广泛的领域内应用能量概念和其他物理学概念，是物理学家在他自己的领域内几乎不敢做的。人们大可这样说：专门的科学部门通常所起的作用已经相互混淆起来了。这个运动的成就可能有其积极的部分和消极的部分，但是无论如何，它的效果不外乎是从中达到概念的更确切的规定，给概念划定更严格的应用范围，对上述领域内应用方法的类似性和不同性给予更明确的说明。

三

这里我们要特别谈的，是最广义的物理学和生物学领域的相互关系。亚里士多德已经区别了**作用因**和**终极因**或者**目的**。物理现象完全为作用因所决定，而生物现象也为目的所决定；这是一个普遍的假说。例如，物体的加速度仅仅能为作用因，为瞬时运动状态——其他重力的、磁的或者电的物体的出现——所决定。到如今我们还不能将特定形式的动物和植物的生长发展，或者动物的

本能活动仅按照作用因作出解释，但是从生物在特殊生活情况之下自我保存的目的方面来看，我们对于这些现象至少是可以部分地了解的。无论人们对于目的概念在生物学中的应用在理论上怀着什么样的疑虑，当一个科学领域内的“因果性”考察还没有得到完善的解释时，我们把目的考察这条能说明问题的线索不加利用， 71
这是很背理的。我不知道天蚕在作茧的时候，怎样被包在一种有向外开口的鬃毛门片的茧里，但是我知道正是这样的茧能很好地适应它的保存生命的目的。我远远不能把动物奇异的发展现象和本能活动——这些现象和活动赖马鲁斯(Reimarus)和奥顿列特(Autenrieth)已经作过描述和研究——作“因果性”的了解，但是我可以按照保持生命的目的，在动物的特殊生存条件下了解它们。因此，那些现象是值得注意的，并且和作为永久组成部分的有机体的生活图像互相联系着。只有这样，这些有机体的生活图像才能形成一种统一的、互相联系的整体。赖马鲁斯和奥顿列特在这条道路上已经认识到生长现象和本能现象的关系，但只有到了最近，特别是由于萨克斯(Sachs)对植物生理学的研究和勒卜关于向地性、向日性和向触性的动物生理学研究，这种关系才真正得到解释，人们才开始对它们作出“因果性”的了解。目的概念对于生物学研究所起作用之大，有其历史上的见证，这是无可争辩的。人们只要想想开普勒对于眼的研究。他认为从眼的目的性来看，即从距离不同而视觉清晰的事实来看，对于眼睛视力调节机能的存在是毋庸置疑的。但是，引起这种调节机能的一些过程，一直到150年之后，才被发现。哈维在研究心脏瓣膜和静脉瓣膜所处的位置的目的何在时，才发现血液循环。

四

72 尽管某一个事实领域能应用目的论作出完全的解释，但是了解因果性的要求仍要保留下来。对于两种性质完全不同的科学领域，认为一种根本仅能作“因果性”的了解，另一种根本仅能作目的论的了解，这样的信念是没有什么理由的。物理学的事实复合体是**简单的**，或者至少在许多情况之下，是可以如此简单地任意（通过实验）构成，以致它们的**直接**联系就变得显而易见。我们由于和这个科学领域经常打交道，获得了这种联系形式的概念，**认为**这种概念和事实是**普遍地符合**的。因此，我们必须从**逻辑的必然性**出发，期待每个行将发生的具体事实都会和这种概念相符合。但是这里面并不包含有**自然的必然性**[①]。这就是我们对于“因果性”的认识。另一方面，生物学的事实复合体并不简单，所以它的组成部分的**直接**联系不能一望而知。所以，如果我们能将这个领域的事实复合体的引人注目的间接联系部分作为联系的整体确定下来，我们就感到满意了。那种只对认识较简单的因果联系训练有素的智力，将缺乏中间环节视为困难；它或者尽可能找出这个中间环节，来克服这种困难，或者假定一种完全新的联系方式，来克服这种困难。只要我们认为科学认识是不完善的和**暂时的**，同时想到在物理学范围内完全类似的情况是会发生的，那么，上面提出的后一种办法就没有什么必要。古代科学家也没有对于两种科学领域

① 参看马赫：《热学原理》第二版，莱比锡，1900 年，第 434、457 页。

作出严格的区别。例如亚里士多德提出重的物体会寻找自己的位
置。希隆认为自然为了节省的目的，就以最短距离和最短时间传
导光。这些科学家没有严格地划分物理的东西和生物的东西的界 73
限。但是，由于思想上细微的变化，人们能在完全排除目的概念的条件之下，阐述有关目的论的一切问题。眼能在不同距离中清楚地看到事物，这必须归因于它的折光机构的改变。这种改变是在哪方面呢？心脏瓣膜和静脉瓣膜都是朝一个方向张开，所以在这种情况之下，只有朝向一个方向活动的血液循环才是可能的。这是一个事实吗？近代进化论将这种清醒的思想方法据为自己所有。甚至于在物理学最先进的部分中，我们也见到另一方面的考虑，它和生物科学的这些考虑非常类似。例如稳态振动，在一定状态之下是可能的，即能维持自己的振动，这种研究长期以来已有长足进步。但是，这种振动的方式是怎样产生的，在最近才被新的研究所说明①。我们对于光循最短程的运动是以选择有效程来说明的。有时化学家应用的思想方法还更接近于生物学家的思想方法。按照这种看法，各种元素的分解会构成一切可能的化合物。但这样的化合物是不能再分解的；它具有很强的抗力对待新的侵犯，并且能取得胜利而长存下去。因此，我们似乎没有必要假定目的论研究和因果性研究的根本区别，目的论的研究方法简直是一种暂时的研究方法。参看附录 6。

① 参看沙伊克(W. C. L. van Schaik)：《关于口哨声音的激动》，鹿特丹，1891 年；亨森《物理学年鉴》第 4 辑，第 2 卷，第 719 页，1900 年。

五

为了较详细地论证以上的结论，我们想再深入研究各种因果性的概念。那种陈旧的、传统的因果性概念是有点僵死的性质：一
74 剂量的原因产生一剂量的结果。这种因果性概念，说出一种原始的、药剂学的世界观，如同四元素说那样。原因这个词已经明显地指出这点。自然的联系竟然这样简单，使人们在一定场合之下能够指出一个原因和一个结果。所以，我很久以前就企图用数学函数概念代替原因概念，即用现象的相互依存关系，严格地说，用现象特征的相互依存关系来代替原因的概念[①]。这样的函数概念能按照研究事实的需要而任意加以伸缩。这样，过去对原因概念提出的怀疑就完全可以消除了[②]。我们且观察带有重力的质量的关系，作为说明这一点的简单例子。如果质量 B 朝向质量 A 而出现，那么接着就产生 A 针对 B 的运动。这是一个古老的公式。但是，如果我们对之进行更精细的考察，我们即会见到，质量 A，B，C，D……共同确定它们相互之间的加速度，就是说，质量确定了，加速度也同时确定了。从加速度能预知在未来时间内将到达的速

① 马赫：《功的守恒定律的历史和根源》，布拉格，1872 年。

② 这样的异议是曲耳佩提出来的，见《论身体过程与心理过程之间的关系》。此外，参看科斯曼（Cossmann）《经验目的论》，斯图嘉特，1899 年，第 22 页。我不信我和科斯曼观点的距离达到不可调和的地步。如果他对这个问题继续加以考虑，他可能认识到我已经用函数概念代替了陈旧的因果性概念，函数概念对于他所注目的那些情况也足以应付。我对“经验目的论”是不持异议的。也可以参看霍卜特曼《生理学中的形而上学》，德累斯顿，1893 年。

度。这样，质量 A，B，C，D……在任何时候的位置都会得到确定，但是时间的物理度量又是以空间的测量（例如地球转动）为根据的。因此最后才能将位置的相互依存关系确定下来。由于这个原因，连在这样最简单的情况之下，那个古老的公式都不能把握自然中呈现的多种多样的关系。在其他情况之下，一切物理现象也是 75
为它们的相互依存关系所决定①。对于这种相互依存关系的形式，根本无法事先有所论述，因为这只能通过专门研究来断定。仅当相互联系的要素的集合体被视为独立的变数时，要素的相互依存关系才会起变化。因此，虽然在世界图像的足够部分给定时，对图像可以用科学规定的方式进行细节补充；但是，整个世界将会起什么变化，这是科学无法告诉我们的。

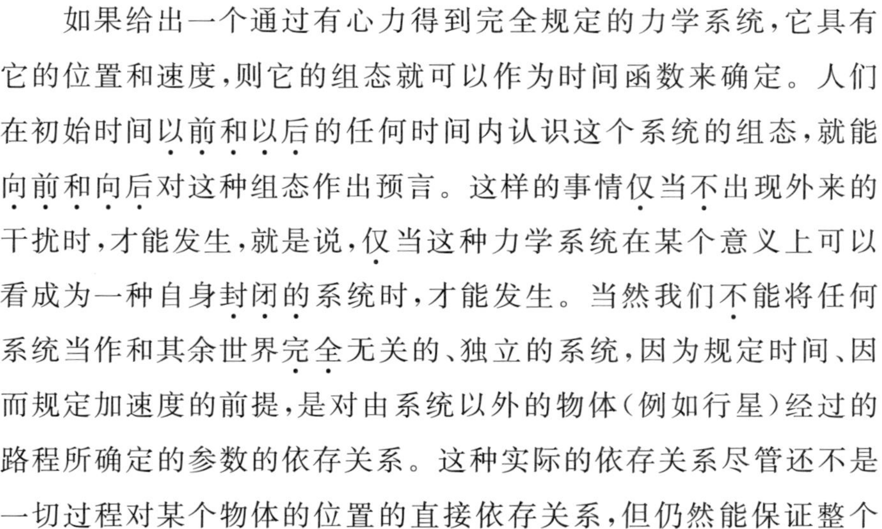

如果给出一个通过有心力得到完全规定的力学系统，它具有它的位置和速度，则它的组态就可以作为时间函数来确定。人们在初始时间以前和以后的任何时间内认识这个系统的组态，就能向前和向后对这种组态作出预言。这样的事情仅当不出现外来的干扰时，才能发生，就是说，仅当这种力学系统在某个意义上可以看成为一种自身封闭的系统时，才能发生。当然我们不能将任何系统当作和其余世界完全无关的、独立的系统，因为规定时间、因而规定加速度的前提，是对由系统以外的物体（例如行星）经过的路程所确定的参数的依存关系。这种实际的依存关系尽管还不是一切过程对某个物体的位置的直接依存关系，但仍然能保证整个

① 参看《认识和谬误》，1905 年，第 274 页。

世界是一个有机联系的整体[①]。类似的见解对于任何物理学系统都是有效的，只要人们不把这个系统了解为力学的系统。所有准确地、明晰地认识到的依存关系都是一种**相互的同时关系**。

76 让我们用对比的方法来考察通常的因果概念。如果图 1a 中太阳 S 照向处于一种介质中的物体 K，则太阳或者太阳的热是物体 K 的温度上升的原因，而这种上升是随着太阳对物体 K 的照射**有规律地产生的**。另一方面，物体 K 或者它的温度变化则不能看

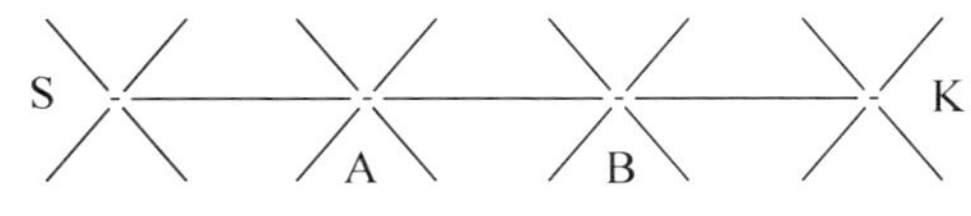

图 1a

作太阳温度改变的原因；当然，假如 S 和 K **唯独处于直接的**交互关系之中的话，是可以这样看的，因而 S 和 K 的变化就可以是同时的、相互决定的。但是，实际情况并不是如此，因为在要素 S 和 K 中间，还存在着两个中间环节，即介质的要素 A 和 B，它们不仅决定 K 的改变，同时也决定其他一些要素的改变，而反过来讲，介质要素 A 和 B 也为这些其他要素所决定。K 和其他无数的要素同样处于交互关系之中，它的反射光仅有无限细微的部分射回到太阳上。我们必须从类似的情况中找到理由，来说明物体 K 何以向视网膜投射影像 N，引起视觉 E，说明这个视觉 E 何以还能在记忆中保留下来，而记忆并不能恢复网膜影像 N 或者整个物体 K。从这点来看，我认为函数概念比原因概念优越；它的优越性在于追

① 《认识和谬误》，1905 年，第 426 页以下。

求精确性，而不带有原因概念的不完整性、不确定性和片面性。原因概念实际上是一种原始的、暂时解决困难的方法。我想每个现代的自然科学家必定会感觉到这一点。我这里所指的科学家，是例如那种对穆勒(Mill)关于实验研究方法的论述稍加注意的科学家。只要他应用这些研究方法，他绝不能超出最初步的实验结果。人们可以推测空间和时间上相距遥远的东西有函数关系，从现在出发，对遥远的未来或过去作出预言，而且还能侥幸言中。但是，
空间和时间上的距离愈大，这种论断的根据就愈不可靠。因此，现 77
代物理学**凡在力所能及的地方**，总是要求注意空间和时间的**连续性**；这是现代物理学无损于牛顿超距作用理论的伟大而获得的一个很重要的进展。

六

按照以上所说来看，**函数概念**无论在物理学或生物学范围内都能发挥其积极作用，也能合乎它们的一切要求。对于物理学和生物学在观点方面所呈现的巨大差别，我们无须畏惧。两类相似的物理现象，如摩擦电和伽伐尼电流，初看起来，它们中间差别之大几乎根本不能期待它们归结为同样的基本事实。摩擦电内几乎难以见到，甚至几乎难以发现磁的和化学的现象，然而在伽伐尼电流中，这种现象则有强有力的表现。与此相反，微小的有质动力现象和张力现象，在摩擦电中无须寻找，也容易发现。但这两种科学部门相互补充和相互说明之处之多，则是人所共知的。人们正从事一种科学研究，通过伽伐尼电流揭示摩擦电的化学性质。类似

的关系在**物理学**和**生物学**之间也屡见不鲜。两者一直包含着同样的基本事实。但是有的方面在物理学中被人注意到，有的在生物学中显现出来。因此不仅物理学从生物学方面得到帮助和阐明，而且反过来说，生物学也从物理学方面得到帮助和阐明。物理学在生物学中的应用所达到的成就，是任何人不能否认的；但我们同样可以把这样的成就同另一些情况相对比，在这些情况中，生物学能**促进**新物理事实的发现（例如伽伐尼电流和普菲费尔细胞等）。如果物理学更多地顺从生物学的进展，那么物理学在生物学中所起的作用就更大了。

七

78 有一种说法，认为动物生长出特殊器官，在以后的生活阶段中才发现这种器官有合乎目的的用途；认为动物能完成不学而知的本能活动，但是它的**后一代**对这种本能活动才能做到得心应手；认为动物为了应付未来的可能的敌人，就要通过自己的颜色的变化来适应环境。凡是熟悉物理学考察方式的人，如果他进入生物学领域，从事生物学研究，并且听到了这样的说法，他就很容易在实际上做出一个假定，以为这里面有什么非常特殊的**因素**在起着作用。这种神秘的、**未来的超距作用**是不能和某种物理关系相提并论的，因为它的产生不是无例外的、精确的，因为许多有机体都为以后的生命发展阶段作准备，但未达到那个阶段，就已经死亡了。人们休想**把我们认为不确定的或者不完全确定的东西**（例如不确定的过去和未来）看成为**能决定的**、当前的、摆在眼前的东西。但是，当我们想到世世代代的生命过程**周期性地**循环的时候，我们会见到将一种特定的生命发展阶段看作一种未来的和超距作用的东西这种见解，是有点**任意的**，有冒险性的。这种生命发展阶段可以了解为过去的生命过程和留下痕迹的存在过程，这样，我们认为难于理解的事物就大大地减少了。因此，就没有一种能产生结果的**可能的未来**，而是一种**业已无数次发生的过去**，它确实产生了结果。

为了用例子说明物理学能有效地参加解决表面上似乎属于生物学的专门问题的研究，我们只须想到**实验胚胎学**和利用物理化学方法的进化机制研究的巨大发展[①]。非常值得注意的是维纳 79
(O. Wiener)关于彩色照相和自然界的颜色适应可能有联系的证明[②]。稳定光波使一种感光的介质形成差层，这样，射入光的颜色就作为干涉色反射回来。除此以外，应用其他的方法，也会形成和照明适应的颜色。有一种感光的物质，它几乎可以接受任何颜色。它受到颜色照明的干扰时，仍会保持照明的颜色，因为它不吸收同样颜色的光线，所以不能再被光继续引起变化。按照浦尔顿(Poulton)的观察[③]，许多蝴蝶蛹的适应色可能就是这样产生的。因此，**在这种情况之下，我们无须离开能达到的目的而去追求有效的方法**。我们切实地说：平衡状态是由达到平衡的环境所决定的。

① 参看鲁克斯：(W. Roux)《关于有机体的进化机制的讲演和论文集》，莱比锡，1905年。

② 参看维纳：《彩色照相和自然中的颜色适应》，载《维德曼年鉴》，第55卷(1895)，第225页。

③ 参看浦尔顿：《动物的颜色》，伦敦，1890年。

八

“**作用因**”和“**目的**”这两个概念从其起源来说，是来自**万物有神论的观念**。这是人们已经根据古代研究的事实明确地见到的。当然，野蛮人对于他的自发的、他认为很自然的和易于了解的运动没有作过费力的思考。但是，当他感觉到自然界中意外的、奇异的运动时，他会本能地把这种运动和他自己的运动作类比。这样一
80 来，他就觉察到自己的意志和别人的意志的差别[①]。物理过程和生物过程同意志活动的基本形式的**相似性**和**不同性**逐渐地交替着表现得越来越明显。因而这些概念也就更严格了。有意识的意志活动中的原因和结果恰好是相互融合的。在**物理学**过程方面，由于它的**可计算性和极其简单性**，万物有神论日益被排除出去。原因的概念由于它的僵硬形式而逐渐被依存关系概念、函数概念所代替。只有对于那些和万物有神论矛盾较少的有机生命现象，还保持着目的概念和认为有自觉的、有目标的活动这种观点。然而，在不能推想有机体本身有自觉的、有目标的活动的时候，人们就想出另一种飘浮于有机体之上的、追求一定目标的实体（例如，“自

① 有一次我开动一个霍尔茨式的电动机，取悦于我三岁左右的孩子。他对于电动机迸发火花感到高兴。当我放开这个机器，让它自己继续转动的时候，他就怯懦地避开，以为它变活了。他很狼狈而惊慌地呼喊：“这个机器自己开动了！”狗在跟着开动的车辆呼奔时，也会有同样的行为。（另一个貌似有理的、与这个见解不矛盾的说明，见于策尔〔Zell〕的《动物没有理性么？》，宇宙出版社，38 页。）我回忆我三岁时，有个带弹性的凤仙花种子的荚壳被按开了，而且夹住我的手指不放，我不禁大吃一惊。我以为凤仙花种子的荚壳像动物那样也变活了。

然”等等)来指导有机体的活动。

万物有神论(神人同性同形说)本身没有其认识论上的缺点；如果有的话，一切类比法就都会有这样的缺点。万物有神论的缺点仅仅在于缺少应用这个观点的前提或者前提不够充足。产生人类的自然创造了低级进化阶段之间的很多类似的东西，而且无疑地还创造了高级进化阶段之间的很多类似的东西。

在无机物体内，甚至于在有机体内，如果出现任何一个过程，它完全为一时的环境所决定，限制在自己的范围内而无其他结果，那么，我们便几乎不会提出目的概念。例如，某种刺激物能引起光的感觉或者肌肉的收缩。但是，当饥饿的青蛙捉到蚊子，把它吞咽下去和消化掉的时候，我们是会自然地产生目的论思想的。**在有机体功能的相互转化中**，**在它们的联系中**，**在不为直接物的限制中**，**在迂回道路的进程中**，才存在着目的性。绝大部分世界发展过程，很广阔的空间环境和时间环境的影响，在有机体中显现出来。由于这个原因，我们对于有机体的了解要比无机体困难得多。只有我们能将这种复合体分解为**直接**联系的环节的时候，我们才能对有机体的活动得到真正的了解。所以我们仅能把有机体的本性看成为一种暂时的线索。从这一点来说，我读了一些新近出版的生物学著作——例如杜里舒、赖因克(Reinke)和其他人的著作——之后，我的观点更加坚定起来了，尽管它是和这些生物学家的趋向对立的。正像目的论的研究是暂时的一样，连**历史**的研究也是暂时的，需要用**因果性**研究加以补充，关于这一点，勒卜的生物学著作和门格尔(K. Menger)的经济学著作已经非常正确地强调指出来了。参看附录7。

九

每种有机体和它的组成部分都服从于物理学规律。因此,逐渐将有机体作为物理对象来研究,并在研究中仅仅使"因果性"的考察发生效用,这是合理的。但是,人们进行这样的研究时,总会遇到有机物的完全特殊的性质,这些性质在迄今见到的物理现象中还无法找到其类似性。这里所指的物理现象是"无生命"的自然界的物理现象。有机体是一种能对外来影响保持其性状——化学组成、温度等等——的系统,这种系统呈现出一种具有相当可观的
82 稳定性的动态平衡状态[①]。由于能量的消耗,有机体能从周围环境中吸取其他的能量,这种其他的能量能补充,甚至于超过那种能量消耗[②]。一种自动取煤、自动燃烧的蒸汽机仅仅是一种低级的、人造的有机体图像。有机体也只有非常小的部分具有这样的性质。它从这些部分中得到更生,就是说,它从中生长和繁殖自己。因此,物理学在能控制有机物之前,还必须从有机体研究本身把很多崭新的见解吸取过来[③]。

生命过程的最好的物理学图像,呈现出一种燃烧过程或者一种能自己蔓延到周围的类似的过程。燃烧维持着自己,产生燃烧的温度,把邻近物体提高到同一温度,从而把这些物体引导到这种

① 赫林:《生命实体的过程》,布拉格,1888年。

② 希尔特(Hirth):《能的新生论》,慕尼黑,1898年,第Ⅹ、Ⅺ页。

③ 赫林:《关于神经活动的理论》,莱比锡,1899年。

过程中去，**同化**环境，生长、扩充和**繁殖自己**。动物生命本身仅仅是一种在比较复杂的情况中产生的燃烧过程。[①]

十

我们试比较我们自己的意志活动和一种在我们自己身上观察到的、令我们自己惊讶的反射运动或动物的反射运动。在后两种情况之下，我们会感觉到一种倾向，就是从物理学方面把整个过程视为由有机体的瞬间状态所决定。我们所谓的**意志**不是别的，仅**是部分自觉的、与预见结果相结合的运动条件的总体**。我们分析这些条件，就它们是自觉的东西而论，我们见到的仅是过去的经验的记忆痕迹和它们之间的联系（联想）。看来，保持这样的痕迹和它们之间的联想，是**初级有机体的基本功能**，尽管我们在这种情况之下，不再可能谈到意识或者记忆系统中的安排问题。

83

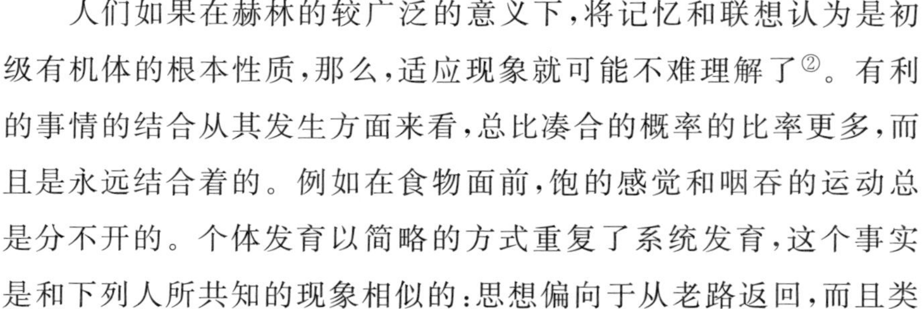

人们如果在赫林的较广泛的意义下，将记忆和联想认为是初级有机体的根本性质，那么，适应现象就可能不难理解了[②]。有利的事情的结合从其发生方面来看，总比凑合的概率的比率更多，而且是永远结合着的。例如在食物面前，饱的感觉和咽吞的运动总是分不开的。个体发育以简略的方式重复了系统发育，这个事实是和下列人所共知的现象相似的：思想偏向于从老路返回，而且类

① 参看奥斯特瓦尔德《自然哲学》和鲁克斯《关于有机体的进化机制的讲演和论文集》。

② 赫林：《论记忆是有组织的物质的一般功能》，维也纳，1870 年。

似的思想在类似的条件之下，引起类似的思想。实际上，每个有机体在胚胎期和在后来，都是在很类似的情况下发育的。现在我们的确不知道何种物理的东西和记忆、联想相当。一切想解释这个问题的企图都是勉强的。从这点来看，好像几乎不存在有机的东西和无机的东西的类似性。但是在感官生理学中，心理学和物理学的观察或许能深入到它们相互接触的地方，因而使我们认识到新的事实[①]。这种科学研究将不会产生一种心物二元论，而会产生一种包括有机的东西和无机的东西的科学。这种科学说明了这两个领域内的共同事实。

① 我最初试验性地提出这个概念，还是带着费希纳的色彩：《医生物理学纲要》，1863 年，第 234 页。

第六章　眼睛的空间感觉 84

一

树有它那灰色的、坚硬的、粗糙的躯干，有许多在风中摇曳的枝条，有光滑的、发亮的、柔软的叶子，它首先在我们面前表现为**单个的**、不可分离的整体。同样，甜的、圆的、黄色的果实，光亮的、灼热的、冒着多种多样火舌的火，我们也都认为是**单个的**物。**单个的**名称表示整体，**单个的**词就像在一根线上一样，立刻从深刻的遗忘中引起一切联系起来的记忆。

树、果实或火的映象是可见的，但不是可触知的。当我们的视线转向别处，或我们的眼睛闭上的时候，我们能触知树，品尝果实，感受火焰，但是我们看不见它们。因此，看起来统一的物就分离成各个部分，这些部分不仅相互制约，而且也受**其他**条件的制约。看得见的东西是与可触知的、可品尝的东西等等分离开的。

单纯可见的东西也是在我们面前首先表现为**单个**的物。但我们在一朵黄色的、星状的花旁边也能看到一个黄色的、圆的果实。第二个果实可以同第一个果实一样圆，但它是绿色的或红色的。两个物可以颜色相同而形式不相同；它们也可以颜色不同而形式相同。**视觉**由此而划分成为**颜色感觉**和**空间感觉**，尽管这两种感觉不能被描述为各自孤立的，但它们却彼此不同。

85

二

我们在这里不作详细探讨的颜色感觉，主要是一种对于有利的或不利的化学生存条件的感觉。在适应这些条件的过程中，也许颜色感觉发展和变化了①。光进入有机生命中。绿色的叶绿素

---

① 参阅葛兰特·阿伦(Grant Allen)：《颜色感觉》，莱比锡 1880 年。——马格努斯(H. Magnus)证实颜色感觉在各个历史时期的重要发展的尝试，我想不能认为是适当的。在马格努斯的著作出版之后，我和得累斯顿的一位语言学家波莱(F. Polle)教授立即就在通信中讨论了这个题目，而且我们两人不久就得出结论，认为马格努斯的观点既在自然科学的批评面前站不住脚，也在语言学的批评面前站不住脚。我们讨论的结果，每一个人都想推给另一个人发表，因而未能公之于世。然而，这件事情不久就由克劳塞办完了，并且由马尔梯(A. Marty)作了详细的了结。我在这里只能作出下列扼要说明。从术语的缺乏中我们不可得出结论说，不存在相应的感觉的质。即使在今天，术语也仍然是不精确的、模糊的、有缺点的，而且在不需要做严格区别的地方，也是数量很少的。今天乡下人的颜色术语和一般感觉术语并不比希腊诗人的更加发达。例如，像我经常亲自听到的，马希费尔德地方的农民们说食盐是“酸的”，因为他们并不熟习“咸的”这个词汇。颜色的术语，大家不必在诗人中去寻找，而应在技术著作中去寻找。进一步说，像我的同事贝恩多夫(Benndorf)指明的，我们不可像马格努斯做的那样，把清点瓶装颜料当作清点全部颜色。如果我们再看看古代埃及人和庞培人的彩饰法，考虑到这些绘画几乎不能够为色盲所制成，如果我们注意到大约在维吉尔死后七十年庞培城才化为灰烬，而维吉尔在当时仍然被认为接近于色盲，那么十分明白，马格努斯的整个观点都是不能成立的。这个问题最近又由舒尔茨(W. Schultz)用丰富的证据提出来了(《明度颜色感觉体系》，莱比锡 1904 年)。——达尔文学说的应用还被小心谨慎地拉到了另一个方向上。我们喜欢设想，一个没有颜色感觉，或有微弱颜色感觉的状态构成另一个具有高度发达的颜色感觉的状态的前提。对于学习者，由简到繁的进展是自然而然的。但自然界却不必走这样的道路。颜色感觉是存在的，并且确实是可变化的。谁能知道，它是变得更丰富了呢，还是变得更贫乏了呢？难道整个发展借助于智力的觉醒和人工手段的应用，就不可能一跃而进入从那时起就特别需要得到的理智吗？难道人类低级器官的发展就不可能降到次要地位吗？参看附录 8。

和(互补的)红色的**血红蛋白**在植物躯体的化学过程和动物躯体的 86
化学反应过程中占有重要地位。这两种物质向我们呈现出最多种多样的色泽变化。视紫的发现,摄影和摄影化学的经验,使我们也可以把视觉过程理解为化学过程。颜色在分析化学、光谱分析和结晶学中所起的作用是大家都知道的。这种作用提供了一个想法,即把所谓光的振动不理解为**机械的**振动,而理解为**化学的**振动,理解为交替的结合与分离,理解为在摄影化学过程里仅仅朝**一个**方向加以传导的那种振荡过程。这个观点主要是得到了近来对异常色散所作的研究的支持,符合于光的电磁理论。事实上,在电解的场合,化学也提出了最可理解的电流概念,把电解的两种成分看作是按照相反的方向相互转化的。所以,在未来的颜色理论里,许多生物学-心理学的和化学-物理学的线索可能都会汇合到一起。

三

由**颜色**表现出来的对化学生存条件的适应,较之由味觉和嗅觉表现出来的对化学生存条件的适应,需要更大范围的**运动能力**。至少就这里探讨的、唯独我们能作出直接可靠判断的人类来说,情况是如此。因此,**空间感觉**(一种机械因素)与**颜色感觉**(一种化学因素)的密切联系就成了可以理解的。我们现在要进行对视觉的空间感觉的分析。

87

四

如果我们观察两个虽然相同但颜色不同的形状，例如两个虽然相同但颜色不同的字母，我们就会一眼看出，虽然它们的颜色感觉**不同**，但它们的形式是**相同的**。所以，这些视知觉也一定包含着一些**相同的**感觉成分，而这些成分正是（在两个场合中相同的）空间感觉。

图 2

五

现在我们想研究空间感觉有哪些在生理学上决定图形辨认的
88 性质。首先，这种辨认显然不是出于**几何学**的考虑，因为几何学的考虑不是感觉的事情，而是理智的事情。倒不如说，我们这里所述的空间感觉可以作为一切几何学的起点和基础。两个图形可以在**几何学上是全同的**，但在**生理学上**则迥然**不同**，如这两个相邻的正方形所表示的，它们如果不经过机械的或**心智的**运算，就绝不可能

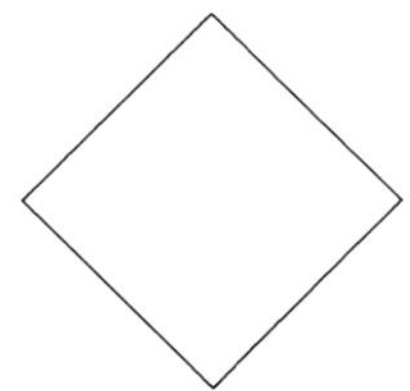

图 3

被认为是相同的[①]。为了熟习这里包含的关系,我们作若干很简单的
试验。我们考察的是一个完全任意的斑点(图 4)。 88
如果我们在一条线上按相同方向把这个斑点排列两次或多次,这便会造成一种独特的悦目的印象,而我们也不难一眼看出所有图形都相同(图 5)。但如果我们使一个斑点对另一个斑点做大幅度旋转,则除非借助于理智手段,便不再能认出形式的相同(图 6)。另一方面,如果我们在涉及观察者的中央平面方面把一个斑点同另一个对称排列起来,则两个形式的明显相似也可以察觉出来(图 7)。但是,如果对称平面像图 8 所示,偏离开观察者的中央平面很大,则只有通过旋转图形或**心智**运算,才能看出形式的相似。反之,如果把一个在自己的平面上旋转了 180°的斑点同另一个相同的斑点加以排比,则形式的相似又可以察觉出来(图 9)。这样,就产生了所谓的中心对称。

图 4

图 5

图 6

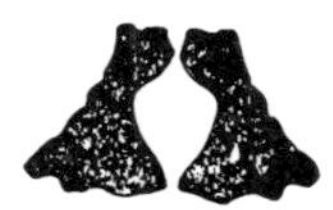

图 7

① 参看我的短篇论文《论位置和角度的视觉》,载《维也纳科学院会刊》,第 43 卷,1861 年,第 215 页。

图 8　　图 9　　图 10

如果我们按同样的比例缩小这个斑点的一切尺度，我们得到的就是一个几何学上相似的斑点。但正像几何学的全同并不是生理学的（视觉的）全同，几何学的对称并不是视觉的对称一样，几何学的相似也不是视觉的相似。只有几何学上相似的斑点同另一个斑点处于同一方向，两者也才在视觉上表现为相似的（图 10）。一个斑点的旋转又消除了这种相似（图 11）。如果代替这个斑点
89 的是在涉及观察者的中央平面方面对称的斑点，则会产生一种也有视觉量值的对称相似（图 12）。一个图形在自己的平面上旋转 180°，产生出中心对称的相似，这也具有生理学视觉的量值（图 13）。

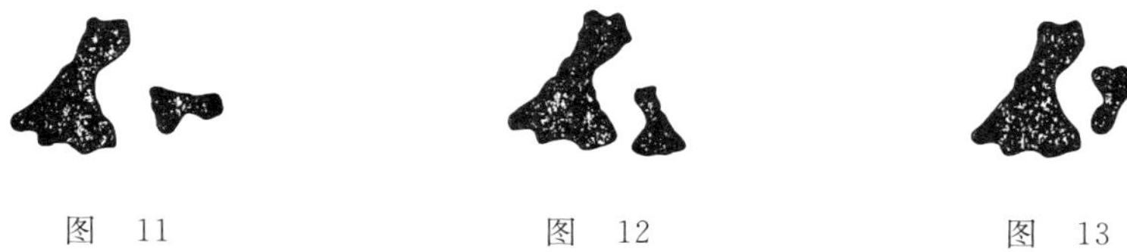

图 11　　图 12　　图 13

六

视觉上的相似与几何学的相似对比，其本质在哪里呢？在几

何学上相似的图形里，一切对应线段都是成比例的。但这却是理智的事实，而不是感觉的事实。把具有 a，b，c 边的三角形同另一个具有 2a，2b，2c 边的三角形作对比，这种简单的关系并不是直接认出来的，而是应用理智，通过测量才认出来的。如果这种相似也要在视觉上表现出来，那就必须再附加上准确的方向。把具有 a，b，c 边的三角形与具有 a＋m，b＋m，c＋m 边的三角形作比较，就可以看到，这两个对象的简单关系对于理智也并不造成一种感觉的相似。两个三角形看起来绝不彼此相似。同样，一切圆锥曲线虽然都有一种简单的几何学的相似关系，但看起来却彼此不相似，而三阶曲线则彼此更少显示出视觉的相似，如此等等。

90

七

两个图形在几何学上的相似，取决于一切对应线段都成比例，或者说，取决于一切对应角都相等。两个图形只有在位置上也相似，因而一切对应方向都是平行的，或者像我们喜欢说的，都是相同的，才成为在视觉上相似的（图 14）。方向对感觉的重要性已经在图 3 的精心考察中作过说明。所以，正是方向的相同决定了相同的空间感觉，这种感觉标志着

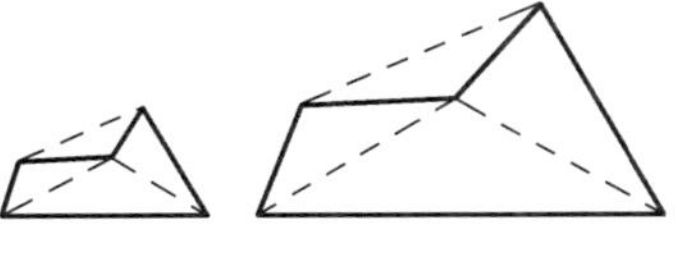

图　14

形状在生理学视觉上的相似[1]。

被考察的直线或曲线元素的方向在生理学上的重要性，我们还可以用下列考察来说明。假定 $y=f(x)$ 是平面曲线方程。粗略一望，我们就能看出 $\frac{dy}{dx}$ 的各个值在曲线上的变化过程，因为这些值取决于曲线陡度；就是关于 $\frac{d^2y}{dx^2}$ 的各个值，我们的眼睛也提供了定性启示，因为这些值以曲线曲率为表征。这里显然有一个问题，即
91 我们关于 $\frac{d^3y}{dx^3}$、$\frac{d^4y}{dx^4}$ 等等的值为什么不能同样直接作出某种陈述？答案很简单。我们看到的当然不是作为理智事实的微分系数，而是曲线元素的方向和一个元素方向对另一个元素方向的偏离。

既然我们直接看出了位置相似的图形是相似的，而且能直接把一个全等的特例与另一个全等的特例区别开，所以，我们的空间感觉就给我们提供了关于方向相同或不相同、量度相等或不相等的启示。

八

空间感觉无论如何与眼睛的运动装置有联系，这本来就是极

---

① 大约四十年前，我在物理学家与生理学家组成的一个协会中讨论过下列问题：为什么几何学上相似的图形也在视觉上相似。我很清楚地记得，有人觉得这个问题不仅是多余的，而且甚至于也是奇怪的。但我现在仍然像过去那样确信，这个问题包括了全部形状视觉问题。一个问题未能得到解决，它根本不被承认为问题，这是清楚的。但我觉得，这种不承认也表现了一种片面的数学物理学思潮，唯独用这种思潮，才可以解释一件事实，即人们对于赫林的论述不是欣然同意，而是在许多方面长期持反对态度。

其可能的。不必再去详细探讨，我们就首先可以看到，整个眼睛装置，尤其是运动装置，在涉及头部的中央平面方面是对称的。因此，相同的或几乎相同的空间感觉也会与对称的视觉运动相联系。儿童经常把字母 b 与 d、p 与 q 混淆起来。就连成年人也不容易注意到从右到左的转向，除非一些特殊的感性支点或理智支点使他察觉这种转向。眼睛的运动装置具有很完全的对称性。但对眼睛的对称器官的相同刺激本身，却几乎使分辨左右成为不可能的。人的整个躯体，尤其是大脑则只有很少的对称性，例如，这就导致一只手（通常是右手）在运动功能方面居于优势地位。这又导致右侧运动功能的进一步的和更好的发展，导致所属感觉的变化。如 92
果眼睛的空间感觉已经通过书写活动而与右手的运动感觉结合起来，那么，就不再会出现混淆书写技艺与书写习惯涉及的那些垂直对称图形的现象了。这种结合可能变得甚至很坚强，以致各种记忆只有沿着习惯的途径发展，例如，人们只有克服极大的困难，才能读出映现出来的文字。但是，在涉及只能引起纯粹视觉（例如装饰）兴趣，而绝不能引起运动兴趣的图形方面，却总是依然出现左右混淆。此外，动物也必定会感到左右的明显差别，因为它只有这样，才能在许多重要场合确定方向。细心的观察者很容易说明，那些与对称的运动功能相结合的感觉怎么会相似。例如，当我因为我的右手偶然做一件事，而用左手抓一个微测螺旋或钥匙时，我就会（不顾以前的考虑）定然把它转向相反的方向，这就是说，我因为感觉的相似而把对称运动与习惯运动混淆起来，从而把对称运动弄成了习惯运动。海登哈恩（Heidenhain）对于半身接受催眠术者的映象文字所作的观察，也属于此列。

九

左右的区分依赖于对称，而且归根到底还可能依赖于一种化学方面的差别，这是我从我年轻的时候起就有的想法。我已经借着我初次演讲的机会(1861 年)说出这个想法。从那时以来，这个想法再三迸发出来。我曾经偶尔从一位老军官那里听说，在昏暗的黑夜，在暴风雪里，在缺少判别方向的外部支点时，军队虽然以为是朝着直线方向行进，实际上接近于在大圆圈上运动，结果几乎
93 又返回到了出发的地点。在托尔斯泰的小说《主人与仆人》里也叙述过类似的现象。这种现象只有用运动的对称性甚小来理解。这种现象类似于一个同圆柱体差不多的圆球在一个更大的圆圈里滚动。关于这类现象，顾尔德贝格(F. O. Guldberg)[①]用迷失方向的人和动物作过深入的研究，他实际上是如此理解这件事实的。迷失方向的人和动物都毫无例外地几乎在一些圆圈里运动，这些圆圈的半径是随物种的不同而变化的，但圆心则分别随着个体与物种的不同，时而在沿着圆圈道路跑动的个体的右侧，时而在它的左侧。顾尔德贝格在这里也看到一种目的论的机制，它可以帮助亲代又找到其失去的饥饿子代。因此，对缺少这个因素的低等动物所做的实验也许是有趣的。此外，根据普遍可能的理由，我们也可望在低等动物那里发现不完全的对称。

① 顾尔德贝格:《循环运动》，载《生物学杂志》，第 25 卷，1807 年，第 419 页。在谈话中庖利博士曾使我注意到这篇文章。

勒卜的研究著作《论手的感觉空间》[1]也特别告诉我们一个结果，即右手（在用绷带包起眼睛的情况下）所做的特定运动，如果用左手加以模仿，则会分别按照个体的不同，而经常被再现为放大的或缩小的。勒卜以为，可以从再生现象得出结论说，左右的差别是一种特殊的差别。但我能担保，我绝没有把这种差别视为一种单纯几何学的、量上运动的差别。

十

像最寻常的经验所述的，根本不同的空间感觉同向上看与向下看有联系。这也是可以理解的，因为眼睛的运动装置在涉及水 94
平平面方面并不对称。重力的方向也对身体的其他运动装置具有莫大的决定作用和重要意义，因而这种情况也必定在服务于其他运动装置的眼睛装置里有其表现。大家知道，一处风景与其在水中的映象的对称性根本无法加以感觉。一位熟人的肖像被上下颠倒，对于不以理智为基准而去识别他的任何人来说，都是陌生的和难以捉摸的。如果我们伫立在一个躺在睡椅上的人的脑后，不假思索，全神贯注于其面部的印象（尤其是在此人说话时），这种印象就是一种完全异样的印象。字母 b 与 p 以及 d 与 q，连儿童也不会弄混淆。

以上我们关于对称、相似等等所作的说明，当然不仅对平面图形有效，而且也对立体图形有效。因此，关于深度的空间感觉，我

① 勒卜：《论手的感觉空间》，载《普弗吕格文库》第 41 卷与第 46 卷。

们还需要加以说明。**向远**看与**向近**看引起不同的感觉。它们也不**应当**加以混淆,因为远近之别对人和动物太重要了。它们不**可能**加以混淆,因为眼睛的运动装置在涉及那种与前后方向垂直的平面方面是不对称的。一个熟人的半身雕塑像不能用其模型来代替,这个经验完全类似于考察上下颠倒所得到的结果。

十一

如果**相同的**度量和**相同的**方向引起了**相同的**空间感觉,同头部中央平面**对称的**方向引起了相似的空间感觉,那么,这就使上述
95 事实更好理解了。**直线**在它的一切元素中都具有**同一**方向,并到处引起同一类空间感觉。它的美感的优越性就在这里。此外,处于中央平面的或垂直于中央平面的直线还以独特的方式表现出来,因为它在这种对称位置上与视觉装置的两半部分有同样的关系。直线的任何其他位置则被觉得是一种“倾斜位置”,是一种对于对称位置的偏离。

同一个空间图形在相同方向上的重复,引起同一空间感觉的重复。各个突出的(明显的)对称点的一切联结线都有相同的方向,并引起同样的感觉。就是把各个单纯几何学上相似的图形在相同方向上并排起来,它们也保持着这样的关系。只不过量度的相等不存在了。但在打乱方向时,这种关系也就打乱了,因而统一的(美感)印象也打乱了。

在一个相对于中央平面的对称图形上,代替**相同的**空间感觉的是对应于对称方向的**相似的**空间感觉。图形右半部分对视觉装

置右半部分的关系与图形左半部分对视觉装置左半部分的关系是一样的。去掉量度的相等，也仍然感觉到对称的相似。对称平面的倾斜位置打乱了整个的关系。

如果把一个图形与一个旋转了180°的同样的图形并列起来，
则会产生中心对称。这就是说，把两对对应点联结起来，联结线则
在对应点的一切联结线所通过的一个等分点0相交。就是在中心
对应的场合，一切对应的联结线也都方向相同，而这会产生悦目的 96
感觉。失去量度的相等，也依然给感觉留有中心对称的相似。

规则性与对称性相比，显得不具有任何独特的生理学的量值。倒不如说，规则性的量值也许仅仅在于其多方面的对称性，而这种对称性并不单纯是在一个位置上可以察觉出来的。

十二

浏览一遍欧文·琼斯(Owen Jones)的著作(《装饰文典》，伦敦1865年)，就会很明显地看到我们作出的论述的正确性。几乎在此书的每个图表中，都会又看到对称的各种类型，作为我们业已获得的观点的佐证。装饰术像纯粹的乐器一样，并不追逐任何附带的目的，而是仅仅服务于人们对形式(和颜色)的快感的，它给我们当前的研究提供了绝妙的事实。支配书写的思想不同于美的考虑。例如，在二十四个大写拉丁语字母里，我们看到有十个是垂直对称的(A，H，I，M，O，T，V，W，X，Y)，五个水平对称(B，C，D，E，K)，三个中心对称(N，S，Z)，而只有六个不对称(F，G，L，P，Q，R)。

原始艺术发展史研究对我们正在讨论的问题是颇有教益的。这种艺术的性质取决于加以模仿的自然对象、机械技巧的熟练程度以及使用各种重复的形式的努力[①]。

十三

97 这里所说的事实的美感意义，我已经在以前的著作里作过扼要说明。详细论述这一点，不在我的计划之内。然而我不能不提到，日内瓦的已故物理学家苏雷特(J. L. Soret)在 1892 年发表的一部很好的书[②]里作过这样的论述，他 1866 年在瑞士自然科学家协会上所作的一篇演讲应视为这本书的先导。苏雷特继承了赫尔姆霍茨的观点，而似乎对我的论述并不熟悉。这个问题的生理学方面他并未进一步加以探讨，不过，他关于美学方面的论述则颇为丰富，并用引人入胜的事例作为佐证。他考察了对称、重复、相似和连续的美感效果，他把连续视为重复的一个特例。在他看来，同对称的微小偏离都能够以这类偏离所引入的多样性和与此相关的心智审美快感在相当大的程度上补偿肉体快感的损失。这是用哥特式教堂的装饰与雕塑加以解释的。这种心智快感也可以由有效的(潜在)对称产生出来，而这类对称是人们在对称的人体和其他图形的非对称部位知觉到的。此外，苏雷特不仅把这些考察应用于视觉的场合，而且像我做过的那样，把它们推广到一切领域。他

① 哈顿(A. C. Haddon):《艺术中的进化:用构思的生活史来解释》,伦敦1895 年。

② 苏雷特:《论美的知觉的物理条件》,日内瓦 1892 年。

注意到了韵律、音乐、运动、舞蹈、自然美和甚至文学。他对盲人所
进行的考察特别有趣，洛桑盲人收容所给他提供了作这类考察的
机会。盲人对可触对象上的相同形式的周期重复感到愉悦，拥有
对于形式对称的决定性感觉。形式对称所受到的显著干扰会使他 98
们感到不快，有时似乎对他们是奇怪的。一个研究过大型欧洲立体地图的盲人，在遇到这个地图按缩小的比例尺构成一个更大的立体地图的组成部分时，仍会借助于几何学的相似，而认出这个大陆来。对称的触觉器官，即双臂与双手，确实安排得类似于视觉器官。因此，这种一致不可能使我们感到惊奇。这种一致已经对古代的研究家有过影响，更不要说对近代的研究家(笛卡尔)了，而且它还产生了一些不幸的观念，它们有一部分现在还在发挥作用。苏雷特书里论述文学的那一章看来不怎么成功。诚然，如我们在以前讨论过的领域里那样，相似的现象表现在韵律、节奏等等上。但是，举例说，苏雷特把莫里哀著名戏剧中重复六次的用语“那个恶魔哺乳，他在这个大木船上做活”[①]的效果与装饰动机的重复相提并论，则不会得到什么赞同。这里的重复肯定不是作为重复产生效果的，而是通过喜剧对立的不断加强，仅仅在心智方面产生了效果。

我还想在这里提请大家注意后来发表的阿诺德·埃姆希(Arnold Emch)的论文《美感形式的数学原理》(载《一元论者》1900年10月号)。他提出一些引人入胜的事例，在这些事例里，一系列形式遵照同一条几何学原理，共同产生了一种美感印象。

① 见《斯卡宾的狡猾》。

他遵循了我在我的1871年演讲中提到的思想，即一种按照固定规则进行的生产活动具有美感效果(《通俗科学演讲集》，莱比锡，第三版，1903年，第102页)。但我也曾经同时强调指出，并且现在
99 还想强调指出，规则作为理智的事情本身绝无美感效果，反之，只有由规则决定的同一个感性动机的重复才有这种效果。

十四

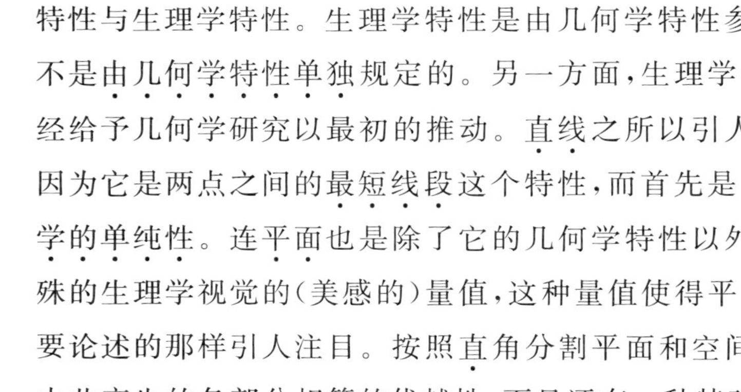

在这里应该再次强调指出，必须严格区别空间图形的几何学特性与生理学特性。生理学特性是由几何学特性参与规定的，而不是由几何学特性单独规定的。另一方面，生理学特性很可能曾经给予几何学研究以最初的推动。直线之所以引人注目，并不是因为它是两点之间的最短线段这个特性，而首先是因为它有生理学的单纯性。连平面也是除了它的几何学特性以外，还有一种特殊的生理学视觉的(美感的)量值，这种量值使得平面就像我们还要论述的那样引人注目。按照直角分割平面和空间，这不仅具有由此产生的各部分相等的优越性，而且还有一种特殊的对称量值。全同的或相似的几何图形可以排成一个能在生理学上注意到它们的相似性的方向，这种情形无疑造成了一个结果，即这些类型的几何学相似性较之不怎么引人注目的几何学相似性，诸如仿射性、共线性等等，更早地得到研究。没有感性直观与理智的合作，科学的几何学是不可思议的。而且汉克尔(H. Hankel)也在其《数学史》(莱比锡1874年)中作过精彩的论述，说在希腊几何学中理智因素有决定性的意义，而在印度几何学中则是感性因素有决定性的意

义。印度人一般应用对称与相似的原理（参见汉克尔这本书的第
206 页），而这对希腊人是完全陌生的。汉克尔建议把希腊方法的
精确性与印度方法的直线性结合为一种新的表达方式，这是颇为
值得记取的。进一步说，我们在这样做时，需要仅仅踏着牛顿与贝 100
努利的足迹行进，这两个人甚至在**力学**里也都很普遍地应用过相
似性原理。对称原理在力学领域里显示出什么优点，我已在另一
地方作过详细论述[①]。

---

① 本章主要思想的不甚完备的论述，我已经在援引过的论文《论位置和角度的视觉》（1861 年）里作出，后来又在费希特编的《哲学杂志》第 46 卷 1865 年第 5 页和《流体的形态·对称性》（布拉格 1872 年）中作过。（这三篇文章现在已经印入《通俗科学演讲集》，莱比锡，第三版，1903 年。）关于对称原理在力学中的应用，请参看拙著《发展中的力学》，莱比锡 1883 年，第 4 版 1901 年。

101 第七章　对空间感觉的进一步研究[①]

一

关于空间视觉的知识在19世纪期间已经得到了重要的进展，这不仅是因为在积极理解方面取得了收获，而且也因为消除了各个不同的哲学家与物理学家特别自笛卡尔以来在这个领域里积累的偏见，从而才获得了积极的发现所必要的自由气氛。

约翰·缪勒[②]创立了**特殊能量**说，而且也很明确地主张关于视网膜**同位**的观念，而这种观念的明显开端也可以追溯到托勒米[③]。缪勒认为视网膜在它自身的活动中能自己感觉自己，他按照他的这个观点，把"视觉空间"看作某种直接给予的东西。我们自己的身体也表现在视野里。一切方向问题只能涉及各部分视野

---

① 就我所知，**前**一章讨论的内容（除了我本人的三篇短篇著作与苏雷特的著作）还没有人谈过。但对我来说，**这**一章的研讨是以前一章的研讨为基础。我在这里将指明我本人作出关于空间感觉的解释的方法，而对其他人在这个方面上所作出的贡献，尤其是赫林理论所包含的内容则**无所求助**。属于这个课题的大量文献我也知道得太不完全了，以致在任何方面都列不出准确的参考书目。我认为最重要的赫林理论的论点，我将另外特别强调指出。

② 约翰·缪勒：《比较视觉生理学》，1826年；《生理学手册》第2卷，1840年。

③ 托勒米：《光学》，葛维（G. Govi）版，都灵1885年。

的相互位置。视觉的方向仅仅依存于视网膜感觉部位的安排。一 102
切投影理论和直线视物的问题都消失不见了。但是,对所视距离的估计在缪勒看来却完全还是理智的事情。

惠斯通[①]发明的体视镜能够使人容易相信,不仅投到同一个视网膜部位上的映象,而且投到其他没有太大差异的部位上的映象,也在某些情况下可以被看作是简单的,而且分别按照体视镜的不同,可以在不同的深度上被看到。这就又引起了对于同位说的怀疑,而促进了深度视觉的心理学解释的出现。这样就产生了布律克(Brücke)的空间视觉连续固定说,而这一学说又被道夫(Dove)用体视镜所作的瞬时透视实验证明为不能成立的。

潘诺慕(Panum)[②]以极有影响的考虑和设想杰出的实验来反对这些学说。他立足于双眼颉颃的现象和轮廓在此中的突出作用,得到了一个看法,即认为深度视觉以两个视网膜的相互作用(协同作用)为基础,深度感觉是一种天生的特殊能量。两个单眼映象,尤其是轮廓在形式、颜色和位置方面越相似,它们便越容易融合为一个由体视镜的差别决定其深度的单眼映象。但像潘诺慕还认为的,与这种深度相符合的是投影直线给定的深度。

赫林[③]最彻底地抛弃了一切旧的偏见。他从这样一个观点出发,即直接给予我们的视觉空间必须与我们通过特殊经验得到的

---

① 惠斯通:《视觉理论论丛》,载《哲学学报》,1838 年,1852 年。

② 潘诺慕:《对双眼视觉的研究》,1858 年。

③ 赫林:《生理学论丛》,1861—1865 年;《解剖学与生理学文献》,1864 年与 1865 年;《空间感觉与眼睛运动》,载赫尔曼编《生理学手册》,第 3 卷第 1 章,1879 年。

空间概念完全区分开。像他用决定性的实验证明的，我们看一个
103 对象的方向同对象与视网膜之间的联结线的方向，即视线或投影
线的方向，是不相同的。与双眼的一对视线相符合的是一个把这
对视线的夹角作二等分的视觉方向，而我们必须从双眼联结线的
二等分点出发，去设想这个视觉方向。为了排除掉对于几何空间
的一切关系，我们可以说：双眼共同看到的广度与高度的安排，与
这双眼中间假定存在的单眼将会看到的安排是相同的。如果我们
以水平视线和对称会聚来凝神注视玻璃窗上的一个点，我们就会
在中央平面看到这个点，但同时我们在这个平面也看到一些在后
边离侧面很远的对象。即使眼睛的轴线有轻度发散，我们在体视
实验中也看到我们面前的物体，而整个投影方向则不再引至这样
的物体，至少不再具有物理学的或生理学的意义。所视距离也不
104 符合投影学说的结果。如果我们在水平视线上通过缪勒的双眼单
视界圈作一些垂直线，我们就会觉得这样产生的圆柱体是一个平
面。我们不仅看到固定点的映象（“核心点”），而且也看到一切映
现到同一（“等当”）部位的点的总和（“核心面”），作为在我们面前
有一定距离的平面。这个事实以及许多其他类似的事实都是投影
学说完全无法理解的。赫林把空间视觉归结为一条简单的原理。
同一（“等当”）视网膜部位具有同一高度与广度量值，对称视网膜
部位则具有同一深度量值，它是从视网膜的外边逐渐向内增大的。
如果各个单眼映象是由于在颜色、形式和位置方面的相似而融合
为一个双眼映象的，那么，双眼映象就得到了各个映象的深度量值
的平均值。各个映象的这类平均值一般都占有决定性地位，即使

在视觉方向方面也是如此。既然在这里不可能深入讨论赫林[1]给 104
本章建立了可靠基础的、内容丰富的专门著作，所以，作出这些暗示也许就足够了。只不过还应该说明，这位研究家认为须将双眼视为**统一的**器官，它的协合运动依赖于天生的解剖基础，而这是约翰·缪勒已经指出来的。

生物学与心理学[2]的研究一致得出结论，确信关于空间直观只能坚持天性论的观点。刚从蛋壳里钻出的小鸡就显示出已经在空间中确定了方向，啄食引起它注意的一切东西。关于新生的人，我们顶多只能假定他成熟程度很低，而不能假定他另有根本不同的条件。潘诺慕已经指出了这一点。因此，空间直观是天生的。我们是否能用赫尔姆霍茨试过的方式，以发展史或进化史解释空间直观，这是一个另当别论的问题。

系统发育和约翰·缪勒[3]研究过的视网膜同位在从一个动物物种转变为另一个动物物种过程中的变化，也许已经为解决这个问题提供了立脚点。斜视者的病理畸形和在这种场合必须考察的适应现象，展现出了另一个允许研讨的领域[4]。

---

① 在继承赫林学说的那些青年研究家的著作中，希尔布兰德(F. Hillebrand)的著作对于心理学是饶有趣味的。

② 施图姆普夫：《空间观念的心理学起源》，1873 年。

③ 《比较视觉生理学》，第 106 页及以下。

④ 切尔马克(Tschermak)：《论斜视者的视网膜视觉方向的异常结合》，入《格雷夫文库》第 47 卷，第 3 册，第 508 页；切尔马克：《论眼睛的生理学适应与病理学适应》，莱比锡 1900 年；施罗德曼(Schlodtmann)：《对斜视者的视觉方向的异常结合的研究》，入《格雷夫文库》第 51 卷，第 2 册，1900 年。

二

105 空间感觉与运动过程有联系，这在很久以来就已经不再有争论。意见分歧仅仅在于这种联系应该怎样理解。

如果两个颜色不同的全同映象先后投到**同一个**视网膜部位，它们则会立即被认为是相同的图形。因此，我们可能首先以为不同的空间感觉是与不同的视网膜部位结合的。但我们却认识到，这些空间感觉并不是**不可更改地**与一些特定的视网膜部位结合的，因为我们能自由地和**随意地**转动眼睛，在这里对象的映象虽然在视网膜上有移动，但对象并未改变其位置与图形。

如果我们向前直视，注目于对象 O，我们就会觉得一个在最清楚的视觉部位 O 之下的一定低度映入视网膜上 a 内的对象 A 是在一定高度的。如果我们向上看，注目于 B，则 A 仍保持其先前高度。假如映象在视网膜或弧形 oa 上的位置单独决定空间感觉，A 必定会显得更低。我们可把视线提高到 A，且超过 A，而不使这种关系有某种改变。所以，决定视线**随意提高**的生理学过程能全部或部分代替**高度感觉**，与这种感觉相似，简单地说，在代数中可与这种感觉相加。如果我们用手指把眼球轻微推转向上，对象 A 就会显得按照弧形 oa 缩小的程度，而在实际上向下沉。当某种别的不自觉过程或不随意过程——例如，绷紧眼肌的活动——使眼球向上转动时，也会出现这

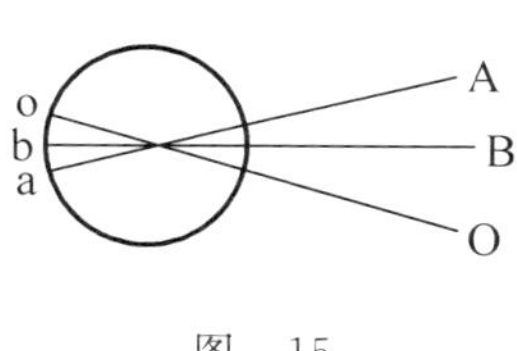

图 15

106 样的情况。按照眼科医生几十年来熟知的经验，直肌麻痹的病人

在想抓住右边位置上的东西时，会向右把手伸得太远。既然这类病人要注视右边位置上的东西，就需要比眼睛健康的人有一种更强的意志冲动，所以，向右看的意志决定“右边”的眼睛空间感觉这个想法就是容易理解的。我在前几年①就已经用实验的形式提供了这个经验，而这样的实验是每个人都能立刻做的。假定有人尽可能把眼睛向左转，并用两大块相当坚硬的油灰适当压住眼球的右侧。这时，如果他迅速向右看，这就会由于眼睛的球形不精确，而仅仅做得很不完善，并且对象会大幅度向右位移。因此，像我们想概括指出的，向右看的单纯意志给特定视网膜部位的映象提供了更大的向右量值。这个实验起初是令人惊奇的。但像我们很快就能察觉到的，这两个简单的经验事实——眼睛的随意右转并未使对象移动，眼睛被迫的、不随意的左转使对象向右移动——却共同告诉给我们完全相同的东西。我的想向右转而未能右转的眼睛，可以被看作是业已随意转向右方，但又由外力被迫倒转回来的眼睛。詹姆士教授②不愿意进行这个实验。我却经常重复这个实验，并且总是看到它得到了确认。这个事实我相信是肯定的，不过，这当然没有对这个看法的正确性作出判定。

三

促成视动的意志或神经支配的活动就是空间感觉本身。这从

① 在我的《动觉理论大纲》(1875 年)完成之后不久。

② 詹姆士:《心理学原理》,第 2 卷,第 509 页。

上述考察就可以自然而然地得知[1]。如果我们在一个皮肤部位感
107 到发痒或刺痛，这充分引起了我们的注意，我们就会立刻用适度的动作抓挠那个部位。同样，一俟一个视网膜映象给我们以足够的刺激，引起我们的注意，我们也会以适度的动作，使眼睛转向这个映象。依据有机组织与长期训练，我们立刻采取了一种神经支配的活动，它恰好足以使我们注目于一个映现在特定视网膜部位上的对象。如果眼睛已经向右转，并且我们开始注意一个在右边或左边更远的新对象，一种新的同样的神经支配过程就在代数方面添加到了已经存在的神经支配过程上。只有在随意度量的神经支配过程上添加**异样的**、不随意的或外部推动的力量，才出现一种干扰。

四

当我在几年前研究这里讨论的问题时，我注意到一种独特的现象，就我所知，它还未曾被描述过。我们在一间很暗的房子里观察光源 A，并接着迅速把视线转向更低的光源 B。这时光源 A 显得向上勾出一条(转瞬即逝的)尾线 AA′。光源 B 当然也有这类行为，但为了避免图中出现混乱，这并没有表示出来。尾线显然是一种后象，它只有在视线移动结束或快要结束时才能被意识到，然而恰恰值得注意的是，它有一些不是符合于新的眼睛部位与神经支

---

[1] 我在这里坚持我(1875 年)直接得出的说法，而不对进一步的研究预先作出判断。神经支配活动是空间感觉的结果，还是相反，这个问题在这里和在下文中我都依然搁下，容后再议。诚然，这两者是密切结合起来的。

配过程，而是符合于先前的眼睛部位与神经支配过程的位置量值。108 在用霍尔茨起电机进行的实验中，人们也常常注意到类似的现象。如果说人们在把视线向上移动时对电火花感到诧异，那么在电极之上的高处则经常表现出这种火花。如果电火花产生了持续的后象，这自然是在电极之下显示出来的。这些过程相当于天文学家的所谓个人误差，只不过限于视觉领域而已。究竟哪个有机组织决定了这种关系，这个问题须搁置起来，以后再议，但也可能对于阻止眼睛运动中的迷向现象具有某种价值[①]。参看附录9。

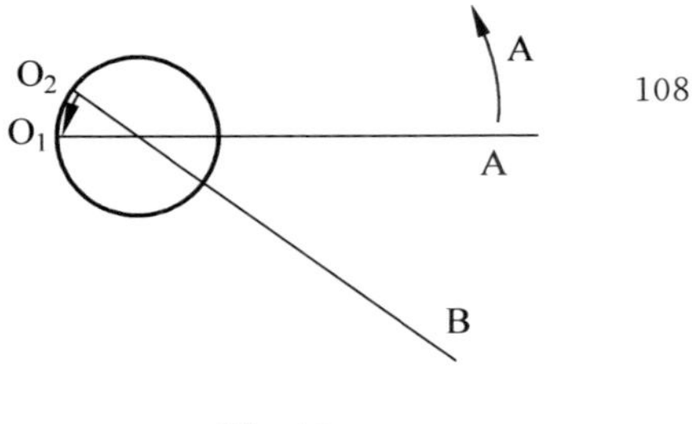

图　16

五

迄今为止，为了简单起见，我们仅仅把凝神注视的眼睛设想为运动的，而把头部（以及整个身体）设想为静止的。如果我们完全随便转动头部，而不有意看一个视觉对象，对象在这时也依然是静止的。但同时另一观察者却能注意到，双眼就像毫无摩擦力的惰性质量一样，绝没有参加转动。如果有人连续主动地或被动地绕着垂直轴线旋转，这从上边看就是按时针方向旋转，那么，这个过程就更加引人注目了。在这种场合，像布律尔（Breuer）观察到的，

① 李普斯（Lipps）关于这个问题提出了一种不同的观点。见《心理学与感官生理学杂志》，第1卷，第60页。

张开或闭合的眼睛转动着，大约在身体完全旋转十次时，*均匀地*采取逆时针方向，同样又经常*颤抖地*返回顺时针方向。图 17 表明了这个过程。在 OT 上，时间绘为横坐标，按时针方向画出的旋转角度绘为向上的纵坐标，按逆时针方向画出的旋转角度绘为向下的
109 纵坐标。曲线 OA 相当于身体的旋转，OBB 相当于眼睛的相对转动，OCC 相当于眼睛的绝对转动。经过重复观察，没有任何人会不相信，我们这里涉及一种自动的（无意识的）眼睛运动，它是身体的旋转以反射方式从迷路中引起的。一俟（被动的）旋转不再被感觉到，眼睛的运动也就消失了。当然，这种运动是怎样产生的，还有待于研究。一种简单的观念也许会认为，有两个对抗的神经支配器官，身体旋转时均匀地达到它们那里的刺激，被一个又具有均匀的神经支配流的器官作出了应答，而另一个器官则总是在隔一定时间以后，才像盛满水后突然翻倒的雨量计那样，放出神经支配脉冲。对于我们来说，暂且知道事实上存在着这种自动的、补偿的和无意识的眼睛运动，也就足够了。

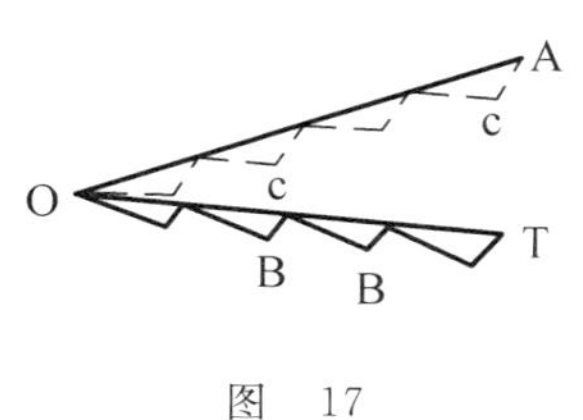

图 17

头部倾斜到一边时发生的眼睛的车轮般补偿转动，是尽人皆知的。纳盖尔（Nagel）[①]已经证明，这种转动达到头部倾斜角的 1/10—1/6。近来布律尔和克雷德尔（Kreidl）[②]也在转动装置中做

① 纳盖尔：《眼睛的车轮般补偿转动》，载《心理学与视觉生理学杂志》，第 12 卷，第 338 页。

② 布律尔与克雷德尔：《论视野在受到离心力影响时的表面旋转》，入《普弗吕格文库》，第 70 卷，第 494 页。

过这样的实验，并且发现：

“像普尔基尼(Purkinie)和马赫说过的，我们能感觉到质量加速的方向。如果这个方向由于增添了一个从侧面影响身体的水平加速度而有改变，就会出现眼睛的车轮般旋转，这种旋转在那种影响存在的时刻是持续存在的，并且达到偏转角的0.5或0.6。在这种情况下知觉到的视觉空间的旋转运动和垂直线段的倾斜位 110
置，依赖于眼睛的现实的、无意识的旋转”。

在这里我还必须提到克卢姆·布朗(Crum Brown)写的两篇论述眼睛补偿运动的论文[①]。

六

缓慢的、无意识的眼睛补偿运动(它没有以震荡的方式留下任何视觉印象)，构成了对象在头部旋转时看起来仍能保持其位置——这对确定方向颇为重要——的原因。所以，如果我们按同一个方向转动头部，更换注视的客体，也**随意地**转动眼睛，我们就必须用随意的神经支配活动**额外补偿**自动的、不随意的神经支配活动。我们需要的是这样的神经支配活动，即**整个**旋转角度好像是单独由眼睛向后移到原处的。由此也可以说明，为什么我们在旋转时觉得整个视觉空间是一个连续域，而不是一堆视觉场，为什么这时视觉对象依然**固定不动**。我们在旋转我们自己的身体时看到的东西，我们根据明显的理由，看到在视觉上是运动的。

① 克卢姆·布朗：《正常眼球震颤注释》，载《爱丁堡皇家学会记录汇编》，1895年2月4日；《眼睛运动与头部运动之间的关系》，入《罗伯特·波义耳讲座》，1895年5月13日。

这样，我们就得到了一个关于**固定空间**中我们的**运动**身体的有实际价值的观念。我们都了解，我们在大街上和建筑物里多次旋转与拐弯，在大车上或封闭的船舱里（甚至在黑暗中）被动地旋转，并未迷失方向。当然，作为我们的出发点的原坐标这时逐渐不知不觉地消逝了，而我们立刻又从我们面前的对象出发，进行估计。我们有时在夜间突然醒过来，感到失去方向，茫然不知所措地
111 寻视窗户、桌子等等，这种特殊情况可能是由于在苏醒以前刚做过一些有关身体运动的梦。

像在身体转动中显示的类似情况，也在一般的身体运动中显示出来。如果我们使头部或整个身体向侧面运动，我们并不会失去我们所注视的对象。当较远的对象经历一种与身体运动方向相同的视差位移，较近的对象经历一种方向相反的视差位移时，原来注视的对象看起来是固定不动的。我们**习惯**的视差位移被看到了，但并未引起紊乱，而是得到了正确解释。但在普拉梯欧（Plateau）金属线网的单眼反演中，那些按方向和规模而言我们并**不习惯**的视差运动则会立刻引人注意，并在我们面前表现一种**转动了的**对象[①]。

七

如果我们转动我们的头部，我们不仅**看到**我们头上的那个我们自己一般能看到的部分**业已转动**（按照以前所述，这立刻就可以理解），而且我们也能**感觉到**我们的头部业已转动。这种情况之所

① 参看我的《对单眼体视镜的观察》，载《维也纳科学院会刊》（1868 年），第 58 卷。

以出现，是因为在触觉领域里存在着完全类似于视觉领域里的关系①。如果我们去抓一个对象，触觉就与神经支配过程错综复杂 112

① 认为视觉与触觉可以说包含着同样的空间感觉，作为其共同组成部分的观点，是由洛克提出来的，又遭到了贝克莱的反对。狄德罗也认为(《关于盲人的书信》)，盲人的空间感觉与有视力的人的空间感觉迥然不同。关于这个问题，大家可以看卢维(Th. Loewy)博士的精辟论述(《一般感觉·洛克与贝克莱关于视觉与触觉的共同思想》，莱比锡 1884 年)，虽然其结论我不能同意。天生盲人动过手术以后，在茅来努(Molyneux)提出的实验里，靠视觉分辨不清他靠触觉已经很熟习的立方体与球体，这种情况对我来说既未丝毫证明是反对洛克的，也未丝毫证明是拥护贝克莱与狄德罗的。甚至连有视力的人，也只有经过多次训练，才能认出简单翻转过的图形。恰恰在视觉活动的开始，缺少一切涉及所视东西的联想，以便在理智上对这种东西加以应用。另外还有一种情况，即少年人长期受不到光的刺激，视觉中枢的发育就会遭到阻碍，也许甚至出现退化，像施纳贝尔(Schnabel)的巧妙观察(《论视力废退说》，入《因斯布鲁克自然科学与医学联盟报告集》，第 11 卷第 32 页)和孟克(Munke)对新生幼犬所作的实验(《柏林临床周报》，1877 年第 35 号)表明的那样。就连并非真正盲目的人们，他们的视觉领域也可能很不发达，以致他们只有经过特殊诱导，才能受到教育，应用他们的视觉。盲人研究所所长黑勒(S. Heller)介绍的儿童病例(《维也纳临床周报》，1901 年 4 月 25 日)可能就是部分的(视觉的)白痴的这类情况。因此，从动过手术的天生盲人的行为里只能极其小心谨慎地作出结论。例如，切塞尔登(Chesselden)报道说，动过手术的天生盲人最初以为一切所视的东西都触及其眼睛，有人就从这个报道引出一个错误结论，认为深度知觉是以外部视觉经验为基础的。一个偶然的事情使我得到了对这种现象的理解。我有一次必须夜间在陌生的地方走一段路，我总是害怕碰到一个又大又黑的东西。在几公里远处有一座山冈，由于我不可能像新动过手术的人那样凝神注视和调节视力，它就引起了这种现象。谁不能靠自己的体视镜相信深度也是通过视觉给予的，像埃娃·劳克与库贝尔考夫这样一些只有躯干(而无四肢)的人的经验就不能令他信服。(希尔特《能的新生论》，1898 年，第 165 页)

一切空间感觉系统无论多么不同，都通过一个共同的联系纽带，把它们用以传导的运动结合起来。假如洛克不正确，那盲人桑德森(Saunderson)怎么能写出一部对视力正常的人可理解的几何学著作呢？在视觉提供的空间感觉与触觉提供的空间感觉之间确实存在着一些类似之处。在谈到苏雷特的著作(本书第六章第十三节)时，我已经提到这种类似的某些方面，有些方面是亚里士多德学派就已经熟知的。例如，在《博物志》里就提到了用一个小球做的实验，这个小球在食指和与食指交叉的中指之间被感觉到是两个。如果我把这样摆的手指沿着一根小棍上下引动，这个实验会给我产生更令人信服的效果。在两根平行的小棍之间我拖动这样摆的手指，我则会感觉到它们是一根。在这里，用一物双视与双物一视所作的类比是完整的。但在视觉与触觉之间也有很大差别，以致有视力的人很难理解盲人的空间观念，因为他总是在解释中掺杂他的视觉观念。甚至像狄德罗这样一位有头脑的人，也偶尔犯奇怪的错误，否认盲人能想象空间。参看勒卜论感觉空间的著作和黑勒的《盲人心理学研究》(莱比锡 1895 年)。参看第九章和附录 10。

地结合起来。如果我们看这个对象，光觉就取代了触觉。即使不触及对象，各种皮肤感觉一俟加以注意，也总会被顶先察知，因此，这些与变化交替的神经支配过程错综联系的皮肤感觉同样提供了关于我们的运动身体的观念，而这种观念完全符合于通过视觉途径得到的观念。

113 因此，像我们能够扼要说明的，在主动运动中皮肤感觉不受部位的限制。在我们身体的被动运动中，出现了以反射方式引起的、无意识的、有补偿作用的神经支配活动和运动过程。例如，如果我向右旋转，我的皮肤感觉就会与那些在右转中似乎同触及对象的活动结合的神经支配过程联系在一起。我感觉到自己在向右转。如果我被动地向右转，就会以反射方式出现一种补偿旋转的努力。我或者是实际上依然不动，于是感到自己也是静止的，或者是抑制左转。但要做到这一点，我就需要有那种主动右转时需要有的随意神经支配活动，而这种活动也以同样的感觉为其结果。

八

这里阐述的简单关系，我在撰写我的论述运动感觉的著作时，还不完全了解。其结果是，若干一方面由布律尔观察到的，一方面由我观察到的现象，我依然难以理解，而这些现象现在并不难以解释，我想对它们作个简短的论述。把一位观察者封闭到箱内，做向右的被动旋转，他会觉得箱子在视觉方面是转动的，虽然没有任何基准，用以判定相对的旋转。他的眼睛作出了不随意的、补偿的向左运动，因而视网膜映象移动成这样，即他看到了向右运动。但如果他注视这个箱子，他则必须以随意的方式补偿不随意的运动，从而又看到向右运动。由此可见，布律尔关于眼睛眩晕的表面运动所作的解释是正确的，随意的注视**当然不**能使这种运动消失。在我的著作里提到的眼睛眩晕的其他情况，也以类似的方式得到了解决[①]。 114

如果我们运动，例如，前进或旋转，我们不仅得到对于我们身体各部分的每次运动位置的感觉，也还得到对于前进运动或旋转运动的**很简单**的感觉。实际上，我们不是用双腿摆动的观念组合成前进运动的观念，或者说，我们至少没有必要这样做。甚至确实有些情况，在那里前进运动的感觉是断然存在的，而腿动的感觉却不是同样断然存在的。乘火车旅行时是这样，设想一次旅行也是这样，并且回忆一个遥远的地点也有这样的含义。这只能是由于那**前进**运动或**旋转**运动的**意志**具有相当**简单的**性质，四肢从这种意志汲取到自己运动的刺激，它确实还能由特殊的神经支配活动加以改变。因此，在这里就存在着一些虽然复杂，但又与眼睛运动时类似的关系，赫林已经对这些关系有很精辟的了解，而我们也会很快返回来谈到它们。

如果人们假定，从迷路引起的、相当简单的运动感觉[②]与运动意志有最密切的联系，那是几乎不会错误的。这些运动感觉也许还同黎尔[③]假定和寻找过的**方向感觉**相符合。它们正如为视力健

① 《动觉理论大纲》，莱比锡 1875 年，第 83 页。

② 《动觉理论大纲》，第 124 页。

③ 黎尔：《哲学批判主义》，第 2 卷，第 143 页。

全的人所固有一样，也为盲人所固有，并且构成了理解触觉空间的一个重要基础。

我已经把对于视觉和动觉的一系列观察总结概括如下：“看来**可见的空间也许转变为一个第二空间，这个空间虽然不以最小的**
115 **可见东西为表征，但我们并不认为是固定不动的。**”建立在运动感觉上的空间看来实际上是原始东西[①]。

我曾经拘泥于物理学的思维方式，而倾向于认为前进加速的感觉在行为方面完全类似于角加速的感觉。实际上，每位研究我们的课题的物理学家都会立刻理解表示身体旋转运动的三个方程和表示身体前进运动的三个方程。此外，根据特殊能量的原理，我以为可以假定对头部位置的**特殊**感觉。布律尔[②]通过后来的研究，发现了这样的情况是可能的，即前进加速的感觉比角加速的感觉消失得快很多，或者，前一种感觉的器官也许至少在人身上已经退化。布律尔还进一步发现，除了半规管 B，只有听石装置 O 与其对应于半规管面的载面宜于**同时**表示前进加速与位置。对应于三个载面的三个重力成分标志着头部的位置。这个位置的任何改变都会改变这三个成分，同时促使半规管装置立即活动起来。前进加速不对半规管装置有任何要求，也同样改变这些成分。因此，在布律尔看来，单独的 O、O+B 与单独的 B 这三个组合也许就足以判别一切情况。所以，这种观点如果能得到验证，可能是一种重要的简化。

① 《动觉理论大纲》，第 26 页。

② 布律尔：《论听石装置的功能》，入《普弗吕格文库》第 46 卷，第 195 页。

假如我还能做实验，我会再一次从根本上探讨运动感觉本身。角加速与前进加速的感觉在行为方面的差别，我现在觉得是重要的。旋转加速引起一种感觉，它在加速度变为零以后，还长期保持 116
着逐渐减少的、量上[①]能加以描述的强度。前进加速只有在垂直加速降落或上升的情况中才能以纯粹的形态被感觉到。加速度消失了，这种感觉也就迅速消失了。从相对于身体的固定方向创造一个固定加速度的最简单的手段，就是匀速转动。虽然我们可以立刻不再感觉到匀速转动，但固定离心力加速度引起的也不是向其方向飞去的幻觉，而是一个改变了的位置的感觉，它随着那个离心力加速度的消失而又同时消失。这意味着固定的前进加速度作为刺激在消耗殆尽吗？或者，感觉在刺激变为恒定的过程中会改变其性质吗？在这种情况下，我们应该设想感觉有两种要素。

被感觉到的不是匀速运动，而仅仅是加速运动。与前进速度和角速度变化的要素相对应的是运动感觉的要素，其中对应于角速度的感觉要素保持着缓慢的、减弱的强度，并且像对应于前进速度的感觉要素一样，在代数上是可加的，以致一种对应于全部速度改变的、因而对应于已经达到的速度 v 的感觉 p 就同一种（通常从速度零开始的）在短期内引导进来的运动有关联[②]。流过的视觉印象与触觉印象的数量现在是随着 p 与时间 t 增大的。所以，我们不必对下列情况感到惊讶：经验告诉我们，须将 p 理解为一种速度，将 pt 理解为一段路程，尽管 p 本身自然不会与空间度量概念

① 《动觉理论大纲》，第 96 页，实验 2。

② 《动觉理论大纲》，第 116 页与图。

有丝毫关系。我觉得这样一来就解决了一个留下的矛盾，这个矛
117 盾在理解运动感觉方面 1875 年依然使我为难，而且如我看到的，
也曾经使其他人为难[①]。

九

与我早先所作报道[②]相结合的下列实验与考虑，也许会促进对于这类现象的正确理解。我们站在一座桥上，观察桥下流过的水。这时我们通常感觉到**我们**是静止的，而**水**在运动。如果放眼远看流水，大家知道，则几乎通常会有这样的结果：桥与观察者以及他的整个环境突然看起来是逆水运动的，而水则相反地获得了静止的外貌[③]。事实上，对象的相对运动在两个场合都是**一样的**，因此，必须有一个**充分的生理学**根据，说明为什么时而对象的这一部分，时而对象的另一部分被感觉到在运动。为了能够妥帖地研究这个问题，我做了一个简单的装置，它以图 18 描绘出来。一块印有简单图案的油布水平地绕在两个辊子上，两个辊子有二米长，相距三米，固定在轴上，并借助于曲柄，做匀速运动。在油布上方约三十厘米处，横着绷一条打了结节 K 的线 ff，它用作立于 A 点
118 的观察者眼看的静止点。如果观察者用眼**追踪**沿箭头方向运动的

① 《动觉理论大纲》，第 122 页。

② 《动觉理论大纲》，第 85 页。

③ 大家知道，如果我们站在许多铁路列车的中间，这些列车有的运动，有的静止，我们就会得到这类印象的极其多样的形式。有一次，我在易北河上乘汽艇旅行，快靠岸时，我得到一个令人诧异的印象，好像船是静止的，而整个风景都在逆船方向上运动。根据以下的分析，这是不难理解的。

油布的图样，他会觉得图样在运功，而他自己与其环境是静止的。反之，如果他注视结节，他就会立刻以为他的整个房间都在与箭头相反的方向上运动，而认为油布是静止不动的。景象的这种交替变更是分别按照观察者的情绪在或长或短的时间中进行的，并且通常是在几分钟以后进行的。谁一俟弄清楚了这里的问题所在，谁就能相当迅速与随意地交替更换这两种印象。每次追踪油布，都会使观察者觉得自己是静止的，每次注视 K 或不注意油布（它的图样是模糊的），都会使观察者觉得自己在运动。关于在特定环境下的这个实验的结果，我不同意我很尊重的两位研究家的看法。一位是威廉·詹姆士[①]，另一位是克卢姆·布朗[②]。

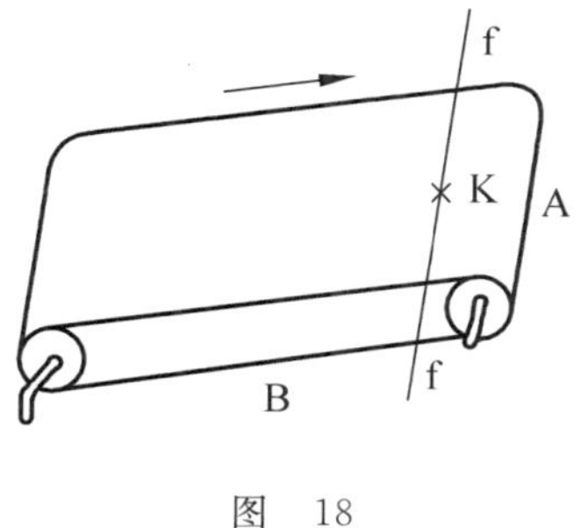

图　18

我过去也经常做这个实验，并且总是得到同样的结果。既然我现在已经不再能做实验，所以，我不得不放弃布朗描述的后象方法可能推荐的那种新的试验。关于这个实验的理论理解方面的许多分歧，在这里我必须从略。

十

这种现象显然完全不同于我们都知道的普拉梯欧-奥派尔现

① 詹姆士:《心理学原理》，第 2 卷，第 512 页以下。

② 布朗:《论正常的眼球震颤》。参阅本书第 7 章第 5 节。

象，后者是**局部**的视网膜现象。在上述实验中，**明显地**看到的全部环境在运动，在后一现象中则是在静止的对象上蒙了一层**运动的面纱**。连附带出现的体视镜现象——如在这种现象中，带结的线看起来是在显得透明的油布之下——在这里也是全然无差别的。

在我的论述运动感觉的著作第 63 页上，我已经证实，普拉梯
119 欧-奥派尔现象是以一种特殊过程为基础，而这种过程与其他运动
感觉毫无关联。我在那里说，“因此我们必须假定，随着视网膜映
象的运动，激起了一种**特殊**过程，这种过程并不处于静止状态，而
在相反的运动中则在类似的器官里激起了一些完全类似的过程，
但这些过程是相互排斥的，在一个过程出现时，另一过程必定消
逝，在一个过程休止时，另一过程也就出现”。这一点似乎艾克斯
纳(S. Exner)和费尔罗特(Vierordt)都了解，他们后来对这个课题
发表过与我类似的观点。

十一

在我们着手解释上述实验(图 18)以前，我们想把这个实验再加以改变。站在 B 点的观察者在特定情况下会以为他的整个环境都在向左飞行。如图 19 所示，我们进一步在油布 TT 上放一块与水平面成 45°倾角的镜片 SS。我们在鼻子上装一块屏障 nn，它把眼睛 O 直接看 TT 的视线遮断，然后我就通过 SS 观察到镜象 T′T′。如果 TT 按箭头方向运动，而我们注视 K 在镜面上的映象 K′，我们就立刻会以为整个房间都在下降；与此相反，如果油布

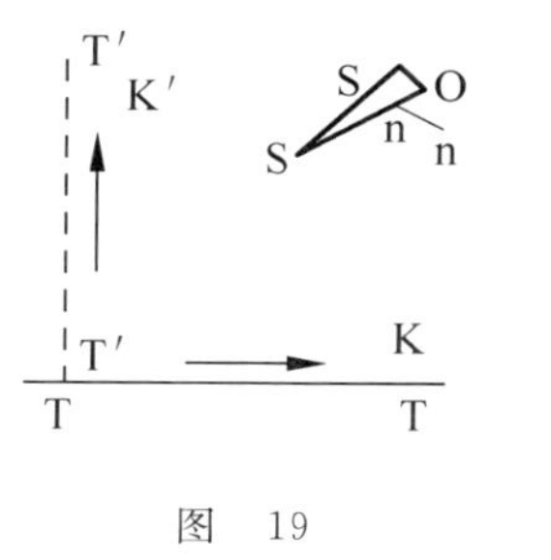

图　19

TT 按逆箭头方向运动，我们则会以为整个房间像气球那样上升[①]。最后，我们已经描述过的[②]、在下边也要加以解释的那个用纸鼓做的实验，也属于这类现象。**所有这些现象绝不是纯粹视觉的**，而是**伴随着一种明确无误的整个身体的运动感觉**。 120

十二

为了用最简单的方式说明上述事实，我们必须怎样建立我们的设想呢？大家知道，各个运动的对象给眼睛施加了一种特殊的运动刺激，这就引起我们的注意，并使我们凝视它们。如果我们的眼光真正**追踪**它们，我们就必须根据以上一切所述，假定这些对象表现为**运动的**。如果眼睛要不顾对象的运动，而依然长期静止不动，则从对象而来的恒定的运动刺激必须由一种恒定的、流向眼睛运动装置的神经支配流加以补偿，好像静止的注视点在按同样的速度做方向相反的运动，而我们似乎想用眼睛去追踪这个注视点。但是，如果出现了这种情况，一切注视的不动对象就必定显得是在

① 这样的现象往往是不必加以寻求就会出现的。有一次，在一个安静的冬天的日子里，正下着大雪，我的小女儿站在窗户旁边，她突然叫起来，说她和整个房屋都在向高处上升。

② 《动觉理论大纲》，第 85 页。泽莱（A. Szily）最近的实验：《运动后象和运动对比》，载《心理学和感官生理学杂志》，1905 年，第 38 卷，第 81 页。

运动。当这种神经支配流仅仅从那个作为随意注视的出发点的中心出发，并经过同样的途径时，它就几乎没有必要总是由有意识的目的来引导了。

为了观察上述现象，根本不需要预先作任何特殊的准备。倒不如说，我们周围总有这样的现象。我受着单纯的意志活动的支配，迈步前进。我的双腿自然而然地走动，我根本不必特别关心此事，而我的双眼凝视着前进目标，绝不会让迈步引动的视网膜映象转移自己的方向。这一切都是由意志活动引导的，而这意志活动本身就是向前运动的感觉。即使眼睛能长久抵抗运动对象的质量的刺激，这一过程或其一部分也必定会出现。上述实验中的运动
121 感觉即由此而来。

我们观察到，坐火车的儿童几乎不停地以颤动的眼睛盯着他觉得在跑动的外部对象。成年人在欣然沉湎于外来印象时，也有同样的感觉。如果我乘车向前行驶，根据明显的理由，我左侧的整个空间就会绕着很远的垂直轴线，做顺时针旋转，而我右侧的整个空间也会作同样的旋转，不过方向相反。只有我能克制这种用眼追踪对象的活动，我才有向前运动的感觉。

十三

大家知道，我关于运动感觉的观点一再遭到反驳，当然，在这里论战总是仅仅针对我本人并不认为特别重要的假设。我很乐于按照已经熟知的事实的标准来改变我的观点，当前这部著作也许恰好对此提供了证明。我究竟在何种程度上正确，我愿心平气静

地留给未来加以判定。另一方面，我也想指出，现在已经作出一些有利的观察，支持我、布律尔和布朗提出的观点。属于这类观察的首先有居叶(Guye)博士(阿姆斯特丹)搜集的经验(《论内耳的眩晕》，1879 年在阿姆斯特丹国际医学科学定期会议耳科学小组上的报告)。居叶在中耳疾病中观察到，空气吹进鼓膜小孔时，头部做反射转动，并且他发现病人能准确地指出方向，指出在注射液体时他所感觉到的转动的数量。克卢姆·布朗教授(《论消化不良的眩晕案例》，载《爱丁堡皇家学会会刊》，1881—1882 年)描述过在 122
他自身观察到的病理眩晕的有趣案例，这个案例整个来说可以用任何转动引起的感觉的强度提高与时间延长来解释。但最值得注意的是威廉·詹姆士的观察(《聋哑人的头晕感觉》，载《美国耳科学报》，第 4 卷，1882 年 10 月)。詹姆士发现，聋哑人对于头晕转动之毫无感觉是相当突出的和引人注目的，他们经常对自己闭眼行走感到很大不安，在沉入水中时往往意外地失去方向，对上和下显得惊惧和十分不安。这些观察颇能说明，像按照我的观点可以期待的那样，聋哑人的本来的平衡感退化了，而其他两种方向感，即视觉和肌肉感觉(它在身体沉入水中，重量减小时，丧失了一切支持点)对他们更为必要了。

有人认为，我们只有通过半规管才能知道平衡与运动，这种观点是站不住脚的。倒不如说，连完全不具备这种器官的低等动物也极可能具有运动感觉。迄今为止，我确实不可能就这个方面进行实验。但卢博克(Lubbock)在其论《蚂蚁、蜜蜂和黄蜂》(莱比锡 1885 年，第 220 页)的著作中叙述的实验，我则认为用运动感觉的假定就能很好理解。既然这样的实验对其他人可能是显而易见的，所以，我谈谈我已经扼要描述过的那个装置(《维也纳科学院通报》1876 年 12 月 30 日)，也许不是无益的。后来葛维与埃瓦德(Ewald)也制成了其他的这类装置。大家把它们叫做圆口透视器(Cyclostaten)。参见附录11。

这种装置是用以观察迅速转动的动物的行为的。既然映象被
123 转动弄得逐渐模糊起来，所以，消极的转动就必定会在视觉方面被抛弃和消除，以致唯独动物的主动运动留存下来，成为可观察的。在视觉方面消除转动是用这样的简单办法达到的，即在旋转机的圆盘上让一个反射棱镜准确地围绕同一根轴线，借助于齿轮传动装置，以圆盘一半的角速度按同一方向转动。

图 20

图 20 给出了装置的视象。在转动机圆盘上有一个玻璃容器 g，其中装着要加以观察的动物。齿轮传动装置使目镜 O 像 g 那

样，以圆盘一半的角速度按同一方向转动。图 21 表示传动装置的
分解图。目镜 OO 与容器 gg 围绕轴 AA 旋转，而彼此牢固结合的
一对齿轮则围绕 BB 旋转。假定与 gg 牢结的齿轮 aa 的半径＝r， 124
则 r 是 bb 的半径，$\frac{2r}{3}$是 cc 的半径，而 dd 的半径＝$\frac{4r}{3}$，这样就得出了所要求的 OO 与 gg 的速度关系。

为了确定这个装置的中心，我们在容器底盘上装一个备有水准旋螺的镜面 S，并把它调节成这样，即在旋转时镜中映象依然不动。这时镜面就与装置的旋转轴相垂直。其次，我们在底部带有反映平面的开口目镜管上装第二个小镜面 S′，其镀银部位有一小洞 L，并把它调节成这样，即在旋转时映象依然不动，我们可以通过小洞，于 S′在 S 的镜象上看到这个映象。这时 S′就与目镜的轴相垂直。现在我们用画笔在镜面 S 上加一个点 P，它在旋转时不改变其位置，并把镜面 S′上的小洞调节成这样，即它在旋转时同样不改变其位置（这些事情就若干实验来说是容易做成的）。这样，我们就得到了两根旋转轴的点。如果我们（借助于旋螺）把目镜调节成这样，即我们通过 S′上的小洞透视，能看到 S 上的点 P 与 L 在 S 中的镜象（真正说来，是 P 与 L 的许多镜象）是重合的，

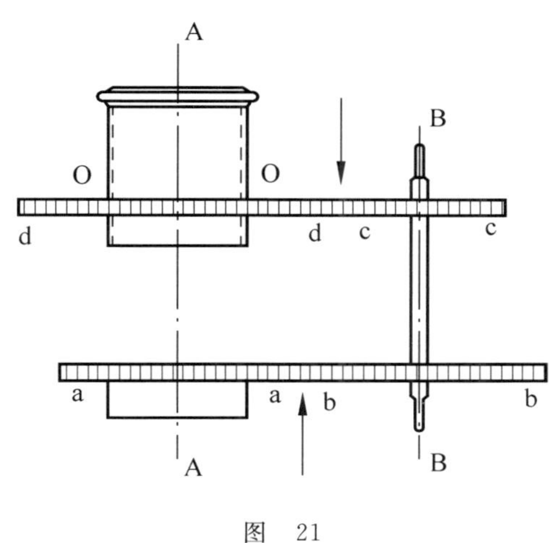

图 21

则两个轴不仅是平行的，而且也是重合的。

我们可以用最简单的方式，把一个以其平面与轴平行的镜片作为目镜使用，而我在我的装置的最初形态上也就是这么做的。但这样一来，我们就失去了半个视野。因此，一个完整的反射棱镜是有很多优点的。假定在图 22 中 ABC 表示一个平面截面，它与完整的棱形反射目镜的弦面与股面相垂直。这个截面同时包含着旋转轴 ONPQ，它与 AB 平行。按照轴 QP 方向进行的光线必定在经过折射与反射之后，在棱镜中又按轴 NO 方向进行，又遇到（处于轴上的）眼睛 O。在这个过程完成时，轴上各点绝不可能因为旋转而经历任何位移，而这个装置也**确定了中心**。因此，上述光线必定遇到 AB 的中点 M，与 M 相交，因为它以 45°的入射角落到顶部玻璃上，大约以 16°40′与 AB 相遇。因此，OP 必定与轴相距大约 0.115AB——这种关系在经验中显示得最佳，因为我们可以把目镜上装的棱镜移动成这样，即对象在 gg 中的振动在旋转时被消除了。

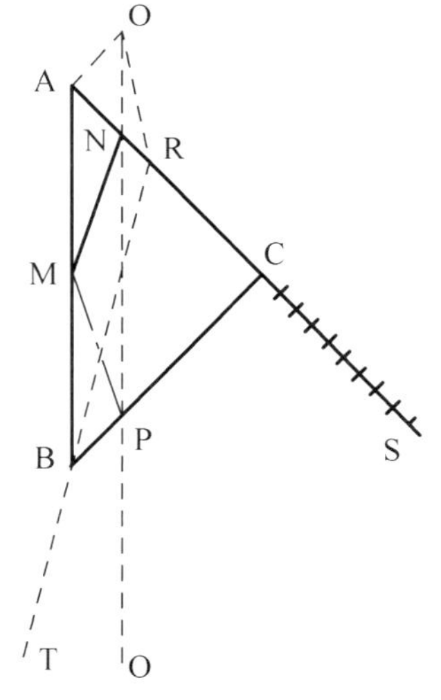

图 22

图 22 同时也表明了眼睛在 O 的视
125 野。光线 OA（它恰好以垂直方向落到 AC 上）在 AB 上被反射到 AC 方向上，并且达到 S。光线 OR 则被折射在 B，并且向 T 射出去。

这个装置对于我迄今的实验来说，在任何方面都证明是够用的。如果把一张印好的纸放在 gg 方向上，使它旋转得很快，以致它的映象完全模糊不清，我们则可通过目镜清楚地读出这张纸上的文字。因为反射造成的映象颠倒是可以消除的，如果我们能给旋转的目视棱镜加上第二个静止的反射棱镜；但这种错综复杂的办法在我看来似乎是不必要的。

除了若干物理实验，我至今都是仅仅用不同的小脊椎动物（鸟、鱼）做旋转实验，并且发现我（在《动觉理论大纲》著作中）提出 126
的数据都完全得到了证实。不过，如果人们能用昆虫和其他动物，特别是低等动物（海生动物）做类似的实验，这可能也是有益的。

这些证明自身很有教益的实验，后来已由舍费尔（Schaefer）（《自然科学周报》，1891 年第 25 号）、勒卜（《动物的向日性》，维尔茨堡 1890 年，第 117 页）等人做出。我现在关于方向感觉还要另外说的，见之于我的演讲《论方向感觉》（《维也纳自然科学知识普及联合会论文集》，1897 年；《通俗科学讲演集》第 3 版 1903 年）。不过我想特别指出布律尔关于听石装置的研究、波拉克和克雷德尔关于聋哑人的实验、克雷德尔关于甲壳动物的实验，尤其是埃瓦德的奠基性著作《论第八神经的末梢器官》（威斯巴登 1892 年）。在纳盖尔的《人类生理学手册》第 3 卷（1905 年）中，可以看到“位置感觉、运动感觉与抵抗感觉”学说的详尽阐述。既然我多年以来已不再能够准确追随这个领域的实验工作，所以我请求波拉克教授在这里论述最新著作中那些对本书读者可能有趣的东西。波拉克教授非常友好地满足了我的这个愿望，下边的第 14—19 节就是出自他的手笔。

十四

最近十年关于耳迷路(耳蜗、半规管、耳石器)从形态学、比较生理学与实验生理学所做研究的结果,几乎毫无例外地都有利于马赫与布律尔的假设。

127 能够认为业已得到证明的是:唯独**耳蜗**可以看作**听觉器官**,前庭器官绝没有任何听觉功能。关于这个看法的完全有效的证明是由毕尔(Biehl)[①]提出来的,他在绵羊颅内切断了听觉神经的前庭分支,而不损害耳蜗支,结果发现平衡遭到破坏,而听觉依然保存下来,未受影响。

迷路静态功能学说的这样一个部分也牢固地确立起来,并且几乎无懈可击,这部分学说把半规管视为用以知觉头部(并间接地知觉身体)旋转的感觉器官,尤其是在这一假设由布律尔[②]依据他对壶服上皮头发的解剖研究作了重要改变以后。

这个改变的说法如下:

“均匀持续的旋转即使速度很快,也不能被感觉到;但旋转的开端与结尾、加速与延缓却被感觉了。影响壶服装置的不是持久的角速度,而仅是正负**角加速度**。这些速度引起内淋巴和吸盘末端瞬息移位(吸盘末端作为**坚实的物质使上皮头发结合在不变的、形式固定的组织上**),从而引起毛细胞的张力和有关的听脊一侧神

① 毕尔:《论颅内切断前庭神经及其后果》,载《维也纳科学院会刊》1900年。

② 布律尔:《前庭器官研究》,载《维也纳科学院会刊》1903年。

经末端器官的兴奋。**这些兴奋只要存在，就引起旋转的感觉**，这种感觉一直保持到旋转停止时出现负加速的相反推动为止，或者说，到紧张的组织的缓慢弹性作用恢复正常状态为止(布律尔[①])”。 128

其次，半规管系统也像一切其他感觉器官一样，具有一种除了引起感觉，还引起反射的特性(布律尔、戴拉盖〔Delage〕与纳盖尔)。在反应器官中，眼肌的作用最突出，它在身体旋转时，把旋转活动传达给眼睛。

十五

但马赫早已用猜想的方式说出，前进加速运动可能对包含在半规管里的淋巴没有什么影响，在迷路中存在着知觉这种加速度和感觉头部位置的特殊器官。布律尔现在至少使人认为**耳石装置**很可能有这种功能。他假定，耳石以它的重量对它当中的毛细胞施加了一定的压力。头部的任何倾斜都必定会改变小囊的位置，从而改变感觉上皮的位置。布律尔确定了耳石在不同头部部位的“滑动方向”位置，从而指出只有两个小囊的合作，才有可能作出关于头部部位的明确陈述。“对于头部的每个位置来说，只存在着四个斑点中的耳石引力量值的一个特定组合。如果像我们假定的那样，耳石引力被感觉到了，则头部的每个位置都可以用这类感觉的一定组合加以描述”。在直线加速运动的情况中，引起运动的每个冲击都会借助于耳石质量的惰性，在相反的方向上引起耳石质量

---

① 布律尔:《前庭器官研究》，载《维也纳科学院会刊》1903 年。

的相对加速运动，而这种运动就是充分的感觉刺激。

假设的这个部分从启发的意义上说在很大程度上证明是可靠的，因为它既变成了研究那种单纯出现耳石的低等动物的基础，也
129 在高等动物中指出了孤立地检验耳石功能的方法。

从近几年在低等动物界发现的大量事实中，我只想举出若干富有意义的事例。耳石摘除引起的现象，即旋转的行动与补偿的运动，现在已经得到研究。特别有趣的是普林梯斯(Prentiss)的实验①。他首先重复了克雷德尔的著名实验，强迫脱皮的甲壳动物把“铁质”耳石引入自身，并且证实这种动物对磁体的行为符合于理论。不过，他还荣幸地对大海虾的自由游动的幼虫作了观察，而这种动物是没有可能在脱皮以后形成耳石的。他可能以为，这种动物提供的现象与成长完全的、除去耳石的小河虾提供的完全相同，就是说，那些幼虫从一侧滚动到另一侧，用肚皮向上游泳，比正常的幼虫更容易让人把它们的背部翻过来，而且如果它们失去视力，平衡的丧失就更加令人注目了。这位作者还把**缺乏正常平衡器**的甲壳动物(Virbius zostericula)的行为描述如下：“这种动物绝没有能够自由游泳的形态，而是在受重力制约的部位把自己黏附在水草上。如果我们强迫它游泳，它的游泳方式会很不可靠，而常常用背部向上。我们很容易把它的背部翻转过去，而它只能缓慢地根据这个位置确定方向。它的不可靠的游泳方式使我们回想起其他甲壳动物在平衡器遭到破坏后的游泳方式。如果眼睛覆盖上

① 《十脚甲壳动物的听囊，它的构造、发育和机能》，载《比较动物学博物馆学报》，哈佛学院，1900 年/1901 年。(转引自克雷德尔)

灯黑，它在游泳时就失去了任何方向感”。

普林梯斯的实验使我们回想起了舍费尔做的一个实验[①]。他 130
在青蛙幼虫的旋转实验中发现，旋转眩晕之最初出现在时间上是与半规管形成过程的完成重合的。

阿赫(Ach)[②]对青蛙的研究具有重要意义。他发现，耳石与交叉面的眼睑反射有联系。丧失耳石的青蛙迅速运动时，眼睑反射消失于垂直方向和水平方向，他由此得出结论说，耳石是作为身体在空间中的直线位移的感官加以使用的。

十六

另一方面，头部位置连续改变时眼睛发生的车轮般旋转，是大家早已知道的事情，并已得到充分的分析，头部的转动和电流在头部的横向传导所引起的眼睛震颤运动，也是如此。典型的头部运动和眼睛的震颤运动——它在头部连续旋转或头部电流横向传导时，可以在合乎规则的时间间隔中重复出现，并且在合上眼睑时也容易被感觉到——是眩晕的可靠的与客观的标志。像埃瓦德就鸽的行为和布律尔就猫的行为——猫的第八神经已在两面被切断——所指出的，切除迷路的动物完全缺少眼睛与头部的震颤。布律尔与克雷德尔已经证实，我们在乘坐旋转的木马或快速大转弯的火车时出现的那种垂直视线转动的情况，是以眼睛之真正车

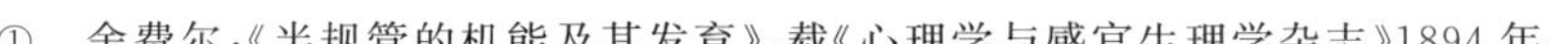

① 舍费尔:《半规管的机能及其发育》，载《心理学与感官生理学杂志》1894 年。

② 阿赫:《论耳石功能与迷路张力》，入《普弗吕格文库》第 86 卷，1900 年。

轮般的旋转为基础的。我们应进一步感谢布律尔证明，个别壶服即使加以隔离，也能受到电流刺激，这时壶服就在有关渠道的平面
131 中引起了头部运动，而**扩散**刺激的结果——它按布律尔的看法是所谓的**向电性**反应——则在于正对着正极的头部的倾斜。

以此为前提，詹姆士[①]、克雷德尔[②]和波拉克[③]就聋哑人观察到的现象，作为旋转眩晕或电刺眩晕的结果，是很容易用马赫与布律尔的理论加以解释的。米金特(Mygind)[④]认为，对118个聋哑人作解剖学研究，前庭器官有病理变化的占56%；在克雷德尔实验的聋哑人中，50%—58%感觉不到旋转眩晕；克雷德尔遵照马赫的旋转木马实验条件，对聋哑人做实验，有21%的聋哑人对垂直线的方向不发生正常人不可避免地要发生的错觉，他们在转动时都毫无例外地没有表现出反射性眼睛运动。这个较小的百分数可以用下列情况来解释：米特金的统计发现，半规管的发病率高于前庭的发病率。

波拉克发现，他所研究的聋哑人，30%感觉不到电刺眩晕，那些在旋转平台或旋转木马上对垂直线不表现出眼睛运动和错觉的聋哑人，大部分也没有电刺眩晕的明显表现。斯特来尔(Strehl)、克雷德尔、亚历山大(Alexander)和哈默施拉格(Hammerschlag)的进一步研究，也证实了这些事实；此外，他们之中的后三个人还

① 詹姆士：《美国耳科学杂志》1887年。

② 克雷德尔：《以聋哑人实验为基础的耳迷路生理学论丛》，入《普弗吕格文库》第51卷。

③ 波拉克：《论聋哑人的电刺眩晕》，入《普弗吕格文库》第54卷。

④ H.米金特：《论聋哑人听觉器官的病理解剖上的变化》，入《普弗吕格文库》第25卷。

发现，在把聋哑人分为先天聋哑人与后天聋哑人时，通常对电流作
出正常电刺反应者，前一种人占极高的百分数（克雷德尔和亚历山
大认为有 84%，哈默施拉格认为有 95%），而后一种人则只 132
有 29%。

先天的（遗传退化的）聋哑人在这方面的行为犹如日本的跳舞老鼠，如克雷德尔和亚历山大[①]指出的，这种老鼠的生理行为可以在解剖结构中找到其解释。

这种全聋的动物爬着向前走，一跛一拐的模样；从表面上看，它们似乎拥有完整的平衡能力，但让它们在一条狭窄的小桥上试行，它们的高度有缺陷的平衡能力就会立刻显示出来。它们不感到旋转眩晕，但它们对头部的电流却有像正常动物一样的行为。关于这种行为的生理学解释，解剖学研究得出了如下的结果：耳蜗基部乳头的破坏，第八神经下支的高度变薄，斑点小囊的破坏，螺旋神经节的高度衰退，第八神经上支与中支的分支与根部的中等萎缩，以及前庭神经节双方的中等缩小。

十七

在新近的**比较生理学**实验中，我觉得德雷孚斯（Dreyfuss）[②]做的实验值得注意。他观察了正常的小海猪与切除迷路（在一侧或

① 亚历山大与克雷德尔：《跳舞老鼠的迷路生理学》，入《普弗吕格文库》，第 1、2、3 部分，第 82 与 88 卷。

② 德雷孚斯：《关于耳迷路无声机能学说的实验报告》，入《普弗吕格文库》第 81 卷。

两侧做过手术)的小海猪在旋转台上的行为,特别研究了眼球与头
部的补偿运动。他确证了旋转时动过手术的动物与健全的动物在
行为方面的明显不同。两侧切除迷路的动物旋转时在原地静止不
133 动,显示不出什么脊柱轴的转动,显示不出什么头部与眼睛的震颤
运动。它意识不到旋转。为了证明这一点,德雷孚斯做了下列小
海猪吃食实验。取四只小海猪,一只是正常的,一只的左侧迷路遭
到破坏,一只的右侧迷路遭到破坏,最后一只的两侧迷路均遭到破
坏,把它们放到旋转台上,等到它们都开始吃食时,我们就会看到,
在旋转时正常的动物不再吃食,右侧动过手术的动物向右旋转时
继续吃食,向左旋转时则不再吃食,左侧动过手术的动物向左旋转
时继续吃食,向右旋转时不再吃食,而两侧切除迷路的动物却在任
何旋转方向上都吃食。布律尔与克雷德尔在比较实验正常的猫与
丧失听觉的猫时也得出了类似的结论。

十八

从形态学与目的论的观点来看,亚历山大[1]论述有先天视觉装置缺陷的动物,即鼹鼠(Talpa europaea)与盲鼠(Spalax typhlus)的平衡器与听觉器的著作,是饶有趣味的。

大家都知道,高等动物与人类的前庭装置较之低等动物,发育得有缺陷。在所有能够飞于空中或游于水中的动物身上,我们都

① 亚历山大:《感官在系统发生学方面的形成问题》,载《心理学和感官生理学杂志》第38卷。

发现**三条**带有平衡石的神经末梢，而在高等哺乳动物身上则只发现**两条**。关于高等哺乳动物，马赫与布律尔也反复强调指出，“它们绝不表示唯独迷路提供维持平衡所必要的感觉，倒不如说，在这方面迷路是与压迫感和肌肉感合作的，正如与视觉合作一样。绝没有人否认，而且甚至于还反而完全肯定，迷路感觉的缺乏或丧失绝大部分可以由上述其他感官知觉加以代替，因而像埃瓦德首先指 134
出的，维持平衡的大部分功能，如行走与直立，即使迷路功能丧失殆尽或先天缺少，也能充分地加以发挥。这一点我们不仅在动过手术的动物中看到，而且在我们有根据认为半规管系统受到损害的那些聋哑人中也能看到”。（布律尔）当然，詹姆士与克雷德尔也指出，那些不感到旋转眩晕的聋哑人是很不熟习求得平衡的微妙课题的。

与此相反，亚历山大现在向我们表明，鼹鼠虽说是在坚实的基地上运动的，但绝大部分是在地下，而且完全缺少视觉器官的定向作用，而这种作用可以在很大程度上由一种突出的平衡作用来补偿。这种现象已经在解剖学上通过神经末梢细胞的特定体积、感觉细胞数目之相对增加，尤其是在下位椭圆囊窦有**被忽视的斑点**之存在，而得到了解释，这种斑点在其他哺乳动物中是不存在的，除了鸟与爬虫之外，仅仅见之于另一种低等哺乳动物——有刺针鼹。

亚历山大的功绩在于证明了针鼹在其静态神经末梢细胞方面再现了迄今尚未认识的从哺乳动物到鸟类的过渡。针鼹具有外皮器官，它在组织学的构造上相当于哺乳动物的外皮器官，但针鼹在其他神经末梢的数量方面与鸟类的迷路是一致的，除了三种斑点神经末梢（椭圆囊斑点、球状囊斑点、坛形器斑点），还显示出列秋（Retzii）的被忽视的斑点。

十九

我们仅仅少量选择出来讨论的这些研究的结果，可以总结如下：在任何头部运动的视野中都有眼睛的运动作补偿，而这种补偿
135 运动是闭眼的正常人和盲人作出的；许多聋哑人都没有这种补偿运动；在连续旋转时眼睛出现震颤运动；在离心力改变身体质量加速运动的方向时出现眼睛的车轮般旋转；旋转眩晕及其规律；许多聋哑人都没有感到旋转眩晕；最后，在人与动物身上电刺眩晕的行为是相同的。所有这些事实都充分证明了马赫与布律尔的理论，虽然不能否认还有一些问题有待解决。与其他假设（埃瓦德与塞恩）相比，这一理论无论如何有一个优点，即它使我们在壶服装置与耳石装置中比在任何其他感官中都能更清楚地理解对适度刺激的特殊处置，并且迷路中的这两个感官也很符合于特殊感觉能量的原理（纳盖尔）。**运动感觉无论如何证明自身是一种完全独特的感觉领域**。

二十

波拉克教授的述评到此结束。

如我们在下面要指出的，不必歪曲我的论述运动感觉的著作所描述的**事实**，上述观察就提示了改变关于这些事实的**观点**的可能性。依然极其可能的情况是在**头部**有一种器官，我们拟称之为末端器官（EO），它对**加速运动**作出反应，而且我们靠它得到对运

动的了解。我自己觉得，运动感觉具有感官感觉的本性，它的存在是没有疑问的，而我几乎无法理解，每个亲自实地重复过有关实验的人怎么会否认这种感觉。不过，如果不设想末端器官引起特殊的运动感觉，这感觉就像从某个感官出发一样，是从末端器官出发的，我们也可以假定，末端器官仅仅是以反射的方式引起神经支配 136
活动。而神经支配活动可能是随意的与自觉的，或者可能是不随意的和不自觉的。这些神经支配活动所从出的两个不同的器官，我们用 WI 与 UI 来表示。两种神经支配活动可以传到眼睛运动装置(OM)与体动装置(LM)上。

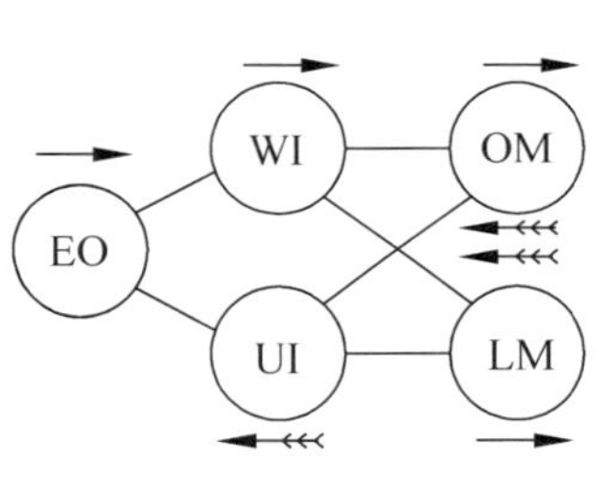

图 23

现在让我们来看附图 23。我们随意地按无羽毛箭头方向，因而从 WI 出发，传导一种主动运动，它按无羽毛箭头方向传递到 OM 与 LM。附属的神经支配活动，无论其前因还是其后果，我们都是直接感觉到的。因此，在这种情况下也许不需要一种特殊的、与神经支配活动不同的运动感觉。如果在无羽毛箭头方向上的运动是一种(令我们惊讶的)被动运动，则像经验表明的，反射会从 EO 达到 UI，引起补偿运动，而这我们是用有羽毛的箭头表示的。如果 WI 不参与这个过程，而补偿又有其效果，则运动和对运动感觉的需要也就会消除。但如果从 WI 出发，(有意)抑制补偿运动，则又需要一种与在主动运动场合相同的神经支配过程，而这个过程也又提供同样的运动感觉。

因此，器官 EO 对 WI 与 UI 就被调节成这样：在后两种运动

场合，两个相反的神经支配过程是与前一种运动场合的同一运动刺激会合起来的。此外，我们还必须注意从 EO 到 WI 与从 EO 到 UI 方面有下列差别。对 EO 来说，无论传导的运动是主动的还是被动的，运动刺激当然都是一样的。甚至在主动运动的场合，如果向 EO 或 UI 的阻滞活动不同时以神经随意支配作用从 WI 出发，
137 从 WI 出发的神经支配活动也会在其结果中为 EO 和 UI 所取消。我们必须设想，EO 对 WI 的影响比 EO 对 UI 的影响弱得多。如果我们设想三种动物 WI、UI 与 EO，它们作了分工，第一种动物执行进攻运动，第二种动物执行防御和后退运动，而第三种动物则处于监视者的地位，它们彼此结为一个**新的**机体，其中 WI 居于支配地位，则这大致相当于我们描述的关系。此外，我们还可以举出一些事例，用以支持关于高等动物的这样一类看法[①]。

我并不想把刚才说的冒充为说明事实的完整无缺、普遍有效的概念，倒不如说，我意识到了我的论述的缺陷。但想根据我提出的主要原理（第 51 页），**把位置移动时出现在视觉与触觉领域的一切空间感觉与运动感觉，把回忆运动和设想遥远位置时表现为阴影的一切空间感觉与运动感觉，都归结为一类感觉的质**，这种努力我们却会发现是有道理的。假定这种感觉的质是意志（就意志涉及空间地位与空间运动而言），假定它是神经支配活动，这并不妨

① 如果我想用手抓一只小鸟，它对手的行为则恰好像人对大墨鱼的行为。试看儿童的聚会，他们的运动还不是经过考虑的和受过训练的，他们的手与眼睛会很强烈地给人留下拟螅体生物的印象。当然，这样的印象并不能解决科学问题，但是，有时信赖这种印象却可能颇有启发。

碍进一步的研究，而只是说明了迄今所知的事实[①]。

二十一 138

从上一章关于对称和相似所作的研讨中，我们可以直接得出结论说，对应于相同的视线方向的是同样的神经支配过程，对应于中央平面的对称线的是颇为相似的神经支配过程，而对应于向上和向下、向远和向近看的则是颇有差别的神经支配过程，这是根据眼睛运动装置的对称关系大部分也能立即预料到的。单靠这个结论，就阐明了一整系列迄今几乎未被注意到的独特生理视觉现象。不过我现在要讨论一个至少从物理学来看极其重要的方面。

几何学家的空间是关于三维复合体的观念构造，它是在体力与智力活动的基础上发展起来的。视觉空间（即赫林的视觉空间）与几何学家的空间有相当复杂的几何学的密切关系。我们可以借助于熟知的术语，最好地表达这一事实，说视觉空间是以一种体视透镜映现几何学（欧几里得）空间的，而这从目的论方面也可以加以解释。但无论如何，视觉空间也是一种三维复合体。几何学家的空间在每个点和每个方向上都展现出同一属性，生理学空间则完全不是这样。但生理学空间的影响在几何学里还是会反复看到的。例如，当我们区分凸面曲率与凹面曲率时，事情就是如此。几

① 参看赫林在这个问题上的看法，入赫尔曼编《生理学手册》，第 3 卷，第 1 部分，第 547 页。我不想把我得出自己的观点的方法隐蔽起来，虽然我现在感到詹姆士、闵斯特堡（Münsterberg）与赫林主张的、在本书第八章叙述的观点更好。

何学家实际上只能了解对坐标方法的偏离。

二十二

只要人们设想(12条)眼肌分别受神经支配,人们就不能理解
139 一个基本事实,即视觉空间表现为三维复合体。我多少年来就觉察到这个难题,而且也看出了按照生理心理平行论原理去寻求解释的方向;但由于在这个领域里缺乏经验,这种解决本身我依然没有看出。我很晓得评价赫林的贡献,他已经发现了这种解决方法。按照这位研究家的论述(《双眼视觉学说》,莱比锡1868年),与高度感觉、宽度感觉和深度感觉这三种视觉空间坐标(赫林《生理学论丛》,莱比锡1861—1865年)相对应的也仅仅是一个三维神经支配过程,它按照具体情况,引起眼睛的左右转向、升降和收敛。我认为在这里包含着极其重要的解释①。是把神经支配过程本身视为空间感觉,还是设想空间感觉在神经支配过程之前或之后,要立刻解决这个问题可能既不容易,也无必要,不过赫林的阐述无论如何给视觉过程的心理深度作出了充分的说明。我关于对称和相似提到的现象也很符合于这种观点,这是无需赘述的②。

---

① 这一点已在上文(第101页注1与第114页)指出。

② 这样一来,我在1871年还感觉到的难题也就消失了,而关于这个难题,我在我的论述"对称"的报告(布拉格1872年)里说过,"如果天生独眼人也有某种对称感觉,这当然是一个谜。平衡感觉最初尽管是由眼睛获得的,然而却不可能总是限于眼睛。在人类机体的其他部分,通过几千年的培训,平衡感觉也能确立起来,后来就不可能随着一只眼睛的丧失而立刻又消失了。"(入《通俗科学讲演集》第3版,第109页。)事实上,即使丧失了一只眼睛,平衡的神经支配装置也依然存在。

第八章　意志 140

一

在上文中经常提到“意志”这个词汇，它仅仅指一种尽人皆知的心理现象。我并不把意志理解为什么特殊的**心理**动因或**形而上学**动因，也不假定什么固有的心理因果性。倒不如说，我与绝大多数生理学家和现代心理学家一起，相信意志现象就像我们打算用言简意赅而又可以普遍理解的方式所说的那样，必须唯独用有机体的物理力量来解释。我完全不会特别强调指出这是不言而喻的，除非许多批评者的评论表明毕竟有必要这么做。

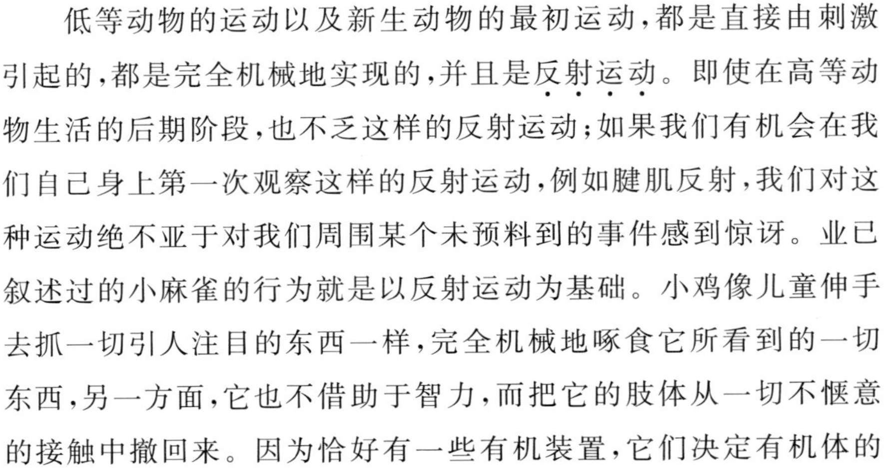

低等动物的运动以及新生动物的最初运动，都是直接由刺激引起的，都是完全机械地实现的，并且是**反射运动**。即使在高等动物生活的后期阶段，也不乏这样的反射运动；如果我们有机会在我们自己身上第一次观察这样的反射运动，例如腱肌反射，我们对这种运动绝不亚于对我们周围某个未预料到的事件感到惊讶。业已叙述过的小麻雀的行为就是以反射运动为基础。小鸡像儿童伸手去抓一切引人注目的东西一样，完全机械地啄食它所看到的一切东西，另一方面，它也不借助于智力，而把它的肢体从一切不惬意的接触中撤回来。因为恰好有一些有机装置，它们决定有机体的 141

自我保存。如果我们接受了赫林关于生命物质的观点，认为生命物质力求达到自身的对抗过程的平衡，我们就必定会认为各个有机体环节具有这样一种自我保存的趋势(或实际的稳态)。

感性刺激可以部分地或全部地由**回忆映象**所代替。一切滞留在神经系统里的记忆痕迹都是与感官感觉一起发生作用的，能够引起、促进、阻碍和改变反射活动。这样就出现了随意运动，至少从原则上说，我们可以把它理解为一种由记忆**改变了的**反射运动，虽然在细节上还对它缺乏了解。曾经被烈火烫过的儿童，再也不会伸手去抓烈火，因为进攻反射已经受到对抗的逃退反射的阻碍，而逃退反射是由痛苦回忆引起的。小鸡虽然在最初啄食一切东西，但在味觉回忆的部分促进作用和部分阻碍作用的影响下，很快就转变为择食东西了。从反射运动到随意行动的逐渐过渡在我们研究的麻雀(第 62 页)中是相当可观的。对于进行反射运动的主体来说，随意行动不同于反射运动的特点就在于这主体认为，随意行动的决定性因素是它固有的、**预期**这种行动的**表象**(第 82 页)。

二

伴随着随意行动、随意运动的各种心理过程，已经由詹姆士[①]和闵斯特堡[②]作过卓越的分析。认为现实的运动与想象的运动相
142 联系，正如观念与运动相联系，这似乎是一个质朴无华的看法。但

① 詹姆士：《心理学原理》，第 2 卷，第 468 页以下。

② 闵斯特堡：《意志行动》，1888 年。

是，关于运动的种类、规模和紧张程度的感觉——这与运动的完成有关——却有两种对立的观点。一种观点以培因(Bain)、冯特、赫尔姆霍茨等人为代表，认为传到肌肉上的神经支配活动本身可以被感觉到。詹姆士与闵斯特堡持另一种看法，他们认为一切伴随运动而来的运动感觉都是在周围由皮肤、肌肉和关节中的可感要素引起的。

反对运动感觉中心起源说的首先是对感觉缺失者的观察[1]。这种人在祛除感官感觉时，虽然也能在视觉引导下移动其肢体，但对其肢体的被动运动却不晓得作出任何陈述。由电流刺激感应的肌肉的紧张程度，我们感觉到恰好像神经随意支配的肌肉的紧张程度[2]。关于特殊神经支配感的假定对于说明这类现象是不必要的，因此，根据经济原理也是可以免除的。最后，这样的神经支配感也未被间接观察到。我们还会返回来讨论的某些视觉现象，构成了一个特殊难题。

联想规律不仅把各个进入意识的过程(表象)结合起来，而且也把各种极其不同的有机体过程结合起来。谁在窘迫时容易脸红，谁就容易双手发汗，如此等等；他一俟回想起这类过程，就一般立刻会在他自身看到这类过程。牛顿[3]为了研究的目的而在看太
阳时得到的耀眼映象，虽然又消失了，但在过了几个月以后，黑暗 143
中停留几天，他一俟回想起这类映象，它就总是又以全部感觉的强

① 詹姆士，上引书，第2卷，第489页。

② 詹姆士，上引书，第2卷，第502页。

③ 金(King)：《洛克的生平》，1830年，第1卷，第404页。布鲁斯特：《回忆牛顿》，1855年，第1卷，第236页。

度呈现出来。只有经过长期不断的强制性努力，在心理上转移注意力，他才又能摆脱这种讨厌的现象。波义耳在其论述颜色的书中也报道过一种类似的观察。结合到这些事实，对表象里的运动过程的联想就不显得令人奇怪了。

三

通过我丝毫没有发生意识混乱而经受过的一次中风病袭击(1898 年)，我熟悉了这里将要考察的一部分事实。在一次乘火车旅行的时候，我没有什么其他不适之感，就突然觉得我的右臂和右腿完全麻痹了，这种麻痹是间歇性的，因而我有时显然也能完全正常运动。几小时以后，这种麻痹依然持续下去，并且还随伴着右脸肌的感染，由于这种感染，我的言语声只能很轻，并且很吃力。我在完全麻痹时期的状况，我只能作这样的描述：我在想移动肢体时，感到无能为力；我绝不可能用意志引起运动。反之，在不完全麻痹阶段和渐愈时期，我则觉得我的臂与腿是十分巨大的负担，我用极大的努力，才能把它们举起。我觉得事情很可能是这样的，即这种情况除了麻痹的四肢的肌肉以外，是由其他肌组的有力的神经支配活动引起的[①]。麻痹的肢体的感受性，只有大腿的一个部位是例外，其他部分都完全保留下来，从而使我还能知道肢体的位置与被动运动。我发现，麻痹的肢体的反射兴奋性有异乎寻常的提高，而这主要是在受到极其轻微的惊动时由剧烈的抽搐表现出

① 詹姆士，上引书，第 2 卷，第 503 页。

来的。视觉与触觉的运动映象保留在记忆里。我在白天经常打算 144
用右手做某件事情，并且一定会意识到做这件事情是不可能的。我在梦境中弹奏钢琴和挥笔书写的生动情景，实在令人惊讶，宛如我又在弹琴与书写，而在苏醒时则带来痛苦的失望，这类现象是由同一根源发生的。同时，也发生了运动的幻觉。我往往以为我能感觉到这只麻痹的手的张开与合拢，在这时它的全部活动似乎受着一只宽敞而紧绷的手套的限制。但我在注意这个现象时却相信，这里绝没有任何运动的迹象。对于这只手的屈肌我只有很少的控制能力，对于它的伸肌我则完全没有什么控制能力。

既然这只手的感受性保存下来了，但又缺少随意运动，所以我知道即使根据新的理论，也不能正确解释运动幻觉。不受意志影响的肌肉对极其不同的刺激作出反应，以致手时而伸开，时而紧握。性质不同的、程度较强的味觉刺激似乎对我的麻痹的手的不同肌肉有着不同的作用。例如，泻盐水刺激大拇指和相邻的两个手指做不随意的紧张屈曲运动。

四

詹姆士和闵斯特堡的观点像我相信的那样，自然符合于这些事实，因此我们可以认为它在本质上是正确的。神经支配活动并不能被感觉到，但它的结果却引起一些新的、在周围可以感觉到的刺激，它们与运动的完成相联系。然而，有些困难使我无法相信，这种原先也属于我[1]的观点就已经完全阐明了事实。

145 有人可能以为，决定单纯的运动表象的中枢过程一定同那种同时也引起现实运动的中枢过程有所不同。当然，这种过程的强度、对抗过程的缺失和神经支配中枢的充电都能够参与决定作用，但我们却几乎不能否认还有进一步解释的需要。尤其是，眼肌的行为与其他可以随意刺激的肌肉的行为的差别必须详细加以研究。绝大部分肌肉都必须做一些可变的功，大致知道这些功的数量对我们有着实际的重要性。眼肌的功反而微乎其微，总是准确地与眼睛部位的改变相关，而这种改变只有光学意义，它的功本身是不重要的。因此，四肢肌肉上的运动感觉可能占有很大的地位。

五

146 赫林[2]已经指出，从眼肌出发的感觉，意义很小。我们通常都几乎不注意我们眼睛的运动，并且对象在空间中的位置始终不受这种运动的影响。如果我们设想两个覆盖着活动网膜的球面，它们在空间中固定不动，而网膜则转动，那么，我们略加思考，甚至就会相信，所视对象的空间量值只能用固定球体上的两个反映位置加以规定。但在第105页提到的事实却必然会使我们把这些空间量值分为两种成分，一种取决于网膜上映象点的坐标，另一种取决

① 在我知道眼肌麻痹现象以前(1863年以前)。

② 赫林的论述入赫尔曼编《生理学手册》第3卷第547页。还可参看希尔布兰德《论深度部位的调节与辐合的关系》，载《心理学与感官生理学杂志》第7卷第97页以下。

于视觉点的坐标，这些成分在视觉点随意变化时都经历了相互补 146
偿的变化[①]。如果现在我们不承认神经支配过程的感觉，而否认在周围刺激起来的眼肌运动感觉的重要性，那当然就只剩下一种选择，即（与赫林一起）把注意力的位置视为取决于一定的心理生理过程，而这种过程同时也是物理环节，它引起眼肌的相应的神经支配活动[②]。但这种过程毕竟是一种中枢过程，而“注意力”也毕竟几乎不同于“视觉意志”。因此，我终归可以从本质上坚持我在本书第 107 页上的说法，因为一系列从中枢刺激起来并离开中枢的过程，究竟其中哪些过程进入感觉，这可能依然是一些有待解决的问题。

六

按照上文所述，我们可以在本书第 136 页试图作出的解释中，用两个对抗的注意力过程代替两个对抗的神经支配活动，一个过程是由可感的刺激引起的，另一过程则是中枢过程。詹姆士[③]关于眼肌麻痹现象提出的解释，我不能苟同，因为这种解释至少从形式方面来看，似乎会引向“无意识推理”的可疑航道。在我们讨论的情况下涉及的问题是感觉，而不是思考的结果。

---

① 参看第 94 页；赫林的论述，入上引书，第 533、534 页。有人认为，空间量值的变化是立刻随着注意力的变更完成的，这个观点是否能与第 107 页提到的事实相符，我现在不能作出判定。

② 赫林的论述，入上引书，第 547、548 页。

③ 詹姆士，上引书，第 2 卷，第 506 页。

眼肌仅仅用以确定空间方向，四肢的肌肉则主要是用以做机
147 械功。因此，在这里就有两种极端的情况，在这两种极端情况之间也将有一些中间情况。如果我们观察新生小鸡完全有把握地命中和啄食，我们就会相信，它的头部肌肉与颈部肌肉在某种程度上类似乎眼肌，是作为空间定向装置而活动的。鸟类前进时头部的震颤运动就像旋转时头部的震颤转动一样，是为了便于确定方向而进行的。连四肢的肌肉也不是同眼睛的肌肉毫无类似之处。否则，我们怎么能理解盲人用皮肤造成的空间表象呢？要把视觉空间的先天论与触觉空间的经验论结合起来[①]，毕竟是难以办到的。参看附录 12。

① 参看本书第 111 页注 2 与第 114 页。

第九章　从生物学目的论的观点考察空间* 148

一

我们已经反复指出我们的空间感觉——我们的生理空间，假如我们可以这样说的话——的系统是多么与几何学的空间（我们这里指的是欧几里得式空间）不同。与几何空间相比，不特视觉空间是这样，盲人的触觉空间也是这样。几何空间在一切地方和在 149 一切方向都是同一性质的，是无边界的和无限的（照黎曼的意义）。视觉空间是有边界的和有限的，而且它的广延在不同方向是不同的，一瞥眼看展平的"天穹顶"就使我们知道这一点。物体在移到远处时就缩小；在挪近时就变大。就这些特点说，视觉空间像元几何学家的许多构形，而不像欧几里得的空间。"上""下"的不同，

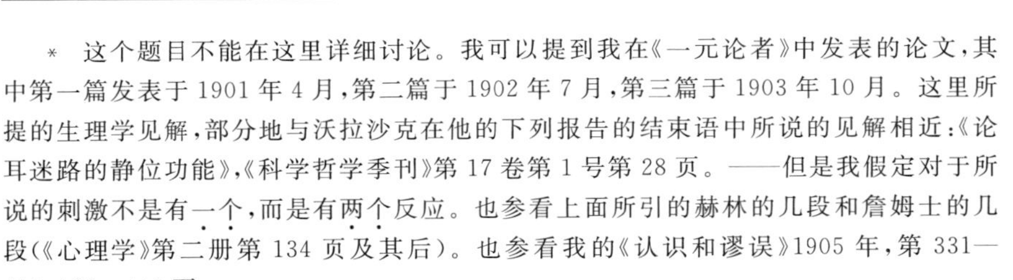

* 这个题目不能在这里详细讨论。我可以提到我在《一元论者》中发表的论文，其中第一篇发表于 1901 年 4 月，第二篇于 1902 年 7 月，第三篇于 1903 年 10 月。这里所提的生理学见解，部分地与沃拉沙克在他的下列报告的结束语中所说的见解相近：《论耳迷路的静位功能》，《科学哲学季刊》第 17 卷第 1 号第 28 页。——但是我假定对于所说的刺激不是有**一个**，而是有**两个**反应。也参看上面所引的赫林的几段和詹姆士的几段（《心理学》第二册第 134 页及其后）。也参看我的《认识和谬误》1905 年，第 331—414、426—440 页。

“前”“后”的不同，严格地说，连“左”“右”的不同都是触觉空间和视觉空间所共有的。在几何空间，就没有这种不同。对于人，对于具
149 有相似的构造的动物，生理空间与几何空间的关系很像三斜晶介体与等轴晶介体的关系。人和动物只要不具有运动和移向的自由，就会认为是这样。在加上移动的自由时，生理空间就近似于欧几里得空间，不过没有完全达到欧几里得空间特性的那种简单地步。三维的多样性和连续性是几何空间和生理空间所共有的。对应于几何空间内 A 点的连续运动，有生理空间内 A′点的连续运动。我们只须记住对地说所要克服的困难，就知道生理空间会干扰几何空间观念的情况。就是我们最抽象的几何学，也不纯粹使用度量概念，而且也使用生理概念，如方向、左、右等等。

要把生理的因素和几何的因素完全分开，必须想到我们的空间感觉是由我们称为 ABC……的这些要素对于我们身体的要素 KLM……的依存关系所规定的，而几何概念则是由物体在空间方面的互相比较、ABC……的互相关系形成的。

二

假如我们不把空间感觉作为孤立的现象来考察，而是从它们的生物学的联系、生物学的功能来考察，那么，空间感觉就更容易理解了，至少从目的论方面更容易理解。一个器官或器官系统一被刺激，就有作为反射反应的动作发生，这些动作一般是有目的，
150 按照刺激的性质，可能是进攻的或是防卫的。例如，可以先后在蛙皮的不同地方滴酸质作为刺激。蛙对每个刺激都以一个特殊的、

对应于被刺激的地方的防卫动作作出反应，对网膜上各点的刺激，引起同样特殊的急速反射。就是说，由不同路径进入机体的变化，又由不同路径向外重现于动物的环境中。假定在比较复杂的生活条件下，这种反应也可以由于记忆而自发地发生，就是说，可以由轻微的冲动而发生，并且可以由记忆而改变，那么，与刺激的性质和被刺激的器官相当的痕迹必然会存留在记忆内。如我们由观察自己所知道的，无论烧灼在什么地方，我们不特认得烧灼的刺激的性质相同，并且同时我们会辨别被刺激的地方。因此，我们必须假定性质相同的感觉带有差异的成分，这个差异的成分是随着被刺激的初级器官的特殊性质，随着被刺激的地方，或者如赫林说的，是随着注意点而改变的。这样，每个感觉领域就得到它特有的记忆及其特有的空间次序。正是在空间知觉上，可以特别明显地看出多种多样的、相互联系的初级器官在生物学方面密切互相适应的现象。

三

我们假定只有一种意识要素，即感觉。就我们有空间知觉而论，按照我们的见解，这些知觉是依靠感觉的。这些感觉是什么性质的，以及这些感觉牵涉到什么器官的活动，我们必须认为是未解决的问题。我们要设想一个关于共同的胚胎起源的初级器官系统是这样自然地安排的，即相邻的器官表现出最大的个体发育方面的亲属性，但各个器官离得越远，这种亲属性就越小。器官感觉只 151
依存于器官的个性，并且随着这种亲属性大小的变化而变化；这种感觉相当于空间感觉。我们把特感感觉从器官感觉中区别出来，特感感觉是依存于刺激的性质的。器官感觉和特感感觉只能相伴着出现[1]。但是，与变化着的特感感觉相对照，不变的器官感觉不久就构成一个固定的登记表，特感感觉排列在里头。我们对于同宗而亲属性大小不同的各个人，有我们觉得是自然的假定，我们这里只是对这些初级器官作这样的类似的假定。

四

空间知觉起于生物的需要，并且参照这种需要就能够把它理解得最透彻。一个没完没了的空间感觉系统对于生物不仅是无用的，而且在物理和生物方面也是不可能的。那种不是相对于身体来辨方定位的空间感觉，也会是没有价值的。从生物看，较近的物体是更重要的，较远的物体则不那么重要。所以，在视觉空间，对较近物体的感觉指标分度较细，而对较远物体则节约地使用储存数量有限的指标，这样也是有利的。并且，这种关系在物理方面是唯一可能的。

下列考虑使我们能理解视觉机构的动作部署。脊椎动物视网膜上的某一点具有更大的清晰度和较细的辨别力，这是个经济的安排。这样，眼睛随注意力的改变而转动就被认为是有利的；同理，眼睛的随意转动对于静止物体所引起的空间感觉的影响，假如
152 会引入迷途的话，则被认为是不利的。可是，在静止网膜上视象移

[1] 同样，内脏器官只在对它们的平衡状态有所干扰时，才被感觉到并被定位。

位，眼睛不动而看到正在动的物体，是生物的需要。对于生物来说，保证看到物体的静止状态，也只有在很少的情况下，在眼睛由一种未意识到的原因（例如，外来机械力或肌肉抽搐）所转动时，才是不必要的。以上两种相反的要求只有这样统一起来：当随意转动眼睛时，网膜上对应于眼睛转动的视象移位在空间量值方面可以由随意动作来补偿。但是，由此产生的结果却是：当眼睛固定不动时，仅仅有转动眼睛的意向，就必然会使静止物体在视觉空间中有些移位。我们已经用一个适当的实验（第 106 页）直接证明了这两个互补成分的第二个成分也是存在的。由于这些器官上的安排，所以我们在特殊情况下看到，眼睛不动时静止物体在动，空间量值在波动，运动的物体则相对于我们的身体而不改变位置，既不移得更远，也不来得更近。在这种特殊情况下显得奇怪的事情，在平常情况下，在自发移动的情况下，具有极大的生物学的重要性。

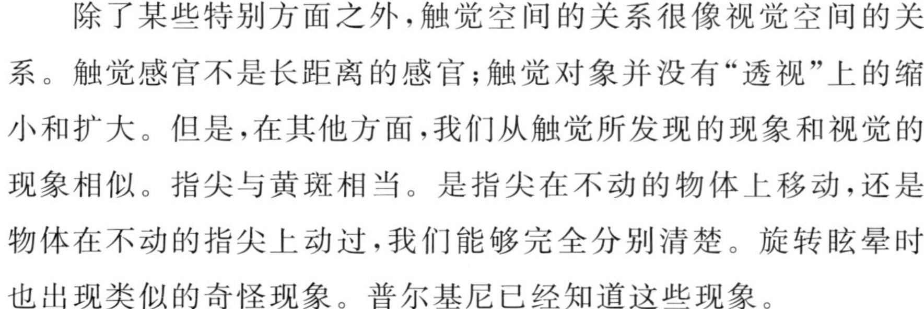

除了某些特别方面之外，触觉空间的关系很像视觉空间的关系。触觉感官不是长距离的感官；触觉对象并没有“透视”上的缩小和扩大。但是，在其他方面，我们从触觉所发现的现象和视觉的现象相似。指尖与黄斑相当。是指尖在不动的物体上移动，还是物体在不动的指尖上动过，我们能够完全分别清楚。旋转眩晕时也出现类似的奇怪现象。普尔基尼已经知道这些现象。

五

一般的生物学考察使我们必须认为视觉空间和触觉空间是同 153
类的。一只新孵出来的小鸡看到一个小东西，立刻注视它，啄它。

这个刺激引起某一区域的感官和中枢器官的兴奋，由于这些器官，眼肌的注视动作和头部与颈部肌肉的啄物动作都是完全自动地出现的。同一个神经区域的兴奋，一方面是由物理刺激的几何位置所决定的；另一方面则必须认为是空间感觉的基础。一个小孩看到一个发亮的东西，随即注视它，把握它；他行动的方式同小鸡一样。除了视觉刺激之外，还有别的刺激——听觉刺激、热的刺激、气味刺激——也能引起把握动作或防卫动作；这些刺激当然在盲人身上也起作用。相同的刺激部位和相同的空间感觉是对应于相同的动作的。一般说，激发盲人的刺激只限于比较狭小的范围，并且被刺激部位辨别得不那么精细。因此，盲人的空间感觉系统比正常人更为贫乏和更为模糊，如果不施以特别教练，就永远是这样。例如，大家可以想想一个盲人企图赶走一只在他身边嗡嗡叫的黄蜂是什么情况。

按照一个物体刺激我去转眼注视它或抓住它的具体情况，必须有一些尽管相邻而毕竟部分不同的中枢器官区域起作用。假如两个刺激同时发生，所牵涉的区域当然更大。不同感官区域的空间感觉，虽然不完全相同，但密切相关，引起了以保存机体为目的的动作。根据生物学的理由，我们可以预期，这些空间感觉会通过这些动作的联系，互相联合起来，融为一体，互相支持；而实际情况也正是这样。

154 但是，这个结论并没有穷尽我们所论的现象。一只小鸡可能注视一个物体，啄这个物体，也可能为刺激所驱使，转向这个刺激，奔向这个刺激。一个小孩向某个目的地爬行，随后有一天他站起来，跑几步就到达这个目的地；他的行动同小鸡恰恰相似。这一切情况逐步地互相转化，我们必须把它们认为是方式相同的。大概总有脑子的某些部分，它们以相当简单的方式受到刺激，一方面产生空间感觉，另一方面则引起自动的动作（这种动作有时是极复杂的）。光的、热的、声音的、化学的和电的刺激引起大量的走动和定向的转变，甚至在本来盲目的或由于器官退化而盲目的动物那里，这些结果也能产生。

六

当我们观察一只千足虫（Julus）整齐地爬行时，我们不能不想到有一串彼此一律的刺激从这只虫的某一器官发出，按前后顺序引起虫身的前后各环节所有的运动器官作有节奏的自动的动作。这些动作，由于在前环节与在后环节有相位的不同，从而形成纵波。这个纵波好像以机械的规律性传过虫身两旁的那些小脚。我们在高度组织起来的动物中可能看到类似的过程，并且事实上也有这种过程。我只须提到刺激迷路器官所引起的现象，例如，主动旋转和被动旋转所引起的人们熟知的眼球震颤。假如存在着像千足虫有的那种器官，这些器官受简单刺激就引起一定种类的移动的复杂动作，那么，我们可以认为在这个简单刺激被意识到的场合，它就是作这种移动的意志，或者说，就是对这个移动的注意，这 155
个注意引起其后的移动。同时，我们认识到机体必须以相当简单的方式感觉到这个移动的结果。事实上，视觉和触觉的对象也是以变化的波动的空间量值出现的，这些对象的空间量值不是稳定不变的。即使我们尽可能排除一切视觉和触觉，还会剩下加速度

的感觉，这些感觉由于联想而引起常常与它们相连的各个空间量值的映象。在这个过程的最初的和最后的环节之间存在着四肢的动作感觉；但是这些感觉通常只在发生障碍因而有必要改变动作时，才完全被意识到。

整个不动的人所得到的空间感觉只是有限的、具有个人位置的和相对于他自己的身体定向的，移动和变更定向时发生的空间感觉则具有规则性和不可穷尽性的特点。形成一种近似于欧几里得空间的空间观念，需要所有这些经验作为基础。除了前一组经验只给予我们以符合和差异，而不给予量值和度量规定以外，后一组经验由于在垂直线方面经久的纷繁的错乱方向所生的障碍，也没有达到绝对的齐一性。

七

对于动物机体来说，它自己的身体的各部分之间的相互关系首先具有最大的重要性。外物只有在和动物身体的各部分有关时，才获得价值。对于最低级的机体，感觉（包括空间感觉在内）就足够使它适应简单的生活条件。可是，当这些条件变得更复杂时，
156 它们就推动了智力的发展。这样，由要素（感觉）所构成的那些函数的复合体——我们所谓的物体——的相互关系就受到了我们的间接关切。几何学就是由于在空间方面互相比较物体而产生的。

我们直接关切的不是单纯的空间特性，而是对满足我们的需要有重要性的物质特性所构成的整个永久的复合体。这个观察可以帮助我们了解几何学的发展。但是，物体的形式、位置、距离和

广延对于满足需要的方式和分量是有决定性作用的。当我们要对物体**彼此的**空间关系作出准确判断时，事实证明，单纯的知觉（估计、视测和记忆）受到不容易控制的生理情况的影响太大，因而不能予以信赖。所以我们不得不从物体**本身**求得可靠的标志。

日常经验使我们认识到物体的**永久性**。在通常情况之下，这种永久性也是诸如颜色、形状和广延之类的特殊性质所具有的。我们熟悉刚体，这种物体不管在空间内怎样移动自如，一经与我们的身体发生确定的关系，在被看见、被触摸时，总是产生相同的空间感觉。这种物体表现出**空间的实体性**[①]；在空间上，它们始终是恒定的、**同一的**。一个刚体 A 可以在空间方面直接地或间接地与另一个刚体 B 重叠起来，或部分地重叠起来，这个关系时时处处都是一样的。于是我们说，可以用物体 A **测量**物体 B。当物体依**这个** 157
方式互相比较时，问题就不再是关于所涉及的空间感觉的**种类**了，毋宁说，是我们关于这些物体在类似情况之下的**相同性**的判断，而这种判断是以高度的准确性和确实性形成的。事实上，这样测量物体所得到的结果中的偏差，与关于彼此并列的或先后相继的物体的直接空间判断所含的误差相比，是微不足道的；这种测量方法之所以有利和有理，其原因也正在于此。于是，很快就不使用每个人随身带着的个人手脚了，这种个人的手和脚注意不到显著的空间变化，而是选择了一个普遍接受的度量标准，这个标准高度地满足

① 当然，有无数几何学家私下抱这个见解。在欧几里得几何学的整个体系中这个见解清楚地表现出来，并且在莱布尼茨那里表现得更清楚，特别是在他的《几何学的特性》里。而赫尔姆霍茨第一次引起了对于这个见解的公开讨论。

了不变性这个条件，从而开辟了一个具有更大的精确性的时代。

八

几何学的一切任务都在于用性质一律的已知物体算出所要量的空间含有多少这样的单位。量各种液体或一大堆几乎相同的密集物体的空容器，大概是最古老的量具。我们注意或把握我们熟悉的一个物体时，心上对这个物体的体积会本能地有个表象，这个体积就是这个物体的质料所占的位置的总和。这个体积被认为是一定量的满足我们需要的物质特性，并且由这种性能构成一个争论对象。其实，测量一个面的意思，原来也无非要确知盖在这个面上的性质一律的密集物体的总数。量长度——就是说，用均等的线段或链条计数——是要决定那种能够以唯一的方式接在两点(或两个很小的物体)之间的最小体积。假如在这个过程中我们抽去用作量具的物体的一个或两个量纲，或假定这些物体在一切地方都恒定不变，但可以任意小，那么，我们就达到几何学的理想化的概念了。

158

九

度量的经验是与物质的对象相联系的。空间的直观不能够自己获得这种经验。因此，用物质对象所做的试验就丰富了空间直观。这样，我们就认识了诸如直线、平面和圆形之类久已熟悉的形式的度量特性。如历史所证明的，又是经验最初导致对某些几何学命题的知识。并且表明，假如一个物体有某些度量，由此就可以同时断定它的某些其他度量。科学的几何学以下列经济性任务为己任，即探知各度量如何互相依存，省去多余的测量，以及发现最简单的几何事实，从而给定其余的事实，作为这种几何事实的逻辑后果。因为我们对自然界没有心理的控制，只是对自己的简单逻辑结构有心理控制，所以为达到上述目的，我们根本的几何经验就必须从概念上理想化。从此以后，向着那种被设想为与理想化的几何经验相联系的直观表象前进，以“思想试验”再发现几何学命题，就不会有什么阻碍了。这种进行方式完全类似于一切自然科学的进行方式。但是，几何学的根本经验简化到这样的最小限度，以致人们极容易忽视这些经验。我们想象物体在其影子或幻影上面移动过去，并且在思想上坚决地认为，假如量这些物体，它们的度量是不会变的。就物理的物体满足了这些假定而论，它们是与这种结果相符合的。

因此，直观、物理的经验和概念的理想化是在科学的几何学中合作的三个因素。对其中的这个或那个因素估计过高或过低，都
会使不同的研究家对于几何学的性质的见解发生巨大的分歧。只 159
有把这些因素中的每个因素在建立几何学中所起的作用精确地区分开，才可能有达到正确见解的根据。例如，我们为了快速移动的便利而获得了解剖学上对称的运动组织，这种组织使我们的直观感到一个空间上对称的结构的两半似乎是等值的，但从物理几何学的观点看来，绝不是这样，因为这两半不能互相重合。在物理方面，这两半同两个方向相反的运动或转动一样，不是等值的。康德关于这个题目的悖论就是产生于没有很充分地区别所涉及的这些因素。参看附录 13。

160 # 第十章　各个视觉相互之间以及它们与其他心理要素之间的关系

一

各个视觉在正常的心理生活中并不是**孤立地**出现的，而是与其他感官的感觉结合在一起出现的。我们看不到视觉空间中的**视象**，而是知觉到我们周围具有各种各样的感性属性的**物体**。只有作**有目的的**分析，才能从这个复合体中分出视觉来。但知觉整个来说也几乎是与思想、愿望、欲求结合在一起出现的。感官的感觉会引起动物符合于生活条件的适应运动。如果这些生活条件是**简单的**，变化很小并且缓慢，则用感官就足以**直接**引起适应运动，而绝不需要高度的智力发展。在各种复杂的、变化多端的生活条件下，情形则不然。一种很**简单的**适应机制不可能在这里发展，更不要说达到目标了。

低等动物吞食一切进入它附近的、引起适度刺激的东西。高度发达的动物则必定是冒着风险觅食的，在发现食物时，要机智地抓住它或狡猾地捉弄它，并且小心翼翼地检验它。在一种食物的回忆强烈到足以胜过对抗的考虑，并引起相应的运动以前，必定浮现出一整系列不同的回忆。因此，在这里与感官感觉相对峙的必定有一定量的共同决定适应运动的回忆（或经验）。在这当中就有智力。

在处于复杂生活条件下的幼小高等动物中，引起适应运动的 161
感官感觉的复合体往往带有很复杂的性质。幼小哺乳动物的吮乳与幼小麻雀的行为（已在第 61、62 页描述过）就是很好的例证。随着智力的发展，引起适应运动的这个复合体的部分总是变得越来越小，而感官感觉则越来越多地为智力所补充和代替，就像我们日常在儿童与成熟动物身上可以看到的那样。

在本书 1886 年版的一个注释中，我曾经警告说，要谨防当时还流行的那种过高估计低等动物智力的倾向。我的看法的依据不过是对甲虫的机械运动、蛾子的向光飞行等等所作的偶然观察。后来出版了勒卜的一些重要著作，它们给这个看法提供了坚实的实验基础。

现在，低等动物心理学又成了一个争论甚多的领域。当贝特（A. Bethe）[①]依据对蚂蚁和蜜蜂所作的富有意义的有趣观察，主张一种极端的反射理论，认为这类动物是笛卡尔讲的机器时，细心的批判的观察者，诸如瓦斯曼（E. Wasmann）[②]、布太尔-雷彭（H. v.

---

① 贝特：《我们能认为蚂蚁和蜜蜂有心理性质吗？》，入《普弗吕格文库》第 70 卷第 17 页；《再论蚂蚁的心理性质》，同上，第 79 卷第 39 页。毕尔（Beer）、贝特与于克斯曲勒（Uexküll）：《神经系统生理学通用术语刍议》，载《生理学中央丛报》1809 年，第 13 卷第 6 期。赫林：《在什么限度内可能从语言方面区分生理学与心理学》，载《德意志劳动》月刊，第 1 年度第 12 期。

② 瓦斯曼：《蚂蚁的心理功能》，载《动物学杂志》1899 年第 26 号；《蚂蚁和高等动物心理生活比较研究》，第 2 版，布赖斯高地区夫赖堡 1900 年。

Buttel-Reepen)[①]和福雷尔(A. Forel)[②],则认为这类动物有真正高
162 级的心理发展过程。连高等动物心理学现在也又引起了普遍的兴趣。策尔的一些主要是写给广大公众的著作,包含着某些很好的观察与妙见,似乎以审慎的方式既没有高估也没有低估动物。

谁曾经研究过生理学,甚或仅仅赞赏过戈尔茨的著作,谁就会了解反射对于任何动物有机体,甚至最高人类有机体维持生命所具有的重要意义。谁要是进一步观察,那种记载个体经历的记忆对生物反应的影响怎样随着组织的简化而极其令人注目地减少[③],谁就会有一个自然而然的想法,即试验比较简单的有机体的行为是否和在何种限度内可用**单纯的**反射来理解。诚然,那些完全没有记忆而只靠**绝对**不变的反射的动物有机体是不可能存在的[④],因为在个体的获得性与物种的获得性之间几乎不可能划出一条严格的界限。然而,我以为做这样一种试验是很有贡献的,当然,批判地解释试验结果会更有价值。

我希望,我们不仅能从我们的儿童身上,而且也能从动物这个"我们的年轻兄弟"身上学到很多有关我们的心理学的东西。但要了解人为什么在心理方面胜过最聪明的动物,则应充分重视物种与个体在数千年社会文化气氛中获得的东西。参看附录 14。

① 布太尔-雷彭:《蜜蜂是反射机吗?》,莱比锡 1900 年。

② 福雷尔:《蚂蚁的心理功能》,入《第五届国际动物学家大会论文集》,耶纳 1902 年;《关于昆虫感觉的经验与评论》,第 1—5 节,载《生物科学评论》,科莫 1900—1901 年。

③ 《通俗科学演讲集》,"论偶然环境的影响"等等,莱比锡 1903 年,第 3 版,第 294—295 页;《热学原理》,莱比锡 1900 年,参阅论述"语言与概念"的那一章。

④ 参看本书第 4 版,第 153 页。

二

163

因此，表象必须**代替**不完全的感官感觉，并进一步编制最初**唯独**由感官感觉决定的过程。但在正常的生活中，表象却完全不能永远**排挤**现存的感官感觉，除非有机体遇到极大的危险。实际上，在正常的心理生活中这两种心理要素之间存在着很大的差别。我看面前的一块黑板。我能极其生动地在这块黑板上**想象**一个用清晰的白线画出的六角形或一个有色图形。但除了病理情况以外，我总是知道我**看到的**东西和我自己**想象的**东西。我感觉到，我在过渡到表象时，怎样转移眼睛的注意力，使它转到别的方向。这种注意力就像**第四**坐标线一样，区分了在黑板上看到的斑点与在同一部位想象的斑点。如果我们说映象笼罩在所视的东西上，犹如映现到透明玻璃片中的镜象笼罩在由此看到的物体上一样，那么这并**不**会完全把事实描述清楚。反之，我觉得想象的东西是受一种质上不同的、对抗的感性刺激的排挤的，并且有时也反过来排挤这种感性刺激。这暂且还是一个心理学事实，它的生理学解释诚然也有待于发现。

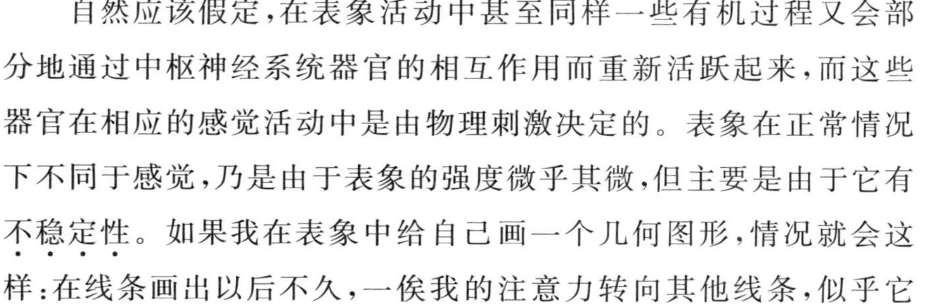

自然应该假定，在表象活动中甚至同样一些有机过程又会部分地通过中枢神经系统器官的相互作用而重新活跃起来，而这些器官在相应的感觉活动中是由物理刺激决定的。表象在正常情况下不同于感觉，乃是由于表象的强度微乎其微，但主要是由于它有 164
不稳定性。如果我在表象中给自己画一个几何图形，情况就会这样：在线条画出以后不久，一俟我的注意力转向其他线条，似乎它

们就消失了。在返过来看这些线条时，我们不会再看到它们，而必须重新再把它们创造出来。这种情况表现的主要是实际的几何作图相对于想象的几何作图所具有的优点与方便。少量的线段，例如，同一个圆弧上的圆心角与圆周角，它们带有一对重合的或相交的边，我们是易于在表象中保持的。但如果在这种情况下再通过圆周角的顶点添加直径，那么，如果不连续恢复与补充图形，就很难以在表象中推导出角度的比例关系。此外，反复更替图形的熟练程度和敏捷程度还会由于练习而得到异常的提高。当我研究斯坦纳尔(Steiner)与封·斯陶特(von Staudt)的几何学时，我所能做出的成绩要比我现在可能做出的更多。

智力的迅猛发展取决于人类的复杂的生活关系，表象会由于这种发展而顿时**全然**受到注意，以致有识之士周围的一些过程没有被看到，向他提出的问题没有被听到，这种情况被不习惯于做这件工作的人们称为“心不在焉”，但更恰当地说，可以称为“思想集中”。如果现在当事人在这样一种情况下受到干扰，那么，他会很清楚地感觉到替换注意力时所做的**功**。

三

注意表象与感官感觉之间的这种差别，很适合于防止感觉现象的心理学解释中的漫不经心。假如我们更多地注意到了这个情况，著名的“无意识推论”学说就绝不会得到这样广泛的发展了。

165 以自己的状态决定表象的器官，我们可以暂时设想为这样一种器官，这种器官(在很小的程度上)能够提供感觉器官与运动器官的一切特殊能量，以致按照它注意的性质与方向，时而器官的这种能，时而器官的那种能就会对那决定表象的器官发生影响。这样一种器官特别宜于沟通不同的能之间的生理学联系。像对切除大脑的动物的经验告诉我们的，在这里除了"表象器官"以外，可能还有许多其他类似的、与大脑没有什么密切联系的联络器官，因而它们的过程并未进入意识。

如我们从自我观察了解到的，丰富的表象生活诚然是在人类身上才出现的。这种生活表现完全说明了有机体的一切部分的相互关系，它的一些开端也诚然存在于动物进化系列的低级阶段。但某个器官的各个部分也必定通过它们彼此的紧张关系，而有这样一种关系，这种关系同整个有机体各部分的关系是类似的。两个视网膜及其依赖于光感觉的适应运动装置与遮光运动装置，提供了关于这样一种关系的一个很清楚的与熟知的例证。生理学实验与简单自我观察告诉我们，这种器官有它自身的、合乎目的的生活习惯，有它特殊的记忆，并且我们几乎可以说，有它自身的智力。

四

与此有关的最有教益的观察是由约翰·缪勒在其佳作《论视觉幻象》（考勃林茨 1826 年）搜集到一起提出的。缪勒等人在清醒状态中考察过的视觉幻象完全不受意志与思考的影响。正是一些独立的、实质上受感官约束的现象，在自身完全带有所视客观东西的特性。这是感官中的真正的幻觉现象与记忆现象。缪勒以为，幻象的自由独立的生活是有机生命的一个部分，是同所谓联想律 166

不相容的，他很怀疑联想律。我觉得，缪勒描写的幻觉的连续变化并不违背联想律。倒不如说，这些过程简直可以被理解为对于视象在脑海中呈现的缓慢变化的回忆。只不过由于时而这个感觉领域，时而那个感觉领域开始也起作用，才在通常的表象联想过程中出现了飞跃性的东西。（参看本书第 11 章）

在“视觉实体”（按照缪勒的说法）中通常作为视网膜兴奋的结果发生的、决定视觉活动的各个过程，也可以作为例外，在没有视网膜兴奋的情况下自发地出现于视觉实体，而成为幻象或幻觉的源泉。当幻象以其特性强烈地结合在以前所视的东西上时，我们所说的是**感性记忆**；当幻象比较自由地和未经中介地出现时，我们所说的就是**幻觉**。不过，这两种情况之间的严格界限几乎无法加以肯定。

我从亲自观察中熟习了一切类型的视觉幻象。幻象同看得不清楚的东西混合起来，又部分地排挤这种东西，这种现象出现得极其频繁。我在疲倦地于夜间乘火车旅行以后，就特别清楚地看到这些现象。那时一切岩石与树木都采取了极其离奇的形式。当我在几年前深入研究脉搏曲线和脉搏描记法时，黑色背景上的细致
167 白色曲线常常在夜间与阴天极其清晰和实在地呈现在我眼前。甚至在后来我从物理学方面作不同的研究时，也看到“感觉记忆”的类似现象。我以前未曾看到的形象很稀奇地在白天呈现在我眼前。例如，几年以前有一种鲜红的毛细网络（类似乎所谓的神奇网络）连续地在好几个白天映现在我读的书或我写的纸上，而我当时并未研究这类形式。我在幼年时期往往在入睡以前看到着色鲜艳、变化多端的地毯模样；如果我把注意力转到这个方面，这种现

象现在也会出现。我的一个儿童也常常告诉我说，他在入睡以前看到了花朵。很古怪的是我在夜间入睡以前看到各种各样不随我的意志而变化的人物形象。有一次偶然的机会，我在试验中成功地把一个人的面部看成了一个无肉有骨的头颅，但这种个别的情况也可能是偶然的。在暗室中苏醒时最后梦见的形象依然以其鲜艳夺目的颜色保存下来，这种现象经常在我这里发生。若干年来我经常遇到的一个独特现象是这样的：我睡醒后**合上**眼睛安静地卧在床上，我在自己面前看到了白天盖在床上的床罩和一切折叠起来的东西，在床罩上我的手完全静止不动，也没有什么变化；如果我睁开眼睛，则这时不是完全天黑，便是已经发亮，但床罩和我的双手却与我刚才看到的迥然不同。这是一种特别**固定的**与长久的幻象，它是我在其他情况下未曾观察到的。我以为，可以从这个映象看出，**一切**部分尽管相去甚远，也能用一种根据已知原因不可能在所视客体上看出来的方式，**同时在一起清楚地**表现出来。

在我青年时期，常常在睡醒以后很清楚地出现一些听觉幻象，尤其是触觉幻象；但自从我的音乐兴趣剧减以来，它们已经变得极 168
罕见和十分贫乏了。不过，音乐兴趣也许是派生的、被决定的东西。

如果使视网膜不受外部刺激的影响，而把注意力唯独转向视野，则几乎总是有幻象的痕迹。诚然，在外部刺激软弱模糊时，在环境半明半暗时，或在我们观察带有微弱斑点的平面、云彩或灰墙时，这些痕迹就显示出来。我们后来想要看到的形状，就它们不是依赖于注意力对看清的斑点的单纯选择和综合而言，无论如何不是想象的幻象，而至少部分地是自发的幻象，它们有时必定在局部地方离开视网膜的刺激。在这些情况下我们的期待似乎有利于幻象的出现。在寻找干扰带时，我常常以为在视野中清楚地知觉到了幻象的最初微弱痕迹，但实验的不断进行则使我确信我确实发生了错觉。在半明半暗的空间里我以为自己反复明显地看到了我所期待的水从橡胶管里流了出来，但我在用手指去摸时却发现自己弄错了。这样的微弱幻象似乎对智力的影响颇有伸缩性，而智力则不能对强烈的、着色鲜艳的幻象产生任何效果。前者接近于表象，后者接近于感官感觉。

这些微弱的幻象时而被感官感觉压倒，时而与感官感觉保持平衡，时而排挤了感官感觉，这就提供了把幻象的强度与感官感觉的强度加以比较的可能性。斯克里普彻(Scripture)已经提出这个思想。他在一位自以为看到十字形线条(它实际上并不存在)的观察者的视野里，让一条真实的直线从预料不到的方向出现，其强度

169 从零开始逐渐增长，以至这条直线被察觉出来，并被认为与幻象是等价的[①]。这可以证实从感觉到表现的一切过渡。无论在什么地方，我们都得不到一种**心理**要素，它似乎完全可以同那种无疑须被视为**物理**对象的感觉加以比拟。各个表象的(联想的)关系当然不同于各个感觉的关系。

五

列奥纳多·达·芬奇(见第54页所引书)关于幻象与所视客

① 斯克里普彻:《现代心理学》,伦敦1897年,第484页。

体的混合说过如下的话：

“在这些指示下给一种新发现的观点以一席地位，我是不会忽略的；这种观点尽管显得是微不足道，几乎是滑稽可笑的，但对于激励心灵去作各种各样的发现却同样很有用途。这种观点的实质在于：你看某些满布各式斑点的墙壁或带有各种不同混合物的石头，如果你有某种发明的能力，你就会在那里看到一些类似于各种风景的东西，它们用各种山脉、河流、岩石、树木、大平原、小丘与峡谷装饰起来。你也会在那里看到各式各样的战役，看到奇特陌生的人物的清晰部位、面部表情、风俗习惯以及你可能认为形式完善的无数东西。在这类墙壁与混合物上出现了类似于钟响时出现的东西，在敲钟时你会又发现你想象的每个名称与每个词汇。

“可不要小看我的这个看法，我抱着这个看法劝你，有时停止不动，观看墙上斑点，或观看火中灰烬、空中云彩、地上泥土或其他这样的地方，这也许对你不会显得是一种累赘；如果你真正观察它们，你会从中得到很令人诧异的发现。因为画家的心灵会受到（它 170
们的）激励，去作出（这样的）新发现，无论这是在对战役、动物和人作构图，还是在对风景和诸如魔鬼之类的可畏东西作构图，它们都已经令你心醉如迷。因为紊乱的和不确定的东西会唤醒心灵作出新的发现。但你可要首先注意，你要懂得很好地构造你想表现的东西的一切部分，例如生物的四肢以及风景的各个部分，即石块、树木和诸如此类的东西”。

在视网膜不兴奋的情况下很强烈地独立地出现幻象，除了梦境与半醒状态以外，这必定会因为生物学上不合乎目的而被视为**病理学的**。同样，我们也必定可以把幻象对**意志**的任何反常的依赖性称为病理学的。在那些认为自己力大无比，认为自己是上帝的精神病人身上，就可能出现这样的情况。但单纯缺乏抑制性联想，也同样能导致妄自尊大的狂想。例如，有人在梦境中会以为他已经解决了最大的问题，因为在这里没有发生揭示矛盾的联想。

六

在预先作了这些说明以后，我们想考察若干生理光学现象，它们虽然尚未得到**充分的解释**，但作为感官的**独立生活**的表现，相对说来还是最容易理解的。

我们通常都是用**双**眼看东西，对于为生活服务的特定目标来说，看到的不是颜色与形式，而是空间中的**物体**。在这里具有重要意义的不是复合体的各个要素，而是**整个**生理光学复合体。如果

171 这个复合体由于特殊情况而表现得不完全，眼睛就试图按照在其生活条件中获得的(或遗传下来的)习惯去补充这个复合体。在用单眼看东西或用双眼看遥远的东西的时候，如果在眼睛距离方面体视差别消失了，则容易出现这类情况。

我们通常知觉到的不是光明与阴暗，而是空间中的对象。物体自身的阴影是几乎察觉不到的。光亮度的差别引起深度感的差别，并且有助于**模拟**物体，在这里已不再像观看遥远的山脉时很引人注目地看到的那样，单凭体视差别就足以达到模拟物体的目的。

从这方面来看，照相机的模糊底片上的**映象**是颇有启发意义的。在这里有人常常对光明的亮度与阴影的深度感到惊奇，只要他们无需在一个平面上看到每样东西，他们就完全不会在物体上

察觉出这种亮度与深度。我很清楚地回想起在我的童年时代，图画上的任何浓淡不同的色彩我都觉得是不合理的和歪曲真相的，而一幅轮廓画则使我感到很满意。同样，大家都知道，有些民族，如中国人，整个来说虽然其艺术技巧是发达的，但是却完全不能画出浓淡参差的色彩，或只能以有缺陷的方式画出这样的色彩。

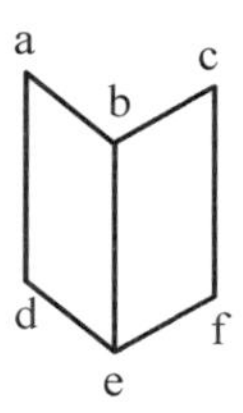

图　24

我在很多年以前做过的下列实验[①]，很清楚地说明了光亮感与深度感的上述关系。我们把一张打折的名片放在我们面前的写字桌上，使它的折叠的边 bc 朝向我们。令光线从左侧射入。这时名片的一半 abde 更亮，另一半 bcef 则更暗，但这种情况在不抱先入之见的观察过程中几乎不可能觉察出来。我们在这时闭上一只眼睛，空间感觉部分就消失不见了。我们总是依然看到折叠的名片在空间中，而在照亮的地方则看不到

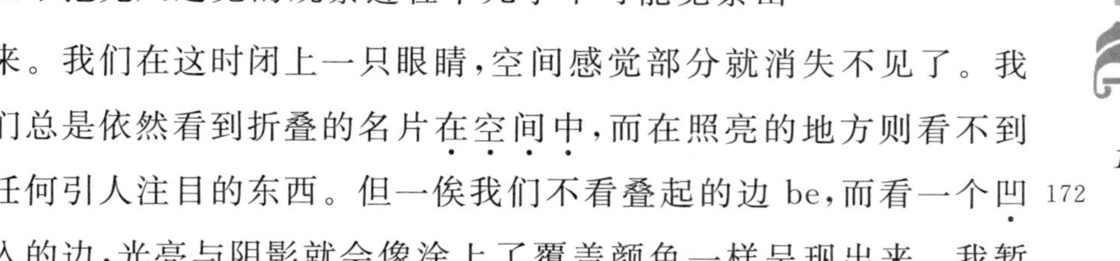

任何引人注目的东西。但一俟我们不看叠起的边 be，而看一个凹 172
入的边，光亮与阴影就会像涂上了覆盖颜色一样呈现出来。我暂且不考虑这种容易解释的名片透视倒置。这样一种“反演”是可能的，因为深度并不取决于单眼映象。假如在图 25 的 1 中 o 代表眼睛，abc 代表打折名片的截面，箭头代表光线的方向，则 ab 显得比 bc 更亮。同样，在 2 中 ab 也比 bc 更亮。如我们看到的，眼睛必定获得一种习惯，也把深度感的落差与所视平面要素的亮度相置换。如果光线从左侧射入(1)，落差与深度则会随着亮度的减低而向右

① 《论分布在空间中的光刺激的生理学作用》，载《维也纳科学院会刊》第 54 卷第 3 期，1866 年 10 月。

减低，如果光线从右侧射入，情况则相反。既然嵌着视网膜的眼球的外皮是透明的，所以，光从右侧射入还是从左侧射入，也就对光在视网膜上的分布不是无关紧要的事情。因此，这种情况完全是这样安排的，即不借助于任何判断的力量，眼睛也能形成一种固定的习惯，它以特定的方式使亮度与深度联系起来。如果像在上述实验里那样，能借助于**另一种**习惯，使一部分视网膜同前一种习惯相冲突，则这种结果会通过明显的感觉表现出来。

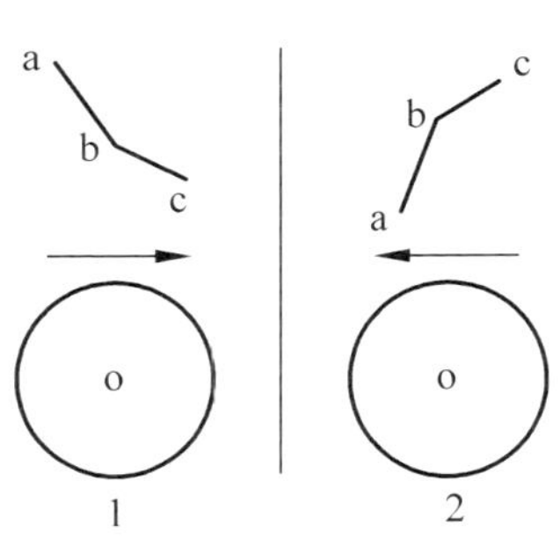

图 25

透过眼球外皮的光线的效果能有多么重要的意义，可以从费希纳的某些实验[①]得知。属于这方面的一个观察是这样的：在我的写字桌下铺着一块灰绿地毯，而我在写字时只看到它的一小块。如果明亮的阳光或曙光从左侧射入，意外地或有意地产生了关于
173 那一小块地毯的双象，那么，受到强烈照耀的左眼的映象就会通过对比，呈现鲜艳的绿色，而右眼的映象则完全是颜色模糊的。在这后一种情况下，在反演实验中，研究照射眼球的强度与颜色的变化也许是有趣的。

以上所述只能表明现象的特点，指出寻求生理学解释（心理学思辨除外）所遵循的方向。我们还想说明，在相互关联的感觉的性质方面，似乎有一种类似于**能量守恒**定律的原理在起支配作用。

---

① 费希纳：《关于横向窗户与烛光的实验》，入《莱比锡科学讨论会通报》，1860年。

亮度的差别部分地转变为深度的差别,而且在这个过程中变得更弱了。另一方面,亮度的差别之所以能增大,是以牺牲深度的差别为代价的。一种类似的说明今后还会在另一场合作出。

七

观察物体的习惯,即注意属于光感觉的、在空间上关联的更大质块的习惯,引起了一些独特的、有时令人惊讶的现象。例如,具有两种颜色的油画或图画每每按照人们把这一种或另一种颜色理解为背景,而一般看起来迥然不同。大家都知道这个令人迷惑不解的图形,一俟人们把明朗的天空理解为对象,而把暗色的树木理解为背景,在树干之间就呈现 174
出一个幻影。只有在例外的场合,背景与对象才表现出同一种形式,在这种形式中包含着一种经常使用的装饰动机,举例说,关于这种现象可以见之于取自上述《装饰文典》第 15 页的图 26,也可以见之于取自那部著作的插图 45 的图 20 与图 22,取自它的插图 43 的图 13。

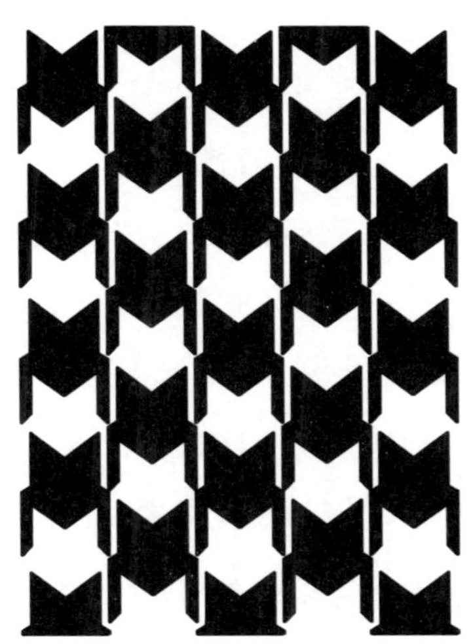

图　26

八

在单眼观察透视图时出现的空间视觉现象，或换一个结果相同的说法，在单眼观察对象时出现的空间视觉现象，通常很容易被当作几乎是自明的。但我认为，对于这种现象还应作各种研讨。可能属于无穷多不同对象的同一个透视图，仅仅部分地决定了空间感觉。因此，虽然在涉及这种图的许多可思议的物体中只有很少的物体实际上被看到，并且具有完全的客观性的特点，这种现象也必定具有有力的生理学根据。这可能不是基于对附带的属性的追忆，不是基于对浮现在我们脑海中的自觉回忆，而是基于视觉感官的特定生活习性。

如果视觉感官是按照它在物种与个体的生活环境中获得的习性活动的，那么我们便可以首先假定，它是按照概率原理进行活动的，也就是说，那些最频繁地被一起引起的功能只要其中有一种功能受到刺激，也就会一起出现。例如，那些最频繁地与某个透视图相关的深度感觉，如果这个图出现了，而这类感觉并未在此中共同起决定作用，也易于被再现出来。此外，似乎在看透视图时还表现出经济原理，也就是说，视觉感官本身承担的努力绝不大于刺激决定的努力。如我们将会看到的，这两条原理的结果是一样的。

九

我们想详细地解释刚才作出的论述。如果我们观察透视图中

的一条直线，我们会把这条直线总是看作空间中的一条直线，虽然 175
作为透视图的直线可以对应于作为对象的无穷多不同的平面曲线。但是，只有在曲线平面穿过一只眼睛的中心这个特殊场合，曲线平面才在有关的视网膜上映现为直线(或最大的圆圈)，并且只有在曲线平面穿过两只眼睛的中心这个更为特殊的情况里，曲线平面才对双眼映现为直线。因此，很可能一条平面曲线表现为直线，而空间中的直线则总是在两个视网膜上映现为直线。因此，对应于透视直线的最可能的对象就是空间中的直线。

直线有多种几何学特性。但是，例如直线是两点之间最短的线段这个尽人皆知的几何学特性，在生理学方面就没有重要意义。比较重要的是:在中央平面中存在的或对中央平面垂直的直线在生理学方面是自相对称的。此外，在中央平面存在的垂直线还以深度感觉的最大均匀性以及这种感觉与重力方向的重合为其生理学特征。一切垂直线都容易被迅速地弄得与中央平面重合，因而分享这种生理学的优越性。但空间中的直线一般必定还以其他某种东西为其生理学特征。直线的一切要素的方向都相同，这是早已指出的事实。但对应于空间中的直线的每个点的还有相邻各点的深度感觉的平均值。因此，空间中的直线表现出了对于深度感觉平均值偏离的最小限度，就像直线上的每个点表现出相邻各点
的同类空间值的平均数一样。由此显然可以假定，直线看起来是 176
用力最小的。所以，当视觉感官向我们显示为偏爱直线时，它所进行的活动既遵守经济原理，同时也遵守概率原理。

还在 1866 年我就在《维也纳科学院会刊》第 54 卷上写道，“既然直线总是到处围绕着文明人，所以我们可以假定，视网膜上任何

可能的直线都无数次以任何可能的方式被看成空间中的直线。因此，眼睛解释直线图像的熟练程度就可能使我们不感到惊奇”。我当时写这段话（与我在同一篇论著中支持的达尔文主义观点相反），抱的决心不大。现在我比以前更加确信，上述能力绝不是个人锻炼的结果，甚至完全不是人类锻炼的结果，而是动物也有这种能力，它至少部分地是遗传的东西。

十

一种感觉对相邻感觉的**平均值**的偏离一般总是令人注目的，并且引起感官的特别努力。曲线的任何弯度，表面的任何上凸与下凹，总是意味着一种空间感觉对引起注意的周围空间感觉的**平均值**的偏离。**平面**的生理学特征在于那种对平均值的偏离是**最小限度的**，或者专门就每个点来说，是等于零的。如果我们通过体视镜观察一个有斑点的表面，其部分图像尚未统一为双眼图像，则在有斑点的表面突然伸展为无斑点的平面时，会造成一种特别令人舒适的印象。对圆圈与球体的美感印象似乎在本质上就是建立在这样的基础上的，即上述对平均值的偏离对所有的点来说都是**相同的**。

177 ## 十一

对周围环境感觉的平均值的偏离在**光感觉**方面也起作用，这是我在许多年前的一篇著作[①]里指出来的。如果像图 27 所示，我们把一系列黑白相间的扇形画到一条纸带 AABB 上，然后把这条纸带卷到圆柱上，圆柱的轴平行于 AB，则在圆柱迅速旋转时会出现一个亮度从 B 到 A 逐渐增大的灰色场，而在这个场中突现出更亮的纸带 αα 与更暗的纸带 ββ。对应于凹处 α 的一些部位在物理学上不比周围的环境更亮；但它们的光亮强度**超过了**邻近的环境的强度**平均值**，而 β 处的强度则反而总是**在**环境的**平均**强度**之下**[②]。因此，这种对平均值的偏离可以清楚地被感觉到，从而给视觉器官负担了一项特别的工作。反之，只要每个点的亮度相当于邻近各点的**平均值**，亮度的**连续**变化就几乎察觉不出来。这种情况对于对象的突出与定界具有什么目的论意义，我在很久以前（上 178
引文，《维也纳科学院会刊》1865 年 10 月与 1868 年 1 月）已经指出。视网膜抹杀了微小的差别，而不按比例地突出了较大的差别。视网膜变得**机械**和**呆板**了。潘诺慕在他那个时代就已经注意到了轮廓对视觉的意义。

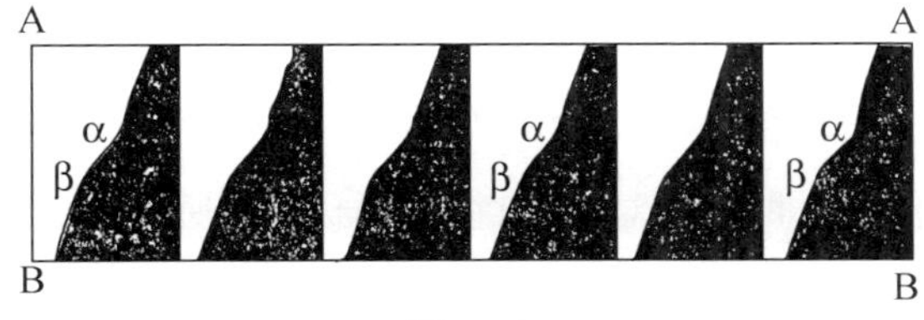

图　27

① 《论光刺激在视网膜上的空间分布的作用》，载《维也纳科学院会刊》（1865 年）第 52 卷。这一研究的继续：《会刊》（1866 年）第 54 卷；《会刊》（1868 年）第 57 卷。《精神病学季刊》，诺伊维德-莱比锡，1868 年（《论视网膜各部位彼此之间的依存关系》）。

② 关于光感觉与势函数的类似性的说明，见之于我的评论《论顾哈德先生对等位曲线的阐述》，载《维德曼年鉴》（1882 年）第 17 卷第 864 页，以及我的《热学原理》第 2 版 1900 年第 118 页。

通过很多实验(图 27 所示是其中最重要的一个实验),我获得了一个看法,认为一个视网膜部位的亮度是按照**偏离**开相邻部位亮度的**平均值**的大小感觉到的。因此,这个视网膜部位在那平均值中的分量可以设想为随着离开被观察部位的程度而迅速减少;当然,这只有通过**视网膜要素的有机相互作用**才能理解。假定 $i=f(x,y)$ 是涉及一个坐标系(x,y)的视网膜照亮强度,则那个对任一部位都有决定意义的平均值是通过 $i+\frac{m}{2}\left(\frac{d^2i}{dx^2}+\frac{d^2i}{dy^2}\right)$ 近似地(象征地)表示出来的,在这里表面 $f(x,y)$ 的一切曲率半径都被认为相对于那段还有视网膜部位的显著影响的距离是巨大的,并且 m 是常数。现在分别按照$\left(\frac{d^2i}{dx^2}+\frac{d^2i}{dy^2}\right)$是正的或负的,视网膜部位感觉到自身比在用符合于其自身的强度均匀照亮相邻部位时更暗或更

亮。如果表面 $f(x,y)$ 具有边与凹入处,则$\left(\frac{d^2i}{dx^2}+\frac{d^2i}{dy^2}\right)$变为无穷的,并且这个公式不能使用了。在这个场合,对应于凹入处的当然是一种**强烈**的发暗或发亮,而绝不是无穷的发暗或发亮。发暗与发亮也绝没有严格的界线,而是像按照偏离开平均值的大小必然会预期到的那样,交错在一起进行的。视网膜并不是由各个感觉**点**构成的,而是由数量有限、规模有限的感觉要素构成的。现在还
179 缺乏关于这些要素的相互作用规律的详细知识,它似乎对于更精确地规定这个特殊场合的现象是必不可少的。

既然我们在按照主观印象去判断光的客观分布时可能容易出错,所以上述对比规律的知识甚至于对纯粹物理学研究也有重要意义。格里马尔底(Grimaldi)就曾经由于这样一种现象而有过错

觉。我们在考察阴影、光谱吸收以及其他无数场合，也遇到了同样的现象。由于一些特殊的情况，我的有关这个问题的报道没有得到广泛传播，并且在三十多年以后又第二次发现了这些有关的事实①。

能够引人注目的事实是：除了 i 以外，还有 i 的二阶微分系数，而不是一阶微分系数 $\frac{di}{dx}$，$\frac{di}{dy}$，似乎对亮度感觉发生了一种影响。表面照亮强度的均匀连续提高，例如在 x 方向上，我们几乎察觉不出来，而要确信有这样的提高过程，就必需有一些特别的仪表装置。反之，这些一阶微分系数则对所视表面的模拟、塑造表现出了它们的影响。如果我们称水平方向为 x，称所照表面上一个点的深度距离为 τ，则 $\frac{di}{dx}$ 与 $\frac{d^2\tau}{dx^2}$ 是平行的。这种当然又只能在象征意义

上理解的表达式说明，一个具有垂直母线与平面水平准线的圆柱 180

表面向我们表现为 $\tau = F(x)$，它的二阶微分系数 $\frac{d^2\tau}{dx^2}$（曲率）平行于表示照亮强度的一阶微分系数（陡度）。曲率的轨迹取决于第 172 页上指出的配连条件。

---

① 泽利格（H. Seeliger）：《月食时地影在表面上的扩大》，载《慕尼黑科学院论丛》1896 年。哈加（H. Haga）与温德（C. H. Wind）：《伦琴射线的衍射》，载《维德曼年鉴》第 68 卷，1899 年，第 866 页。温德：《对马赫发现的一种光错觉的说明》，载里克（Riecke）与西蒙（Simon）编《物理学杂志》第 1 卷第 10 号。奥伯迈尔（A. v. Obermayer）（《论明亮背景上黑暗对象的映象的边缘》，入艾德编《摄影年鉴》1900 年）披露了一些新事实，它们可以用本书正文阐明的对比规律来解释。然而他只知道我的四篇论著中的第一篇，因而以最初那种有缺点的方式陈述了这条规律。

十二

关于单眼映象引起的深度感觉，下列实验是有教益的。图 28 是一个有两条对角线的平面四角形。我们用单眼看这个图形，它按照概率原理与经济原理，最容易表现为平面的。不平的对象在极大多数场合强制眼睛去观看深度。在没有这种强制的地方，平面对象是最可能的对象，同时对于视觉器官也是最惬意的对象。

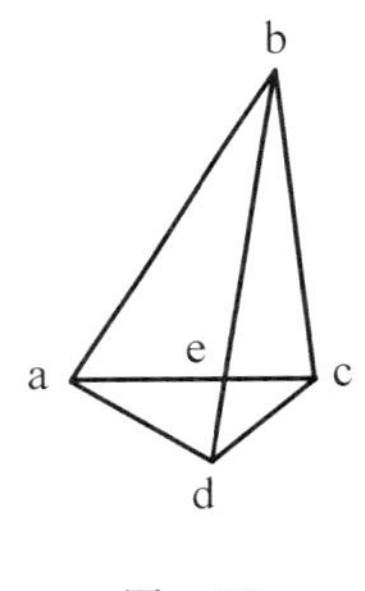

图 28

这同一个图形在单眼中还可以看作一个其边 bd 在 ac 之前的四面体，或看作一个其边 bd 在 ac 之后的四面体。表象与意志对视觉过程的影响是极其有限的，仅限于注意力的引导，限于视觉器官的气质对这器官所习惯的许多场合中的一种场合的选择，而其中每个选择的场合都以刻板的可靠性与准确性确定其位置。我们在注视点 e 的时候，实际上可以按照我们把 bd 想象得比 ac 更近或更远，而随意地更换这两种在视觉上可能的四面体。对于这两种场合，视觉器官都有影响，因为一个物体往往部分地为另一物体掩盖起来。

勒卜发现[①]，眼睛靠近图 31，引起了对于近距离的调视，从而也引起了把固定边 be 看成是突起来的这个结果。我未能得出这

① 勒卜：《论视觉反演》，入《普弗吕格文库》第 40 卷，1887 年，第 247 页。

样肯定的结论，也未能从理论上找到说明这个结论的充分理由[①]，181
虽然我乐于承认图形距离的改变容易导致我们对图形的看法的变化。

最后，如果把划出的交点 e 想象为处于平面 abcd 之前或之后，这同一个图形则可看作是一个四边棱锥体。如果 bed 和 aec 是两条完全的直线，则难以做到这一点，因为要把直线毫不勉强地视为打折的，这与视觉器官的习惯有冲突；只有点 e 有一个引人注目的部位，这一做法才能成功。但如果在 e 处有一个很小的压痕，则这一实验没有什么困难。

对透视毫无知识的人，一俟他像在用单眼作观察时容易做到的那样，能完全不考虑图形的平面，就会像具有完备的透视理论知识一样，确实看到直线透视图形对他的影响。按照我的信念，对所视对象的思考，甚至回忆都很少涉及或全不涉及这种影响。图形中的直线为什么看起来是空间中的直线，这是已经研讨过的问题。当各条直线似乎在图形平面的一个点上收敛时，各个收敛的或逼近的终端就会按照概率原理和经济原理，而被移动到同样的或几乎同样的深度。这样就给出了没影点的效果。这样一些直线可能看起来是平行的，但并不存在造成这样一种印象的必然性。如果我们用眼在同样高度上看图 29，它就能给我们显示出向一个通道深处看的景象。终端 182

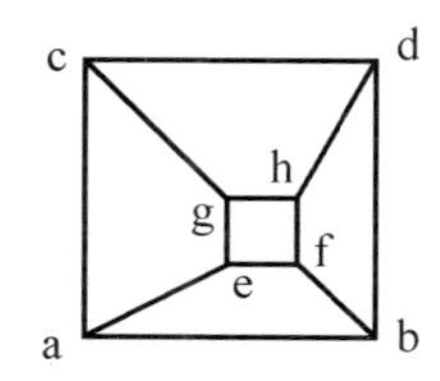

图　29

① 希尔布兰德(《论深度定位的调视与收敛》，载《心理学与感官生理学杂志》第 7 卷第 97 页)指出了调视对深度视觉的意义很小。

ghef 被移动到了同样远的地方。如果距离很大，则在这里直线 ae、bf、cg 与 dh 显得是水平的。如果把这个图形抬高，则终端 efgh 升高，而底部 abef 似乎有向上的坡度。在把图形放低时，则出现相反的现象。我们向右侧或左侧移动图形，也会看到类似的变化。在这里透视作用的各个原理得到了简明扼要的表达。

平面图形如果完全是由到处都正交的直线构成的，则显得几乎总是平面的。如果出现了斜交与曲线，则如图 30 所示，容易从平面里突现出一些线，我们可以毫不费力地把它们理解为曲页。如果像图 30 这样一个轮廓在空间中采取一定形式，并且我们把它视为一个表面的边界，则简言之，这个表面显得尽可能平坦，因此又显得偏离深度感觉的平均值最小①。

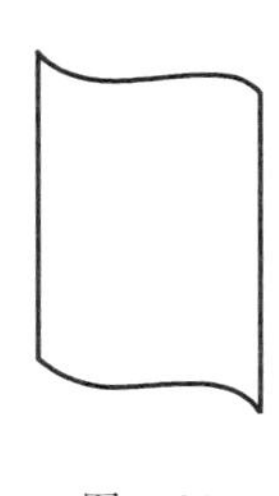

图 30

十三

那些在图形平面（或者在视网膜）上斜交的，因而彼此从图形平面（或者从垂直于视线的平面）突出的线，具有一种独特的相互作用，对于这种相互作用，我第一次借助于上述（第 171 页）名片单眼反演实验的机会作了观察。图 31 中的纸片向我凸出的边 be 处

① 在这里深度感觉又类似于一个空间中的势函数，在这个空间的边界上势函数得到规定。如果金属丝表现出来的或浸入肥皂溶液的所视空间轮廓会充满普拉梯欧液体膜，则这种尽可能平坦的表面并不与人们会获得的面积最小的表面重合。

于**垂直**位置，当我能像把书放到桌上那样，看见 be 是凹入时，纸片就放倒了，以致 b 显得比 e **更远**。如果我们有朝一日熟悉了这种现象，那么，我们几乎在任何对象上都能做出反演，而且后来我们总是能够随着**形式的改变**（翻转）而同时观察到客体**方向**（位置）的那种奇特的改变。特别令人诧异的是在透明对象那里形成了一种变化过程。假定 abcd 是桌子 tt 上的一个玻璃骰子的截面，o 是眼睛。在单眼反演中，棱角 a 移向 a′，而 b 紧挨着移向 b′，c 移向 c′，d 移向 d′。骰子看起来是以其棱角 c′斜置于桌子 tt 上。要更明显地形成这个图形，两个图像就不能彼此交错地加以描绘，而是先后相继地描绘出来的。一个部分地装着有色液体的玻璃酒杯，如果放到了骰子的位置上，当然也会连同其液体表面，有同样的倾斜位置。 183

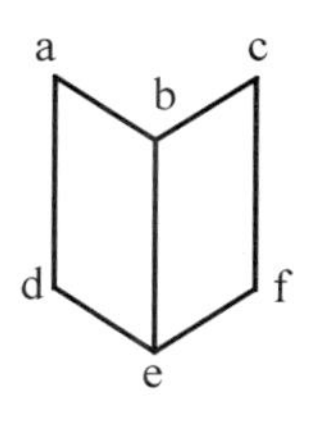

图　31

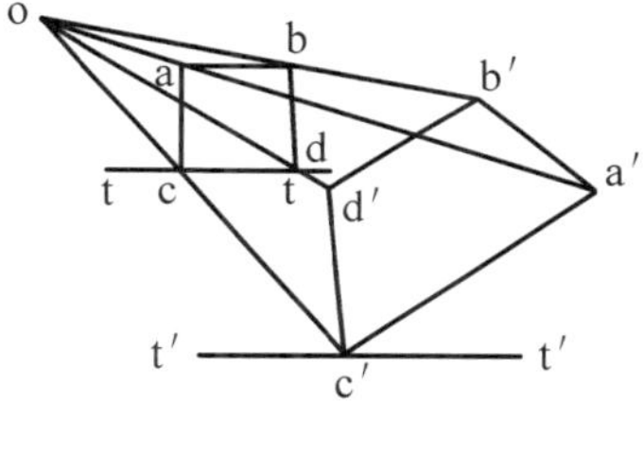

图　32

给予足够的注意，我们也会在任何直线图形上观察到这类现象。如果我们把图 31 中的纸片垂直叠放在我们面前，并且用单眼加以观察，我们就会看到，当 be 凸出时，b 则突起，当 be 凹入时，e 则突起，接近于观察者，并且 b 后退。勒卜[1]注意到，在这种情况下点 a，e 仍然在图形的平面上。实际上，这就使方向的变化成为可理解的了。如果我们作三条虚线（图 32a），设想这个在虚线三

① 勒卜：《论视觉反演》，人《普弗吕格文库》第 40 卷，1887 年，第 247 页。

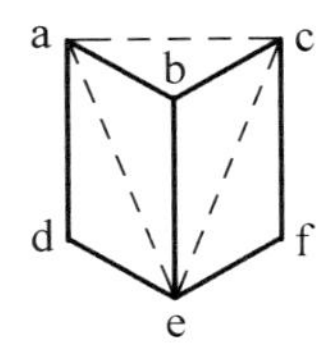

图 32a

角形之外很远的图形已经消去，在我们这里就会留下一个中空的或突起的三边棱锥体的图像，它的底在图形平面上。反演不再引起任何不可理解的方向变化。因此，事情似乎是这样的：**任何单眼所视的点都力求偏离开深度感觉的平均值**
184 **最小，整个所视对象力求脱离开赫林核心表面的距离最小，而这是在实验条件下可以达到的**。

如果我们注意平面直线图在单眼空间解释中所经历的变形，我们则可将这种变形从性质方面归结为下列原理：锐角的两边冲向图形的平面或垂直于视线的平面的两个对边，钝角的两边冲向同一个边。在这种情形下，锐角扩大了，钝角缩小了。一切角都力求变为直角。参看附录 15。

十四

这条原理表明，刚才所说的现象同策尔纳讲的幻视术以及其他许多类似现象有关。即使在这里，一切也是归结为锐角在表面上扩大与钝角在表面上缩小，只不过图形在所视**平面**中有变化。但如果我们靠单眼在**空间**中看这些图形，则幻视术消失了，接着出现的是以前所描述的那些现象。虽然这类幻视术现在已经从许多方面加以研究，但目前并没有完全令人满意的解释。如果全部探讨并未做出或已经夭折，我们当然不能同意这样草率的解释，例如说什么我们习惯于首先看直角。我们常常看到斜角的对象，而绝没有作任何人为的处置，例如在上述实验中，我们就看到静止倾斜的液体平面。不过，眼睛似乎宁愿看到一个斜角的物体有倾斜的液体平面。

我相信，表现于这些过程的基本力量在视觉器官的很简单的习性中有其根源，而这种习性几乎首先不是在人类文化中产生的。我曾经试图用一种类似于颜色对比的方向对比，来解释这些现象，185
但没有取得一个令人满意的结果。勒卜①、亥曼斯②等人的新近研究和赫夫勒③关于曲率对比的观察，现在却在说法方面很有利于对比理论。至少在最近时期，甚至拥护纯粹生理学解释的倾向也得到了决定性的增长④。

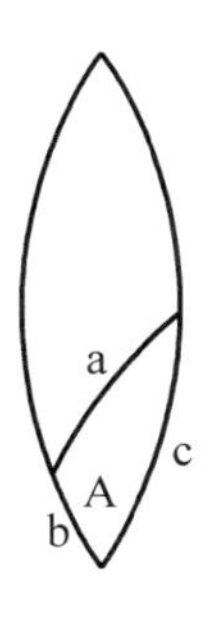

图　33

经济原理对我来说在策尔纳讲的幻视术方面也显得毫无启发性。对取得成就能提供某种更大的希望的似乎是概率原理。我们设想视网膜是完整的圆球，眼睛在空间里固定在角 a 的顶点。通过眼睛的中心和角的两边而把这两个边投射到视网膜上的平面，在视网膜上割出一个具有角 A 的球截形，它代表**单眼**映象的角。可能对应于同一个任意的 A 的，现在有 a 在 0°与 180°之间的无数的值，像我们考虑对象的角的两边在上述投影平面可能采取任一位置时看到的那样。因此，可能对应于**所视**角 A 的是**对象的**角 a 的一切值，当我们令三角形边 b 与 c 的任何一边在 0°与 180°之间变化时，这一切值就都得出来了。

① 勒卜：《普弗吕格文库》，1895 年，第 509 页。

② 亥曼斯：《心理学与感官生理学杂志》，第 14 卷，第 101 页。

③ 赫夫勒：《心理学与感官生理学杂志》，第 12 卷，第 1 页。

④ 维塔塞克：《心理学与感官生理学杂志》，第 19 卷，第 1 页。

在这里，假定计算是以一定方式进行的，得出的实际结果就是：对应于所视锐角的是作为最可能的对象的较大的角，对应于所视钝角的是较小的角。然而我不能断定，那些被我们倾向于认为在几
186 何学上同样可能的情况是否也可以视为在生理学上是同样可能的，这个问题也许是本质的与重要的。在我看来，整个考察方式也具有过分人为的性质。

十五

在这里不能不提到，施特尔（A. Stöhr）曾经试图从崭新的观点出发获得关于上述现象的解释。对于指引施特尔的一般考虑，我必须完全表示同情与同意。但他的假设是否符合于实际上可以证实的原理，我至今都不可能作出肯定的判断。他所假定的关系也是很复杂的，以致如果不重新就这个领域本身通盘进行实验，就难以对这个问题作出判定。因此，我不知道施特尔的观点是否在一切地方都足以作出解释。他的一部早期著作①假定，对应于眼睛在视网膜前的折射映象的是视网膜中的反射映象，反射映象的浮雕与视网膜的深度成比例。视网膜的深度也许同时是视觉空间深度的决定因素和眼睛调视活动的调节因素。实际上，我总是反躬自问，究竟什么东西决定调视活动变化的感觉，因为这种变化不能取决于色散圆圈之单纯大小，收敛与调视之间的联系也仅仅是松散的联系，而一只眼睛也可以是自调的。另一方面，许多观察都与

① 《深度视觉的先天论探讨》，维也纳 1892 年。

这种观点相对立，说调视对深度感觉失去了价值。昆虫眼睛的视网膜很厚[①]，这又表明浮雕知觉可能与视网膜的某种功能有关。

在他的后来的两部著作[②]中，他以这个观点为基础，进一步作了论述。其中的第二部著作以具有较多的生理学意义的形式，提出了舍夫勒的观点。盛行的观点认为，或多或少偏离开对应部位 187
的部位映象融合为统一的印象，施特尔觉得这种观点是不能令人惬意的。他写道，"什么地方会有一种扳道工，他不仅以非凡的方式，而且也以合乎目的的方式安排变化，使一对不熟习的导线轨道能把两个刺激在中枢器官里联合起来呢?"他假定，双眼的视网膜为一种求力达到**最小限度**的光刺激的活动所支配，因而希望达到不同映象之**相等**。神经要素刺激睫状肌，其方式不仅是完全均匀的、合乎规则的，而且根据需要，也是很不均匀的。睫状肌之合乎规则的收缩，引起晶状体之更大弯曲和视网膜之微小收缩。在这里如果视网膜要素带有其位置值，则同一视网膜映象就会显得增大。这样，按照施特尔的看法，我们就可以理解，潘诺慕的比例圆圈系统(以至半径比例 4∶5)之所以被看成**简单**的与具有**平均**数的，是由于双眼彼此与**同一**视网膜部位之适应。施特尔交替地用红点描绘一个圆圈系统，用绿点描绘另一圆圈系统，使得在双眼复象中红点表现于绿点之间，从而证实各个圆圈系统的融合并非由于压迫一个映象所致。睫状肌的不均匀收缩现在被认为引起一些不同的

① 艾克斯纳:《复眼生理学》，维也纳 1891 年，第 188 页。

② 《对策尔纳幻视术的解释》，维也纳 1898 年;《双眼图像混合与幻视术》，维也纳 1900 年。

结果：首先是晶状体随着光束折射顶点的各种位移而产生的不规则变形，从而出现折射映象与反射映象的浮雕的变化，其次是视网膜的各种最小限度的变形。施特尔相信详细的计算能说明他的观点的可能性，观察者对**缺晶病眼**的研究能证实他的前提的真实性。
188 无论如何，他的理论已经引导他做出了令人惊讶的实验，例如，在体视镜中直线的弯曲，因而他的理论值得重视。不过，虽然对于他把眼睛及其各个部分视为**活**有机体的观点我颇表同情，但我还不能相信他的假定就到处都足以解释很复杂的空间视觉情况[①]。

施特尔同生理光学传统相去甚远。艾克斯纳与毕尔的生理学研究[②]就美好的、值得注意的成果作了充分比较，已经使我们认识到眼睛具有物理学家几乎不可能 a priori〔先验地〕猜想到的很复杂的有机装置，从这时起就压根儿不可能有什么理由，不去准确检验施特尔的理论了。也许施特尔的思想虽然在人的眼睛上得不到应用，但在别的视觉器官上能得到应用。参看附录 16。

在看东西的时候眼睛里还有一些需要研究的变化过程，这从许多现象来看是可能的。具有明显体视差别的体视图像，在长期加以注视时，还显示出一个有不断异常增大的浮雕，尽管融合过程似乎早已完成。在精细的、光滑的和平行的直线系统上，有人观察到了波状的弯曲与起伏，并以某种独特的方式，把它们归因于不足

---

① 在这以后还出版了 A. 施特尔《心理生理光学的根本问题》(莱比锡与维也纳 1904 年)，上述问题在这里得到了进一步的讨论。

② Th. 毕尔：《鱼眼的调视》(《普弗吕格文库》第 58 卷第 523 页)；《动物系列中眼睛的调视》(《维也纳临床周报》1898 年第 42 号)；《论原始视觉器官》(同上书，1901 年，第 11、12、13 号)。

以解释这样精细的直线的视网膜嵌合体。但是在能够看得很清楚
的、绝非微观度量的直线系统上，我加以不断观察，也总是看到这
种现象。因此，事情确实与视网膜嵌合体无关。我宁可相信，通过
努力，例如通过施特尔意义上的微小位移，就使空间的量值陷入某 189
种无序状态[①]。

十六

平面图形的幻视容易转化为平面图形的单眼空间视觉，这种情况就很有助于对那种幻视作出进一步的解释。下列事实加强了这个推测。一个平面直线图用单眼来看，通常显得是平面的。但如果我们改变角度，并引入运动，则任何这样的图形都会立刻向深度伸张。这时我们通常看到的是一个正在转动的固体，就像我在以前的一个场合[②]描述过的那样。尽人皆知的利萨如(Lissajous)振荡图在相差变更时，似乎是处在一个转动的圆柱体上，这给上述过程提供了一个很好的例证。

我们在这里可以又指出对待固体的习惯。实际上在我们周围经常有一些正在转动与变向的固体。诚然，我们在其中运动的整个物质世界在某种程度上就是一个固体，我们不借助于固体，一般就得不到**几何**空间观念。我们通常也不注意物体的各个点在空间

① 《论空间上分布的光刺激的生理学作用》，载《维也纳会刊》，第二部类，1866 年 10 月，单行本第 7、10 页。

② 《对单眼体视镜的观察》，载《维也纳科学院会刊》(1868 年)，第 38 卷。

中的位置，而是直接把握物体的量纲。在这里对于未经训练的人
190 来说主要是存在着作出透视图的困难。习惯于**观看**物体的真实大小的儿童，不能理解透视中的尺寸缩短，而更多地满足于简单的正视图和侧面图。我能很清楚地回忆起这种情况，并通过这种回忆理解古代埃及人的图画，这些图画尽可能描绘一切物体部分的真实大小，因而仿佛把这一切部分都压到了图形平面中，就像把植物压为标本一样。甚至在庞培人的墙画上，我们也遇到了一种害怕缩短尺寸的明显痕迹，虽然在这里透视感已经是清楚的。反之，古代意大利人则按照他们的实际了解的感受，而往往沉湎于过度的、有时甚至很不像样的尺寸缩短，这种缩短有时需要眼睛作出相当可观的努力。

十七

因此，毫无问题，观看突出点距离固定的固体对我们来说要比分辨深度**熟习**得多，而分辨深度总是通过有意的分析才作出的。所以，我们可以预期，凡在感觉群集借助连续过渡与共同颜色特点融合为**统一整体**，显示空间变化的地方，这种变化都偏向于被看成**固体**的运动。但我必须承认，这种看法并不令我满意。倒不如说，我相信即使在这里视觉器官的基本习性也是基础，这种习性并不是通过自觉的个人经验产生的，而是相反地减轻了我们把握固体运动的活动。例如，假使我们认为，我们所注意的视觉群集横断量纲的任何**缩小**都力求引起纵深量纲的相应**扩大**，或纵深量纲的任何扩大都力求引起横断量纲的相应缩小，那么，这个过程也许就完

全类似于我们在上文设想的(第 163 页)、可以同能量守恒相比的
过程。这种观点肯定简单得多,并且同样足以作出解释。而且这 191
也能够使我们更容易设想这样一种基本习性是怎样获得的,它如
何在有机体中得到表现,它的性状会怎样加以遗传。

我想在这里再作另一种观察,作为对视觉器官呈现给我们的固体转动的补充。如果我们在桌上转动一颗鸡蛋或表面黯淡均匀的椭体,不过不是绕着转动物体的轴旋转,而是作颠簸运动,我们在用单眼观察时就会相信在我们面前有一种流体,一个大的振动的水滴。如果让长轴在水平面上的鸡蛋绕着垂直轴作适度的迅速转动,这种现象则更其令人注目。如果鸡蛋的表面带有斑点,我们能用眼追踪表面的运动,这种印象就立刻消失了。这时我们看到的就是转动的固体。

本章所作的解释确实还很不完备,但我相信,我的论述会引起和开创关于上述现象的更精确、更深入的研究。

第十一章　感觉、记忆和联想

一

192

从以前的研讨来看，毫无疑问，单纯的感觉不可能确立什么心理生活，哪怕它仅仅在很低的程度上类似于我们的心理生活。当感觉在消失以后被立刻遗忘时，只能出现心理状态的毫无联系的嵌合体与系列，就像我们在最低级的动物与最低等的白痴身上必须假定的那样。在这个阶段，那种不是作为剧烈的运动刺激起作用的感觉，例如疼痛感觉，是难以引起注意的。例如，观看一种颜色鲜艳、形状如球的物体，如果它不补充以我们对气味与滋味的回忆，简言之，不补充以我们对水果的属性和用水果构成的经验的回忆，它的景象就会像在“心理盲”状态中看到的那样，依然无法理解，并且索然无味。回忆的保存、联系和相互唤起的能力，即记忆与联想，乃是发达的心理生活的基本条件。

二

那么，什么是记忆呢？心理体验留下心理痕迹，但是也留下肉体痕迹。烈火烫过或马蜂蜇过的儿童，也在肉体方面有完全不同

于缺乏这类经验的儿童的举止。因为心理的东西与肉体的东西一 193
般仅仅是由考察方式区别开的。然而，要在研究无机东西的物理学所讲的现象中发现一些近似于记忆的特点，也是很难办到的。

在研究无机物的物理学中，一切似乎都取决于当前的环境，而过去则似乎是完全没有影响的。物体的加速度是由当前的力给定的。钟摆无论是在作第一次摆动，还是在过去已经另外作过 1000 次摆动，都是同样摆动的。H 无论以前是与 Br 化合的，还是与 J 化合的，都以同一方式现在与 Cl 化合在一起。当然，在物理学领域里也有一些情况，过去在这些情况中明显地表现出了自己的影响。地球告诉我们它以前的地质史。月球也告诉我们它以前的地质史。我在聚斯(E. Suess)那里曾经看到一块岩石带有一组十分奇特的、全等而平行的裂纹，他以颇为有理的方式把这些裂纹解释为史前地震图录。

可以说，电线在相当长的时间里都会显示出它所经受过的任何扭转。任何电火花都是个体性的东西，并且受以前放电的影响。莱顿瓶的绝缘层保存着以前充电的历史。

如果我们考虑到我们在物理学中往往把所要考察的情况作极度的理想化与图式化，而以最简单的环境为前提，表面的矛盾就解决了。如果我们假定的是一种数学上的钟摆，则一千次摆动诚然与第一次摆动是一样的，这里没有过去的什么痕迹，因为我们恰恰撇开了过去。但现实的钟摆却消耗着它的齿口，由于外部与内部的摩擦而发热，严格地说，没有任何一次摆动与其他摆动是相同的。电线的任何第二次、第三次扭转，都会有某种不同于它以前曾经有过的结果。如果我们在心理学中也可能作同样的图式化，我

194 们就会得到这样一些人，这些人有同一的行为，绝不会被看出有个
人体验的影响。

实际上，任何心理过程也像任何物理过程一样，留下了自己的不可磨灭的痕迹。在这两个领域里都有**不可逆的**过程，无论是熵增大，还是感觉到那种业已破坏而又恢复的友谊的纽带。任何现实的过程至少都包含着一些不可逆的成分。

三

我们会有理由说，过去的痕迹还远非记忆。实际上，由于类似性变得更大，过去的过程必定会由于轻微的推动而重新出现。演奏良好的旧小提琴、莫塞尔的嘘气电象以及留声机都是某种很好的例证。唯独小提琴与留声机必须用外力加以演奏，而人及其记忆则由自身演奏。因为有机生物绝不是静态的物质系统，而在本质上是“物质”流与“能量”流的动态平衡形式。这些流对动态平衡状态的偏离形式，乃是一些每逢引入以后始终按同一方式重复的形式。动态平衡形式的这些变化，无机物理学还很少研究过。水流由偶然环境引起变化，然后则保持不变，就是一个极粗略的例证。如果我们把水龙头拧到涓滴静流的程度，那么，偶然的冲击就足以破坏其不稳定的平衡，而引起持续的有节奏的滴流。我们可以把一条长链从它盘放到一起的容器中取出，盘过滑轮，按杠杆的方式，吊入更深的管道里。如果链条很长，水平差距很大，速度就会变得相
195 当重要，而且大家知道，这时链条就具有在空中长期自由保持人们
给定的任何弯度并以这种形式下垂到底的特点。所有这些例证都

是关于重复过程及其序列的有机可塑性的简略类比。

以上考察想要表明，有关记忆的**物理学**理解虽然**不是不可企及的**，但我们现在还离作出这种理解**很远**。毫无疑问，物理学在能胜任这项任务之前，还必须通过对有机体的研究，在很大程度上开阔自己的眼界。记忆的**丰富性**无疑是以器官的相互作用和联系为基础，但我们认为连记忆的残迹也必定有基本的机制。并且在这里我们只能设想，器官中的任何**化学**过程都会留下有利于再现这类过程的某些痕迹[1]。

四

大家知道，在心理学里**有些关于联想的规律**被认为具有突出的重要性。这些规律可以归结为一条唯一的规律，它的含义是：在两种突然同时并发的意识内容 A 和 B 中，一种内容在出现时，也唤起另一种内容。实际上，认识了这种总是重复的**根本特点**，就很容易理解心理生活。在简单的经验回忆和认真的职业工作中，在自由幻想或白日做梦中，思想过程的差别是容易靠伴随的环境理解的[2]。然而，要把**一切**(第 165 页)心理过程都归结为个人生活时 196
期获得的联想，也许是一个错误。无论在什么发展阶段，我们都遇不到作为一种 tabula rasa〔白板〕的心理东西。除了后天获得的联

① 奥斯特瓦尔德以他的催化观念为基础，关于记忆的化学理论做过一次大胆的试验。参看他的《自然哲学讲义》，1902 年，第 369 页以下。

② 《认识和谬误》，1905 年，第 29 页以下。

想以外，我们必须至少也承认先天就有的联想。先天的冲动[①]必定会在内省的、限于自身的心理学领域表现为先天联想，而在生物学领域归结为先天**有机联系**，尤其是神经联系。因此，最好是探究一切联想[②]，包括个人后天获得的联想，是否不依赖于先天的或由使用而得到加强的联系。但无论如何，我们也必须考虑，那些在高度分化的有机体里给自己的联系形成了固有途径的过程是否就不是**原始的**、已经在低级有机体里存在的东西，这些过程的不断汇合是否不导致那些途径的形成[③]。诚然，一门合理的心理学不能满足于暂时的联想。它必须考虑到，也存在着**现成的**联系途径。于是，我们也就必须承认**自发的**、不是通过联想出现的心理过程是可能的，这些过程刺激神经系统中各个相邻的部分，在比较强烈时也扩大到整个神经系统。一方面的幻觉与另一方面的反射运动就是
197 感觉运动领域里的例证，可以对应于这类例证的是其他领域的类似例证。

① 性冲动的最初表现极其令人注目，因为它们是在心理生活与观察能力充分发展的时期出现的。一位完全值得信赖、非常热爱真理的人告诉我，他在十六岁时作为纯洁无邪、没有经验的少年，突然有了显著的生理变化，这种变化是他在看一位袒胸露肩的女士时令人惊奇地感觉到的，他曾经以为这是一种疾病，并请教过一位同事。这些对他来说是全新的感觉与感受的整个复合，突然显示出来，一般就有附加的强烈恐惧色彩。

② H. E. 齐格勒(Ziegler)：《动物生理学与比较神经生理学的理论》，载《生物学中央丛报》，莱比锡，1900 年，第 20 卷第 1 号。

③ 如果我们以为生命有机体是许多化学成分相变的动态平衡状态，其中一个成分的破坏一般也干扰其他成分，那么，我们就不仅可能希望用化学理解记忆，而且也可能希望用化学理解联想。参看本书第 195 页注 1 与第 82 页正文。

五

关于中枢神经系统各部分相互作用的观点，就像勒卜依据自己的著作[①]和戈尔茨与埃瓦德的著作解说的那样，似乎面临着一种值得注意的变化。从这种变化来看，动物的向性并非在本质上不同于植物的向性，而动物的神经也仅仅是有迅速传导刺激的优点。神经系统的生活被归结为环节反射，运动的协调被归结为相互兴奋与传导刺激，本能被归结为链条反射。例如，青蛙的捕捉反射引起吞咽反射。被视为安排环节的，并不是复杂的有机中枢，而是脑本身。在这一切观点中，就我所能判断的而言，包括着一种幸运的和重要的努力，即摆脱那些无谓纠缠的、贯彻形而上学的假定。只不过我不能同意勒卜，他认为他在达尔文的本能系统发育研究中看到一种片面错误的方法，这种方法似乎应该抛弃而代之以物理化学的研究。诚然，这种研究并不在达尔文的视野之内。但正因为如此，他就对他的独特伟大发现获得了自由的鉴别能力，而这些发现是任何作为物理学家的物理学家不可能作出的。我确实在一切可能的地方，都力求达到物理学的理解，达到对于直接（因果）联系的认识。但远非在任何地方似乎都能达到这种地步。
在这样的情况下放弃其他富有成果的、总可以视为暂定的观点，无 198
论如何会是另一种具有很严重后果的片面性。像勒卜说的，蒸汽

① 勒卜：《脑的比较生理学》，莱比锡 1899 年。

机**只**能从物理学方面加以理解[①]。但只有个别的、特定的蒸汽机是如此。而当问题在于理解蒸汽机的现代**形态**时，物理学的理解则是不充分的。整个技术文化与社会文化的历史，包括地质学的前提，都必须加以考虑。这些成分中的每个个别成分，确实归根到底可以从物理学方面来理解，但在远未达到这个地步时，我们也得到了启迪。

六

如果我设想，在我有感觉时，我本人或另一个人可用全部物理化学手段观察我的脑，则有可能查明一定种类的感觉是受有机体的哪些过程的制约。于是，感觉在何种限度上存在于有机界，最低等的动物是否有感觉，植物是否有感觉这些经常提出的问题，也可以至少按照类比方法，更接近于得到解决。只要这个课题连在一个唯一的特例中都没有解决，对那些问题就无法加以判定。有时人们甚至于问（无机）“物质”是否有感觉。如果从经常流行的物理学观念出发，认为物质是**直接地**和无疑地已有的**实在东西**，一切无机物和有机物都由它构成，则这个问题是自然而然的。这样，感觉就必然或者是在这种结构中以某种方式突然发生的，或者是从开始起就存在于基础中。但从**我们的**观点来看，这个问题却是一种颠倒。对我们来说，物质并不是第一位的已有的东西。倒不如说，这种东西是一些要素（它们在某种已知关系中被称为感觉）。凡是

① 勒卜，上引书，第130页。

对个人能有意义的科学课题，都涉及查明各个要素的相互依存关系。连我们在日常生活中称为物质的东西，也是一定种类的要素 199 联系。因此，物质是否有感觉的问题也许可以表达为：一定种类的要素联系（这些要素在某种关系中也总是感觉）是否有感觉。这个问题绝没有人想用这种形式提出来[①]。能使我们感兴趣的一切东西，必须在密切注视这个一般课题的情况下得出来。如果动物有感觉的假定使得从感觉方面观察到的动物行为**更容易理解**，我们就问动物是否有感觉。但问晶体是否有感觉，则没有任何实际意义与科学意义，这类感觉对于从感觉方面完全确定的晶体行为给不出任何进一步的解释。

① 参看《通俗科学讲演集》，第 3 版，1903 年，第 242 页。

第十二章　时间感觉[①]

一

200

研究时间感觉要比研究空间感觉困难得多。许多感觉都是与其他感觉一起出现的，而唯独不与明显的空间感觉一起出现。但时间感觉却伴随着任何其他感觉，而不能全然与之分离。因此，我们在研究中指出了要注意时间感觉的**变化**。与这种心理学难题相关的还有另一难题，即那些与时间感觉相结合的生理学过程还很少被人知晓，要比对应于其他感觉的过程更加深邃，更加隐蔽。所以，我们的分析主要限于心理学方面，而不像在其他感觉领域里至少部分地可能做到的那样，也研究物理学方面。

要素的时间次序在我们心理生活中所起的重要作用，几乎不必特别强调指出。这种次序差不多比空间次序更重要。时间次序的颠倒比空间形式的上下颠倒在更大的程度上歪曲了一个过程。

---

① 我在这里所持的立场，与我的《耳朵时间感觉研究》所持的立场（《维也纳科学院会刊》第51卷1865年）只有很小的差别。关于我在1860年就已经开始的这个早期尝试的**细节**，我在这里不想赘述。这里也不可能讨论米曼（Meumann）、闵斯特堡、舒曼（Schumann）、尼科尔斯（Nichols）、赫尔曼等人的著作所提供的丰富材料。参看：斯克里普彻《现代心理学》，伦敦1897年，第170页；《认识与谬误》中的补充论述，1905年，第415页以下。

时间次序的颠倒简直造成一种不同的新经验。因此，言语与诗词 201
中的词汇只能在体验到的次序中再现出来，而不能在它们一般具有迥然不同的意义，甚至丝毫没有意义的那种颠倒次序中再现出来。如果发音颠倒或留声机倒行使整个声音次序都出现颠倒，我们就再也认不出言语中的各个词组了。特定的回忆只与词汇中的特定声音次序相结合，只有特定的回忆对应于词序按一定次序被唤起时，这些回忆才联合到一起，产生出特定的意义①。但声调的次序和简单的格律——其中习惯与联想无论如何起着很小的作用——也会因为时间次序的颠倒而无法辨认。关于很基本的表象或感觉，它们的时间次序本身构成它们的回忆映象的一个部分。

如果我们把时间理解为感觉，则在一个按 ABCDE 行进的序列中，某个环节，例如 C，单纯引起对后继环节的回忆，而不引起对先行环节的回忆，这就不令人诧异了。诚然，对一座建筑物的回忆映象并不是随着屋顶向下翻转而突然浮现出来的。此外，器官 B 是在器官 A 之后被刺激得兴奋起来，还是相反，这似乎也不是没有差别的事情。这里可能有一个生理学问题，随着这个问题的解决，才有可能在确定意义上完全了解再现系列过程的基本心理学事实②。与这一事实可能有联系的是，兴奋分别按照它进入有机 202
体的那个出发点，沿着完全不同的途径传播自己，就像第 76 页的

① 参看瓦拉舍克(R. Wallaschek)《表象的心理学与病理学》，莱比锡 1905 年，尤其是它的“整体与其部分”一章，第 15 页以下。

② 也许，神经要素不仅带有永远天生的向极性，就像蛇的肠腔与肌肉组织的向下波动、电流的向性现象可能显示的那样，而且也能够有暂时获得的极性，就像记忆时间序列的保存、实地训练的活动表现的那样。参看勒卜与麦克斯韦：《电流向性理论》，《普弗吕格文库》，第 63 卷，第 121 页；勒卜：《脑的比较生理学》，第 108 页以下。

考察与图 12 关于物理情况解释的那样。甚至在一个完全均匀的原等离子体中两个兴奋从两个等距离的点出发，均匀地扩散时，它们也会在后来受到刺激的点上密切会合起来。因此，刺激的次序甚至在最简单的情况下也不可能是无差别的。

假定在律音 C 之后的是律音 D，则这里得到的印象完全不同于在 C 跟着 D 时得到的印象。造成这种情况的原因主要在于两个律音本身，在于它们的相互作用。这是因为，如果我们把两个律音之间的休止期作充分的延长，我们就完全不再可能分辨这两种情况。我们在颜色的序列中，或一般在任何种类的感觉的序列中也能看到类似的情形。但是，如果在律音 A 之后的是一种颜色或气味 B，则我们总会知道，B 是在 A 之后来的，在这里，A 与 B 之间的休止期的度量也在本质上完全不受它们的性质的影响。因此，必定还有一种过程，它不受感觉性质变化的影响，完全不依赖于这种变化，而且我们可以用它来度量时间。我们确实能用完全异质的感觉，诸如各种律音、颜色、触觉印象等等，造成一种节奏。

二

因此，一种确定的、特殊的时间感觉的存在，在我看来是毫无疑问的。两个彼此并列而律音序列迥然不同的节拍有同一节奏，这是直接识别出来的。这并不是理智或思考的事情，而是感觉的

事情。正像我们能看到**空间形式相同**而颜色各异的物体一样，我们在这里也察知两个**时间形式**相同而音色各异的律音形成物。正像我们在一种情况下直接察觉出相同的空间感觉组成部分一样，我们在这里也觉察出相同的时间感觉组成部分或节奏的相同。

当然，我们主张直接的时间感觉仅仅存在于**很短的**时间里。我们对较长的时间的判断与度量，是通过回忆其中发生的过程作出的，因而也就是通过把它分解为我们能直接感觉到的极小部分作出的。

三

203

当我听到若干次完全类似的打钟声时，我就辨别第一次、第二次、第三次等等。作出这种分辨的标志的也许正是与打钟结合在一起的随想或其他偶感吗？我并不相信每个人都愿意认真坚持这个看法。如果这个看法是真的，我们的时间度量会多么不确实可靠呵！如果那偶然的想法与感觉的背景从记忆中消失了，我们的时间度量会变成什么呢？

当我思考某种东西时，我所不注意的钟表却在打钟。在它打过点以后，能使我感兴趣的事情是计算打钟的次数。实际上，在我的回忆里清楚地浮现出一次打钟、两次打钟、三次打钟、四次打钟，这时我把自己的注意力完全倾注于这种回忆，正因为如此，我在打钟时思考过的东西就在那个瞬间从我这里完全消失了。我能凝神注意打钟的假想背景在这时对我是不存在的。因此，我是靠什么把**第二次**打钟同**第一次**打钟区分开的呢？我为什么不把所有这几

204 次打钟都视为一次打钟呢？因为每次打钟都与一种和它同时浮现的特殊时间感觉结合在一起。同样，我也靠一种特殊的时间感觉，把回忆映象与我幻想的产物区分开，而这种时间感觉并不是当前瞬刻的时间感觉。

四

既然我们只要有意识，就总是有时间感觉，所以，很可能时间感觉是与那种必然同意识结合的有机消耗相联系的，我们感觉到注意力所做的功是时间。在努力注意时，时间对我们变长，在轻松工作时，时间则对我们变短。在知觉不敏的状态中，当我们几乎不注意我们周围的环境时，时间飞快地过去了。当我们的注意力完全用尽时，我们就入睡了。在不做梦的睡眠中也缺乏时间感觉。在昨天与今天之间通宵熟睡，昨天只是通过理智的纽带同今天联结起来，而不顾及不变的共同感受。

我已经在以前的场合指出，物种相同而大小不同的动物可能有不同的时间度量[①]。但随着年龄的增长，时间度量也就似乎改变了。与我少年时期的白昼相比，现在的白昼对我显得多么短促！当我回忆起我在少年时期看过的天文钟的报秒时，这种报秒现在对我显得业已明显加快。我的生理学时间单位已经变大，这个印象我是无法摆脱的。

只要我在醒着，意识器官的疲乏程度就在不断地提高，而注意

① 《耳朵的时间感》，第 17 页。

力所做的功也在同样不断地增长。与注意力所做的较大的功相结合的感觉对我们表现为较晚出现的感觉。

正常的与非正常的心理现象看来都很符合于这种观点。因为 205
注意力不能同时在两种不同的感官上延伸，所以它们的感觉不可能由于注意力所做的功绝对相等而会合到一起。因此，一种感觉显现得比另一种感觉较晚。但根据同样的理由，也可以在同一感觉领域看到所谓天文学家的个人视差有这样的类似现象。大家知道，在肉体方面较晚发生的视觉印象在某些情况下却可以显现得较早。例如，外科医生在抽血时看到的，首先是血液的流出，然后才是刺针的插入[①]。德沃拉克（Dvorak）在几年前按我的希望所做的一系列实验里表明，这种关系是可以随意确立的，因为注意力凝视的对象（甚至在实际迟滞 1/8—1/6 秒时）也显现得比间接看到的对象较早[②]。很可能，外科医生的已知经验能用这种情况加以解释。但注意力从它所凝视的地点转向另一地点需要的时间，则可由我提出的下列实验来表明[③]。两个深红色正方形，边长 2cm，相距 8cm，放在黑色背景上，在完全黑暗的状态中用眼睛看不到的电火花来照明。直接看到的正方形显得是红色的，间接看到的正方形则显得是绿色的，并且往往颜色

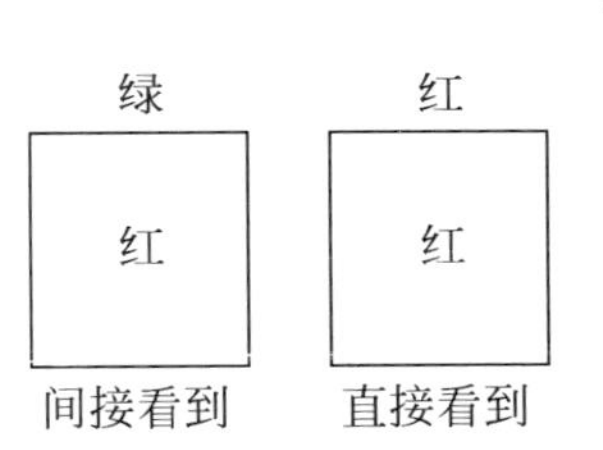

图　34

① 参看费希纳：《心理物理学》，莱比锡 1860 年，第 2 卷第 433 页。

② 德沃拉克：《论两眼的个人视差与两眼的视网膜部位的类比》，载《波希米亚皇家科学社会刊》（数学自然科学类），1872 年 3 月 8 日。

③ 德沃拉克在上引书中所作的报道。

很深。因此，迟滞的注意力已经在普尔基尼正后像的发展阶段中
206 发现了间接看到的正方形。带有两个相距较近的发红斑点的盖斯勒管，在个别放电的过程中也显示出同样的现象[①]。

在细节方面我必须援引德沃拉克的论著。特别有趣的是德沃拉克关于不同时的印象的体视（双眼）组合所做的实验[②]。新近的这类实验是由桑福德(Sandford)[③]和闵斯特堡[④]做出的。

五

我已经反复观察了这方面的一种有趣现象。我曾经坐在我的房间里潜心工作，在隔壁的房间里则在做爆炸试验。这时通常会出现一种现象，即我首先悚然惊颤，然后才听到爆炸声。

因为在梦境中注意力特别迟钝，所以在这种情况下就出现了极其奇怪的记错日期的现象，并且我们每个人都有做这类梦的经验。例如，我们梦见一个对我们进行袭击和开枪的人，我们突然惊醒，但察觉到造成这整个梦境的却是一个东西。这时我们可以合理地假定，声音刺激同时进入了不同的神经通道，在这里不论次序怎么颠倒，都会被注意力遇到，就像我们在上述观察中首先察觉一般的兴奋刺激，然后才察觉爆炸的响声。当然，在许多情况下，假定感官感觉交织到过去已经存在的梦象中，也足以作出解释。

---

① 亥曼斯教授最初并不想做成这后一实验，但后来相信了我的陈述的正确性。

② 上引书，第 2 页。

③ 桑福德：《美国心理学杂志》，1894 年，第 6 卷第 576 页。

④ 闵斯特堡：《心理学评论》，1894 年，第 1 卷第 56 页。

六

假如有机体的消耗或疲乏素的积累可以被直接感觉到，则我们一定可以预料在梦境中有时间的倒退。如果消耗与补偿的过程被理解为庖利意义上(参看第56页)的不同道路，这种困难就不存在的。梦中的古怪事情几乎全部可以归结为有些感觉与表象根本没有进入意识，而另一些感觉与表象进入意识则太难、太晚。联想的惰性是做梦的一个根本特点。理智往往只是部分地入睡。我在梦中与早已死去的人作很合理的交谈，但并未回忆起他的死亡。我向一位友人谈到第三个人，而这位友人本身也是我所谈到的人。我在梦中思考一个梦，就它的古怪的情节认出它是梦，而同样又不对它感到困惑。我曾经很逼真地梦见一个磨坊。水离开磨坊，向下流入一条倾斜的渠道，并且就在磨坊的旁边，又向上流入另一条同样倾斜的渠道，进入磨坊。我丝毫未曾因而感到困惑。当我对空间问题颇有研究时，我梦见在森林中散步。我突然察觉树木的透视位移有缺陷，并就这一点认出自己在做梦。但立刻也出现了位移下落不明的现象。在梦境中我看到我的实验室里有一个盛满水的烧杯，蜡烛在其中静静地燃烧。我想，"蜡烛是从什么地方得到氧的呢?""氧是在水中吸收的"。"燃烧的气体到哪里去了呢?"水中的火焰向上冒气泡，我也不感到困惑。罗伯特(W. Robert)[①]作过出色的观察，他发现，主要是一些知觉与想法在白天受到干

① 罗伯特:《论梦》，汉堡1886年。

208 扰，未被推勘到底，而在梦中不断交织到一起。实际上，我们经常在早先白天的体验中就可以找到梦中的各个要素。所以，我几乎肯定能把关于水中灯火的梦归结为我演讲时用水下电炭火所做的实验，把关于磨坊的梦归结用第 117 页图 18 中的装置所做的实验[1]。在我的梦里视觉幻象起着主要作用。我很少做关乎声音的梦。然而我清楚地听到梦中的交谈、铃响与音乐[2]。任何感觉，甚至味觉，都会在梦里起作用，即使更为罕见。因为在梦中反射兴奋有很大提高，而良知由于联想的惰性有很大削弱，所以人在梦中几乎能犯任何一种罪行，而在苏醒阶段则会经受极大痛苦。谁让这样的体验影响自己，谁就会严重怀疑我们讲求公平的方法的正确性，这种方法就在于用另一种不幸来改善一种不幸，用令人愤慨、周密蓄谋、残酷无情和威严庄重的方式，把另一种不幸加到一种不幸上。我不想放过给读者推荐曼纳欣(M. de Manacéine)的优秀著作的机会[3]。第 165、195、196 页关于用暂时联想解释心理生活的不足之处所说的，也适用于做梦。还应补充说明，觉醒意识久已忘却的东西的最轻微的痕迹，对健康状况与心理情绪的最微小的干扰——它在忙碌的白天退居次要地位——都能在梦中发挥作用。杜·普莱尔(Du Prel)在其《神秘主义哲学》里(1885 年第 132 页)用富有诗意而又真实无误的方式，把这个过程与日落后天空星辰微照的可见过程加以比较。这本书包含着许多值得注意的深刻

① 《热学原理》，第 2 版，1900 年，第 444 页。

② 沃拉舍克：《音乐记忆》，载《音乐科学季刊》，1882 年，第 204 页。

③ 戴·曼纳欣：《睡眠，它的生理学》，伦敦 1897 年。

见解。正是那种把自己的批判眼光指向最近可以探讨的对象的自然科学家，读这部书会感到高兴，得到好处，而不会由于作者的倾向，对光怪陆离、神奇莫测与异乎寻常的现象迷惑不解。 209

七

如果时间感觉是与有机消耗的不断增长相结合的，或者说，是与注意力所做的功的同样不断增长相结合的，则可理解为什么生理学时间正像物理学时间一样不是可逆的，而是只能在一个方向上流逝。有机消耗与注意力所做的功在我们醒着时，只是增长，而不减少。两个彼此并列的、对眼睛与理智表现出对称性的节拍，绝没有在时间感觉方面显示出任何相同东西。一般说来，在节奏与时间领域绝没有什么对称。

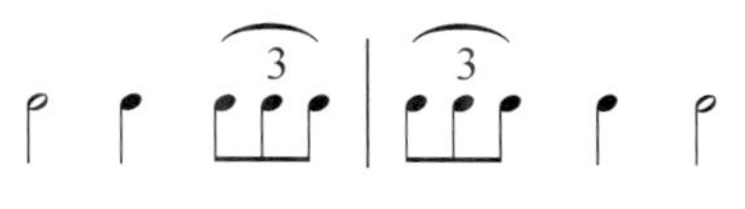

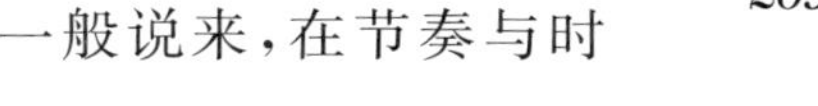

八

设想“意识器官”在很小的程度上能够有一切特殊能量，认为每个感觉器官仅仅能表现其中的少数能量，这可能是一个虽然还不完善但又明显而自然的观念。与感官感觉相比，表象中有阴影的、消逝的东西即由此而来，而表象必定是通过感官感觉不断得到营养与恢复。把意识器官用作一切感觉与回忆之间的联结桥梁的能力，也是由此而来。我们还应设想，与意识器官的任何特殊能量

相结合的是一种**特殊的**能量，即时间感觉，以致意识器官的任何特
210 殊能量若无时间感觉，就不可能被激发起来。假如在表面上看，这另一种特殊能量在生理学中似乎是多余的，并且仅仅是 ad hoc〔事后〕杜撰出来的，那么，我们则可以立即认为它有一种重要的生理学功能。如果不是这种能量维持着营养脑的工作部位的**血流**，把血流引导和调节到执行使命的地点，情况又会怎样呢？我们关于注意力与时间感觉的观念也许由此得到了很坚实的基础。可以理解，只存在着一种连贯的时间，因为一种感官上的局部注意力总是仅仅从整个注意力里分出来的，并受整个注意力的制约。

接近于这样一种观点的是莫佐（Mosso）的体积描记法论著以及他对脑血循环的观察[①]。詹姆士对这里说出的猜想也小心谨慎地表示同意[②]。这个猜想的比较确定、比较详细的表述形式，詹姆士认为值得企及，可惜我不可能在这里提出。

九

如果我们观察若干次类似的打钟声，只要打钟的次数很少，我们在回忆中就能把每次打钟声与其他打钟声区别开，并计算出次数。但如果打钟的次数很多，则我们虽然也能把**最后的**几次相互区别开，但不再能把**最初的**几次区别开。如果我们不想在这种情

---

① 莫佐：《脑血循环》，莱比锡 1881 年。并参看科恩费尔德（Kornfeld）：《论呼吸和循环对脑力劳动的关系》，布尔诺 1896 年。

② 詹姆士：《心理学》，第 1 卷，第 635 页。

况下陷于错误，我们就必须在钟响时进行计算，即把每次打钟同序列符号随意地结合起来。这种现象完全类似于我们在空间感觉领域中观察到的现象，也应根据同一原理加以解释。在我们向前走路时，我们虽然感觉到我们在离开一个出发点，但这段距离的生理学度量并不与几何学度量成比例。这样，流逝的生理学时间也就 211
在透视方面收缩到一起，而它的各个要素很少能被分辨出来[①]。

十

如果存在着一种特殊的时间感觉，则不言而喻，两个节律的等同是能直接认出的。但我们也不可不察，同一个物理学节律在生理学方面可以有很不同的表现，正像同一个物理学的空间形式按照它所处的位置可以对应于不同的生理学空间形式一样。例如，用并列的律音标出的节律，分别按照我们把粗短的、或细长的或虚划的垂直线段视为拍节线段，而显得完全不同。与此有关的情况显然在于：(由重音引导的)注意力是放在 1、2 或 3，就是说，对应于先后相继的节拍的时间感觉可以与不同的节拍感觉加以比较。

在一个节律中的一切时间都延长或缩短时，就产生了一个类似的节律。但只有在这延长或缩短不超过某个恰好给直接时间感觉设定的限度时，这个节律才能被感觉到是类似的节律。

---

① 参看本书第 110 页。

下述节律在生理学方面显得类似于上述节律，不过，只有在两个节律中符号相同的节拍线段能得到承认，因而注意力放在同系
212 时点时，才是如此。两个物理学时间结构，在一个结构的一切部分就像另一个结构的同系部分那样，彼此成同一比例时，就可以称为类似的。但只有上述条件也得到了满足，才出现生理学的类似性。此外，就我所能作出的判断而言，只有两个节奏的时间比例用很小的整数表示出来，才能认出这种比例是相同的。因此，我们真正直接察觉的仅仅是两个时间的相等或不相等，而在后一情况下之所以能认出这种比例，仅仅是由于一个部分简单地并入了另一个部分。这样就说明了我们在制作节拍时为什么总是把时间分为一些绝对相等的部分[①]。

1 2 3

这就使我们可以猜想，时间感觉是与周期性的或节奏性的重复过程有密切联系的。但像偶然尝试的那样，我们几乎无法证实，一般时间度量是以呼吸或搏动为基础的。无论如何，这类问题不那么简单。当然，也在动物躯体中进行着许多过程，而我们却不会认为它们对时间、节奏或节拍有特殊敏锐的感觉。当一辆二套马车经过我的住宅时，我能长久地听到两匹马的蹄声以完全合乎规则的周期重合与交替着。所以，每匹马都保持着它自己的节拍，而不顾另一匹马的节拍，也不与之配合。但这种行为对于搭档在一

① 因此，空间图形的类似性较之节奏的类似性，似乎是以更加直接的方式感觉到的。

起的两个人来说则几乎是不可忍受的。瓦拉舍克提到马缺乏节拍感，也提到马戏表演中维持节拍感的外貌的困难。节拍感直接依靠的几乎不是粗糙的躯体过程。倒不如说，节拍感可以归结为更 213
大的心理敏感性，由于这种敏感性，细微的心理环境决定了注意力去重视一种在其他方面无关紧要的过程。但是，如果精心观察合乎节拍的过程，并且把这种观察总是当作轻微的干预或模仿，则心理功能，最后甚至于粗糙的躯体功能本身，就都变得合乎节拍了[①]。

沃拉沙克博士也在一次交谈中向我作过一个说明，我想用他自己的话把它复述如下：

“凡在感觉与鲜明的情绪色彩结合起来的地方，时间量值都达到大幅度的下降，这与时间感觉依赖于有机消耗的假设是一致的。这既对充满强烈快感的时间延续是适用的，也对充满不快感的时间延续是适用的。反之，游动于情绪色彩的无差别量值中的感觉则与相对模糊的时间感觉结合在一起。这些事实表示，属于时间感觉和情绪的神经过程显示出某种类似性。

实际上，情绪心理学理论的一切尝试都把情绪与有机消耗联系起来，例如，迈内尔特（Meynert）与阿芬那留斯的情绪理论就是这样。”

---

① 瓦拉舍克：《声学基础》，莱比锡 1903 年，第 270、271 页。这本书系同一作者的英文书（《原始音乐》，伦敦 1903 年）的德文版，它有丰富的插图，对本章与下一章讨论的问题，包含着很有价值的观察。

第十三章　声音感觉[①]

一

214　关于声音感觉，我们也必须主要限于作**心理学**分析。这里能够提供的，同样仅仅是初步的研究。

对我们**最重要的**声音感觉是这样一种感觉，这种感觉由**人的发声器官**激发起来，作为快乐与痛苦的表现，以语言传达意志表现的思想等等。毫无疑问，发声器官与听觉器官也有密切的关系。在**音乐**中，声音感觉以简**单明**了的方式显露出自己的值得注目的特性。意志、情感、**语音表现**与**语音感觉**诚然有强烈的生理学联系。叔本华说音乐表现意志[②]，一般人也认为音乐可以称为情感的语言，这也含有大部分真理，然而还包含不了全部真理。

---

① 我从1865年以来，（除了细节以外）就持有这里所述的立场。施图姆普夫反复考虑过我的著作，我在这里必须致以谢意。他提出了一些我很欢迎的细节（《声音心理学》，莱比锡1883年，第1卷），但他在其著作第119页所说的观点我却觉得不能与我的**平行论**原则相调和。不过，他针对李普斯所作的说明（《声学论丛》第1卷，第47页脚注）又很接近我的观点。参看我的评述《声音感觉分析》，载《维也纳科学院会刊》，第92卷，第2部分，第1282页（1895年）。

② 叔本华：《作为意志与表象的世界》。

二

简单地说，贝尔格（H. Berg）曾经试图遵照达尔文的先例，从猿猴性冲动的吼声中探索音乐的起源[①]。如果有人想否认达尔文与贝尔格的论述中启发性的贡献，那他就一定是没有眼力。甚至在今天，音乐也还能触动性的心弦，而且甚至在今天，音乐也仍然确实被应用于求爱。但对于音乐的悦耳成分何在这个问题，贝尔格却没有给出什么令人满意的回答。而且因为他在音乐学说方面站在赫尔姆霍茨的避免节拍的立场上，假定吼叫得至少不悦耳的雄性动物获得了优待，所以，对于这些动物中的最聪明者为什么不宁肯完全保持沉默，我们或许可以感到惊奇。

揭示某种生物学现象与物种保存的关系，并从系统发育观点探索这种现象的起源，其重要性是不容否认的。但我们却不可相信，涉及这一现象的一切问题业已解决。没有一个人想证实性感与物种保存的联系，从而解释特殊性感中的愉快成分。我们宁可承认，物种之所以得到保存，是因为性感是愉快的。虽然音乐无论如何会使我们的机体回忆始祖的求爱，但音乐在被用于求爱时，也必定已有肯定的愉快成分，它现在当然能由那种回忆来加强。一盏熄灭的油灯的气味几乎在任何时候都能使我以愉快的方式回忆起我童年时感到惊奇的幻灯，这是个人生活方面的类似情况。然而油灯本身的气味并未因此而不使人讨厌。由玫瑰花香回想到愉

① 贝尔格：《音乐兴致》，柏林 1879 年。

216 快体验的人，并不会因而相信玫瑰花香在以前就不令人愉快。这是由联想得到的[①]。如果说上述观点不能充分解释一般音乐中的悦耳成分，那么它也很少能有助于回答特殊问题，例如，在一个特定场合为什么宁选四度音而不选五度音。

三

如果只打算考虑语言与音乐领域，那就会对声音感觉作出某种片面的判断。声音感觉不止报道思想的交流、快乐与痛苦的表现和男人、妇女与儿童的声音差别。它不止提供说话者或呼号者的努力与激情的标志。我们也靠它来分辨有响声的大物体与小物体，分辨大动物与小动物的脚步。正是人的发声器官本身创造不出来的最高声音，对判断响声的来向在推测方面颇为重要[②]。声音感觉的这后一类功能，较之在动物群居生活中才起作用的功能，确实可能在动物界有更悠久的历史。把一块硬纸斜放在耳前，我们就会确信，只有那些包含高音的噪声，如煤气火焰、蒸气锅炉或瀑布之呼啸作响或嗞嗞作响，才分别按照硬纸片的位置而为反射
217 作用所改变，但低音则依然完全不受影响。所以，两个耳壳仅仅是

① 费希纳已经特别指出联想对美学的意义。

② 马赫《对耳壳功能的说明》(《特勒尔奇耳科学文库》，续编第 3 卷，第 72 页)。也可参看马赫与费舍尔《响声的反射与折射》，入《鲍格年鉴》第 149 卷，第 221 页。施泰因豪泽尔(A. Steinhauser)《双耳听觉理论》，维也纳 1877 年。

由于它们对高音的作用才能作为方向指示器加以应用[①]。

四

赫尔姆霍茨[②]继承其先驱绍韦尔(Sauveur)、拉迈欧(Rameau)、斯密(R. Smith)杨(Young)和欧姆等人的重要工作[③],在听觉分析方面作出了重要进展,这种进展是任何人都乐于承认的。我们根据赫尔姆霍茨的看法,认识到噪声是各个乐音的组合,这些乐音的数目、高低与强度是随着时间变化的。在乐音组合成的声音中,我们借助基音 n 一般还听到泛音或分音 2n、3n、4n 等等,其中每个音都相当于简单的钟摆振动。如果振动数 n 与 m 相当于两个声音的基音,两个声音在旋律和谐和方面结合起来,则会按照 n 与 m 的一定比例[④]出现各个分音的重合,从而在前一种情况下显著地引起两个声音的相似,在后一种情况下显著地引起节拍的减少。这一切都是无可争议的,尽管还没有被承认为彻底而详尽的。

对于赫尔姆霍茨的听觉生理学理论,大家也可以同样持赞同

① 我曾经有机会观察到,温顺的土拨鼠本来对低的嘈杂响声极其不敏感,但一俟人们摩擦稻草或捏皱纸张,发出高响声,它就总是突然受惊,迅速跑到它那隐蔽处。几个月大的幼儿对这样的响声也很敏感。

② 赫尔姆霍茨:《声音感觉学说》,第 1 版,布伦瑞克 1863 年。

③ 参看《声学史》,入《通俗科学讲演集》,第 48 页。

④ 当 pn=qm,也就是 $m=\frac{p}{q}n$ 时,n 的 p 分音与 m 的 q 分音是重合的。在这里 p,q 是整数。

的态度。从对简单乐音联系所得出的观察结论来看，很可能对应
218 于振动数的序列的是神经末端器官的序列，以致不同的振动数有
不同的末端器官，每个末端器官只对几个相近的振动数作出反应。
反之，赫尔姆霍茨关于迷路功能的物理学观念则证明是不能成立
的，这一点我们以后还会返回来讨论。

五

我们根据赫尔姆霍茨的看法假定，一切噪声都可以被分解为停留得或长或短的声音感觉，但对于我们每个人来说，要寻找一种接纳噪声的特殊听觉器官着来在目前是多余的。赫尔姆霍茨也不久就又克服了这种前后不连贯的缺点。很久以前（1872/1873 年冬），我研究过噪声（尤其是爆炸声）与乐音的关系问题，发现这两类声音之间的一切转化都是可以指明的。我们从缓慢转动的大圆盘的小裂口上听到了一个整整振动 128 次的乐音，当它的延续被减为 2—3 次振动时，它就缩为一种音调不清、索然无味的短促打击声（或微弱的爆炸声），但在作 4—5 次振动时，音调还是完全清楚的。另一方面，甚至在一种爆炸声是由非周期性的空气运动引起（例如，电火花的波动与气泡的爆炸）时，我们给予足够的注意，也会在这类爆炸声中察觉出一种音调，虽然不是很确定的。我们也容易相信，在一架卸去制音器的钢琴上，大的爆炸气泡主要是激发低弦作共振，小的爆炸气泡主要是激发高弦作共振。对我来说，这似乎就证实了同一个器官能传导乐音感觉与噪声感觉。我们必须设想，一种比较微弱的、延续时间短暂的非周期性空气运动激发

了**一切**末端器官，不过主要是**很小的**、很容易激动的末端器官，而比较强烈的、延续时期较长的空气运动则也同时激发了**很大的**、颇 219
有惰性的末端器官，这种器官在减辐很小时作**大幅度**振动，从而被觉察出来；我们也必须设想，甚至在**周期性**空气运动相当微弱时，由于在末端器官序列的一个**特定**环节上效应的积累，也出现了刺激[①]。**从性质方面说**，高爆炸声或低爆炸声激发起来的感觉是一样，只不过较之按压高音阶或低音阶上的大量相邻键盘而激发起来的感觉更强烈，延续时间更短暂。然而在爆炸声引起的**单一**刺激中，那些与周期性间歇刺激结合起来的节拍也就排除了。

六

赫尔姆霍茨的著作在发表时首先受到普遍的赞赏，但在后来几年则遭到多方面的批判攻击，好像最初的过高评价几乎都已经让位于过低的评价。物理学家、生理学家与心理学家在将近四十年的时期中审视了这个理论所呈现的三个方面，假如说他们未曾看出这一理论的弱点，那可真是怪事。我们不求完备，现在就想考察一些最主要的批评性的怀疑思想，它们首先是从物理学与生理学方面一起提出来的，其次则是心理学家的批评性的怀疑思想。

---

① 关于我的实验中继承德沃拉克的刺激变化的后象实验（1870 年）的部分，我已经作了报道，见《荷花》杂志 1873 年 8 月号。关于爆炸声引起钢琴律音的实验，我还没有在任何地方提到过。在这里提及，也许不是无益的。普范德勒（Pfaundler）、埃克斯纳、奥尔巴哈（Auerbach）、布律克、柯劳什（W. Kohlrausch）、阿伯拉哈姆（Abraham）和布吕尔（Brühl）等人也从不同观点详细讨论过这个问题。

赫尔姆霍茨以心理学家与物理学家的观点为向导，假定内耳
是由共鸣器系统构成的，这个系统把对应于业已呈现的振动形式
220 的傅里叶级数的各项选听为分音。按照这种观点，局部震相的比
例也可以对感觉毫无影响。反之，杰出的声学家柯尼希(König)[①]则试图证实，摆式局部振动的单纯相位移动会改变感性印象(音色)。但赫尔曼[②]却能说明，倒转留声机的运动方向，绝不会致使声色改变。在赫尔曼看来，柯尼希波动汽笛的各个正弦形条纹也不会产生单纯的律音，所以柯尼希的推论是以不正确的前提为基础的[③]。所以，这个困难可以说是已经克服了的。

从赫尔姆霍茨的观点来解释组合律音的现象，并不那么容易。杨假定，足够迅速的拍节本身作为律音变成了可听的，即变成了组合律音。但因为调节到自己的速率上的共鸣器绝不能由节拍激发起来，而只能由律音激发起来，所以，组合律音根据共振说就不会是可听的。因此，赫尔姆霍茨假定，组合律音或者须在客观上由强有力的律音借助于偏离运动方程的直线性来解释，或者须在主观
221 上由内耳共鸣部位的非对称性或非直线性振动条件来解释。现在

① 柯尼希：《若干声学实验》，巴黎 1882 年。

② 赫尔曼：《声音知觉学说》，入《普弗吕格文库》第 56 卷(1894 年)，第 467 页。

③ 1867 年我就用一种独特的汽笛做过实验，这汽笛很像柯尼希的一个装置。一个圆筒的外套都成双成对地带有相同的、彼此能位移的正弦形切口，以致我们可以随意改变有关分音的强度与相位。然而在这类实验中也看出，如果是通过平行于正弦坐标的纵坐标向正弦形切口吹风，这些切口也就不会提供任何简单的律音。因为我的装置还相当不完善，也不符合我原来要用具有任意强度与相位的分音组合一种声音的目的，所以我丝毫也没有公布有关这类实验的东西。

柯尼希[1]并不能证实客观组合律音的存在,反而在距离很远的律音之间也发现一些节拍,它们在足够快的序列中每次都作为特殊律音而成为可听的。赫尔曼[2]在很微弱协作的律音中听到一些组合律音,按照赫尔姆霍茨的理论,它们在客观上和主观上都好像完全不可解释。因此,按照在这个问题上继承了柯尼希理论的赫尔曼的观点来说,耳朵不仅对正弦形振动作出反应,而且也以周期时间的延续所规定的感觉对任何类型的周期性作出反应。

物理学共振说至少在其原来的形式中是不能成立的,但赫尔曼[3]却以为能用生理学共振说来代替它。对于这种学说以及埃瓦德的新物理学听觉学说,我们在以后还会返回来讨论。

现在我们就来评论那些主要从心理学观点出发去反对赫尔姆霍茨的意见。大家相当普遍地感觉到在对谐和音程的解释中缺乏肯定的成分,因为大家并不想满足于把节拍的单纯缺乏视为和谐的充分标志。奥廷根(A. v. Oettingen)[4]也感到对标志任何音程 222

① 柯尼希,上引书。根据柯尼希用很强的声叉律音所作的描述,我就可以猜想到,在他观察的节拍中一再出现泛音。施图姆普夫现在实际上也证实了这样的泛音的合作。(《魏德曼年鉴》,新编,第 57 卷,第 660 页)。因此,赫尔姆霍茨的理论在这方面是可靠的。但可疑的是:客观组合律音并不存在(柯尼希,赫尔曼),在许多情况下发生主观组合律音,它们与赫尔姆霍茨的理论是不能调和的。(赫尔曼)参看迈尔(M. Meyer)《不同律音与一般听觉的理论》,载《心理学杂志》第 16 卷第 1 页。

② 赫尔曼:《组合律音理论》,入《普弗吕格文库》第 49 卷(1891 年),第 499 页。

③ 赫尔曼:《普弗吕格文库》,第 56 卷,第 493 页。

④ 奥廷根:《二重发展过程中的和谐体系》,多尔帕特 1866 年。

的肯定成分缺乏说明(第30页),而不想把音程的量值视为依赖于泛音包含的组合律音的偶然物理属性。他以为在对普通基音(主调音)的回忆(第40与47页)里就找到了肯定的成分,而基音的分音常常是作为音程中的组合律音出现的,或者说,在对属于两者的普通泛音(语调音)的回忆里就找到了肯定的成分。关于这种批评的否定方面,我完全同意奥廷根。但"回忆"却不能满足理论的需要,因为谐和与不谐和不是表象的事情,而是感觉的事情。因此,从生理学方面来看,我不认为奥廷根的观点是中肯的。但在奥廷根关于(组合律音的主调音与语调音的关系的)二元性原理的观点,以及在他把不谐和视为不确定的组合律音的观点(第244页)中,我却觉得包含有有价值的、积极的贡献[①]。

八

施图姆普夫在不同的著作里很深入地批评了赫尔姆霍茨的学说[②]。他首先指责赫尔姆霍茨关于谐和音程给出的两个不同的定义,一个定义是用节拍的消失给出的,另一个定义是用分音的重合给出的。他指出,前一个定义在旋律序列是不可应用与无法表征

① 欧拉(《音乐学说新论》第103页)、达兰贝尔(《基础音乐》,里昂1766年)与霍卜特曼(M. Hauptmann)(《和谐与度量的本质》,莱比锡1853年)早已猜测到的二元性原理的通俗解释,见之于我的短篇著作《流体的形式·对称》,布拉格1872年(《通俗科学演讲集》第3版第110页)。当然,在音乐领域里不能像在视觉领域里那样,想象有完全的对称,这是因为各种声音感觉本身并不会构成任何对称体系。

② 我们在这里支持的主要是施图姆普夫《声学与音乐科学论丛》,第1分册,莱比锡1898年。

的，后一个定义在和谐结合是不可应用与无法表征的。一个按照 223
节拍性质间歇的纯三合音绝不是不谐和。另一方面，也可以提出关于相去甚远的律音的合音的例证，在这个例证中，节拍变得能觉察出来，但强烈地不谐和。如果我们把两个音叉律音分配到两耳上，则节拍在很大程度上退居次要地位，而谐和与不谐和之间的差别似乎并非变得更小。在主观上听到的律音，例如耳鸣，我们也会觉得是不谐和，当然在这里并没有听到节拍。最后，单纯想象的律音会显得自身是谐和的或不谐和的，在这里节拍观念似乎不起重要作用。在没有任何泛音，因而谐和与不谐和之间的差别似乎并未消失的地方，分音的重合就终于消失了。关于施图姆普夫反对用不自觉计数来解释谐和的论述，我想撇开不谈，因为只有很少的人才会拥护这样的解释[①]。同样，大家也乐于承认，愉悦绝不是谐和的充分表征性的特质。不谐和也往往会有这样的特质。

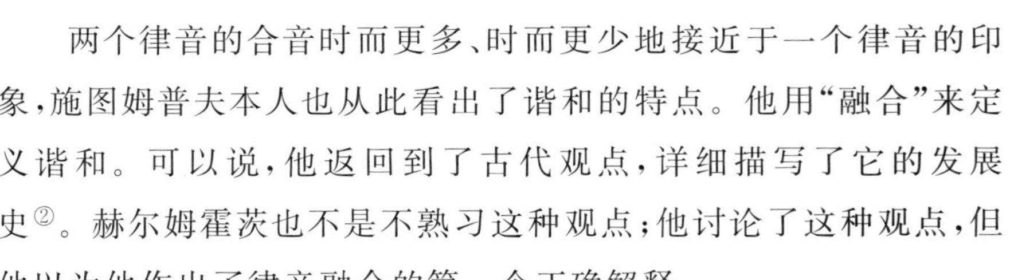

两个律音的合音时而更多、时而更少地接近于一个律音的印象，施图姆普夫本人也从此看出了谐和的特点。他用“融合”来定义谐和。可以说，他返回到了古代观点，详细描写了它的发展史[②]。赫尔姆霍茨也不是不熟习这种观点；他讨论了这种观点，但他以为他作出了**律音融合的第一个正确解释**。 224

施图姆普夫用统计实验表明，在谐和中出现律音的融合。两

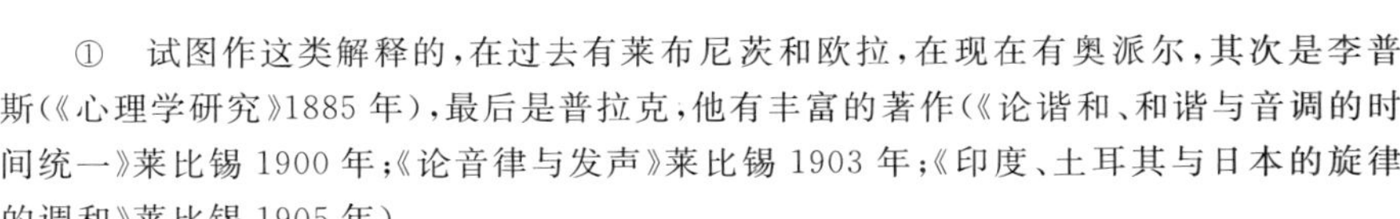

① 试图作这类解释的，在过去有莱布尼茨和欧拉，在现在有奥派尔，其次是李普斯（《心理学研究》1885 年），最后是普拉克，他有丰富的著作（《论谐和、和谐与音调的时间统一》莱比锡 1900 年；《论音律与发声》莱比锡 1903 年；《印度、土耳其与日本的旋律的调和》莱比锡 1905 年）。

② 施图姆普夫：《谐和概念史》，第一部分，《慕尼黑科学院集刊》，哲学历史类，1897 年。

个同时定出的律音谐和得越好，不懂音乐的人就越频繁地误以为它们是一个律音。施图姆普夫并不否认进一步解释律音融合的需要。如果各个律音是以一种相似性融合起来的，则这种相似性必定是一种不同于律音序列所依赖的相似性，因为后一种相似性是随着音程而不断减少的。但施图姆普夫觉得这第二种相似性关系纯属假设，所以他宁可设想另一类生理学解释。在同时感觉两个具有比较简单的振动数比例的律音时，脑中的各个过程比在振动数比例更加复杂时具有更密切的关系（或更特殊的协合关系）[①]。先后相继的各个律音也能融合起来。虽然单旋律音乐在历史上先于多旋律音乐，但施图姆普夫认为，甚至在单旋律音乐中音阶的选择也可能是以同时听到律音的经验为向导的。在一切重要的地方，我们必定会同意施图姆普夫的批评。

九

我自己早在我于 1863 年发表出来的一部论著[②]里就已经对赫尔姆霍茨的学说作过若干评论，随后[③]又作了若干评论，并且于 1866 年在奥廷根的著作出版前不久发表的一篇短篇著作[④]里很明
225 确地描述了一门比较完备的理论似乎必须满足的若干要求。进一步的论述我是在本书第一版（1886 年）里作出的。

① 施图姆普夫：《声学论丛》，第 1 分册，第 50 页。

② 马赫：《听觉器官理论》，入《维也纳科学院会刊》，1863 年。

③ 参看拙著《空间视觉学说评论》，入费希特编《哲学杂志》1865 年。

④ 《赫尔姆霍茨音乐学说导论》，格拉茨 1866 年。参看前言及第 23 页以下，第 46、48 页。

如果我们从一个观念出发，认为存在着**一系列在物理学或生理学方面**调准的末端器官，它们的各个环节在振动数提高时**先后相继地**作出最大限度的应答，并且如果我们认为每个末端器官都有特殊的能量，那么，有多少末端器官就有多少特殊能量，并且同样有多少我们可以用耳辨别的振动数。

但是，我们不仅**辨别**各个律音，而且把它们**整理**成一个**系列**。在三个高度不同的律音中，我们直接认出中间的一个律音本身。我们直接感觉到哪些振动数相互离得较近，哪些振动数相互离得较远。就相邻的各个律音而言，这还是可以解释的。因为如果我们通过图 35 曲线坐标 abc，用符号来描绘一个特定律音具有的振幅，并设想这个曲线对我们逐渐按箭头方向移动，那么，因为许多器官总是同时作出应答，所以相邻的各个律音也总是得到微弱的共同的刺激。但相互离得**较远**的各个律音也有某种类似性，甚至在**最高**律音与**最低**律音上我们也能认出这样一种类似性。因此，按照指导我们的研究原则，我们必须假定**一切**声音感觉中有**共同的**成分。因此，绝不会有多少可以辨别的律音，就有多少特殊能量。假定只有**两种**能量，它们是由**不同的比例**消解的，这对于理解我们这里首先看到的事情是**足够的**。但声音感觉的**进一步**组合并未被**这些**事实所排除，而是通过后来所述的现象变得更加可能了。 226

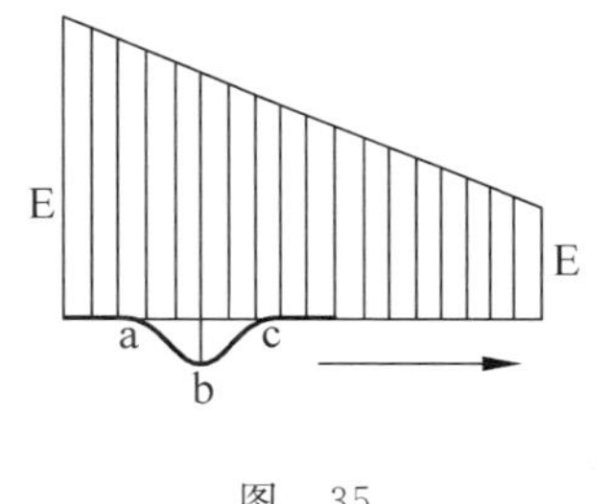

图　35

对律音系列作细心的心理学分析，就直接导致这个看法。但即使假定每个末端器官都有一种特殊的能量，并且考虑到这些能

量彼此类似，因而必定包含共同成分，我们也能得到这样的观点。因此，单纯为了在我们面前有一幅确定的图像，我们假定：在从最小的振动数过渡到最大的振动数时，声音感觉的变化类似于在从纯红通过逐渐掺入黄色而过渡到纯黄时出现的颜色感觉的变化。在这里我们虽然可以完全坚持那种认为每个可辨别的振动数都有一个特殊末端器官的观念，但不同的器官并不是消解完全不同的能量，而是按照不同的比例，总是消解相同的两个能量[①]。

十

这么多同时响的律音能被辨别出来，而不融合为一种感觉，或者说，两个高度不同的律音不汇合为一个平均高度的混合律音，这是怎么发生的呢？实际上没有发生这样的事，这就进一步规定了
227 我们要形成的观点。这种情况可能完全类似于红黄混合颜色序列中出现的情况，在那种序列里红与黄出现在空间的不同部位，同样能加以分辨，而不汇合为一个印象。事实上，在从注意一个律音过渡到注意另一个律音时发生的感觉，类似于一个注视点游动在视野里时出现的感觉。律音序列处于某种类似于空间的东西中，即处于一种在两方受到限定而只有一个维的空间中，这种空间犹如一条从右向左而垂直于中央平面延伸的直线，也绝不呈现出什么

① 不同的末端器官对不同的振动数作出应答这个观点，通过相邻律音的节拍以及赫尔姆霍茨强调指出的其他事实，已经得到了很好的论证，并且对于理解又须割爱的现象也很有价值。这里阐述的观点利用了（主要是赫林所作的）颜色感觉分析中业已获得的那些经验。

对称性。更准确地说，这种空间类似于一条垂直线或一条在中央平面从前向后延伸的直线。如果说颜色不与空间点结合，而能在空间中运动，因此我们很容易把空间感觉与颜色感觉分离开，那么声音感觉的情况则不同。一定的空间感觉只能出现在上述一维空间的一定部位，如果有关的声音感觉要清楚地突现出来，这个部位就在每个场合都必须加以注视。我们现在可以设想，不同的声音感觉出现在声感实体的不同部分，或者说，除了那两种以其比例决定高音与低音的音色的能量以外，还有第三种类似于神经支配作用的能量，它出现在注视各个音调的时候。两种情况也可能同时出现。现在就对这个问题作出结论，也许既不可能又不必要。

声音感觉领域呈现出与空间类似的东西，即呈现出与非对称空间类似的东西，这在语言中已经不自觉地表示出来。我们只说高音与低音，而不说右音与左音，虽然我们的乐器更接近于这后一类指称。

十一 228

在我最初的一部著作[①]里，我曾经主张对律音的注意是与张

① 《听觉器官理论》1863 年。我与凯塞尔(Kessel)共同做过的实验(《论耳的调节》，载《维也纳科学院会刊》第 66 卷第 3 辑，1872 年 10 月)，证实了听觉前庭器官的校准音调与共鸣能力对不同律音是可变的，因为可以用显微镜观察到那通过橡皮管的音响振动的偏移。但不引入音响，用一个为此目的而构造的微显耳镜作观察，就不能证实活耳上调准音调的这类自发变化。而我后来也怀疑，经常观察到的这些强烈振动是否能起决定作用，因为它们如不亏损，就几乎无法毫无损害地进入迷路。因此，只要我们不能在正常听觉中很有把握地观察活耳的振动，这个问题就几乎无法最终解决。光线干扰法可能会达到预期的目标。但这种方法必须有特别简单的形式，以便可能应用于活耳的困难条件下。

肌定音鼓的张力改变有联系的。现在从我亲自做的观察与实验来看，我不能坚持这个观点。但这并未推翻空间类比，而仅仅是要发现有关的生理学要素。我在 1863 年的著作里同样谈到一个假定，它认为喉咙里的过程(在唱歌时)有助于形成律音序列，但我却觉得这个假定不能成立。唱歌是过分外在地与偶然地和听觉活动结合起来的。我能听到和想象远超出我的声音范围的律音。当我听乐队的一切音响的演奏时，或当我遇到这样的幻觉时，我不可能设想，我的一个根本还没有经过演唱训练的喉咙就能促成对整个复杂的音响结构的理解。我认为，那些在听音乐时偶然无疑在喉咙里察觉的感觉是次要的，就像我在受音乐训练时对听到的每个钢琴乐曲或风琴乐曲都迅速想象到按键一样。当我想象音乐时，我总是清楚地听到各个律音。单独从那些伴随着音乐演奏的运动感
229 觉中是产生不了什么音乐的，就像看到乐队演奏者的动作的聋哑人听不到音乐一样。所以在这一点上我不能同意斯特里克(Stricker)的观点(参看斯特里克《语言与音乐》，巴黎 1885 年)。

对于斯特里克的语言观点我必须持不同的态度(参看斯特里克《语言观念》，维也纳 1880 年)。虽然我所想象的言语完全进入我的耳中，我也不怀疑住宅门铃声、机车汽笛声等等能直接唤起一些想法，婴儿甚至于狗都会理解自己并不能模仿的言辞；不过，斯特里克毕竟使我相信，理解语言的那种虽非唯一可能的，然而我们却熟习的通常方式是运动的方式，如果我们失去这种方式，我们的处境就很不妙。我可以用我自己的经验来证明这个观点。我常常看到陌生人轻轻地动他们的嘴唇，想复述我的言语。如果有人把他的住址告诉我，而我并未复述他的街道名称和门牌号数，我就确

实会忘记他的住址，但使用这种预防办法，则会把它记住。不久以前，一位陌生人告诉我，他不喜欢读印度剧本《乌尔瓦西》，因为他很难把剧中人名拼读出来，结果也就记不住它们。斯特里克叙述的聋哑人的梦，只有照他的观点来看，才是可以理解的。但如果作冷静的思考，这种貌似悖谬的关系也就根本不那么令人奇怪了。**笑话**的惊人效果表明，我们的思想在很大程度上是在**习惯的**和熟**习的**轨道上活动的。假如我们的思想不是主要在**走惯的**轨道上运动，好笑话就不会那么罕见了。一个词汇的明显的附带含义对许多人来说绝不会是随心所欲的。谁在把施米德（Schmied）、舒斯特尔（Schuster）和施奈德（Schneider）当作人名使用时，会想到它们
所指的是手工业呢？为了从另一领域举出一个明显的例证，我可 230
以指出（参看第 92 页），把原来的文字与它在镜中的映象作对比，我立刻就看出它们是**对称**和**全同的**，然而我却不能直接读出镜中映现的文字，因为我是用**右**手**运动的方式**识字的。我们用这个例证就能最好不过地解释我为什么在音乐方面不同意斯特里克的观点：音乐与语言的关系犹如装饰与文字的关系。

十二

我已经反复用实验解释过注视空间点与注意律音之间的类似性，在这里我想再援引这些实验。两个律音的同一组合分别按照人们注意这一个律音或另一个律音，而听起来声音不同。组合 1 与 2 分别按照人们注意上边的律音或下边的律音，而具有显著不同的特性。使一个律音出现得更晚（3，4），这会帮助那类不能随意

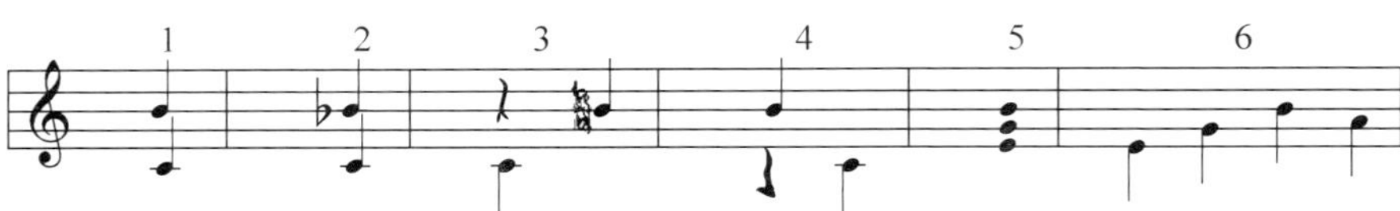

转移注意力的人，于是这个出现得更晚的律音就引起了注意。作若干练习，就能把一个和声（如 5）分解为它的各个组成部分，单独听出这些组成部分（如在 6）。这些实验以及以后的实验，由于律音有顿挫，用风琴来做比用钢琴来做更好，并且更令人信服。

如果让一个在和声中注意到的律音**减弱**，发生的现象则特别令人惊讶。这时注意力转向最接近我们所注意的那些律音的一个律音上，而这个律音是在我们所注意的律音恰好奏响时清楚地出现的。从这个实验得到的印象，完全类似于我们在埋头工作，突然听到出现了摆钟的有规则打点声时得到的印象，而这种打点声是

231 业已完全从意识中消失了的。在后一种场合，**整个**音域超出了界限，而在前一种场合则是一**部分**音域被**拔得**更高了。例如，如果我们在 7 里注意最高音部，同时从上到下地让一个律音向着另一个律音减弱，我们则大致得到印象 8。如果我们在 9 里注意最低音

部，同时采取相反的步骤，我们则得到印象 10。同一个和声序列每每由于所注意的音部不同，而听起来声音颇不相同。如果我在 11 或 12 里注意最高音部，则显得只有声色在改变。但如果我在 11 里注意最低音部，则显得整个声音质量在下沉；反之，如果我在 12 里注意步骤 e—f，则显得整个声音质量在上升。从这里很清楚

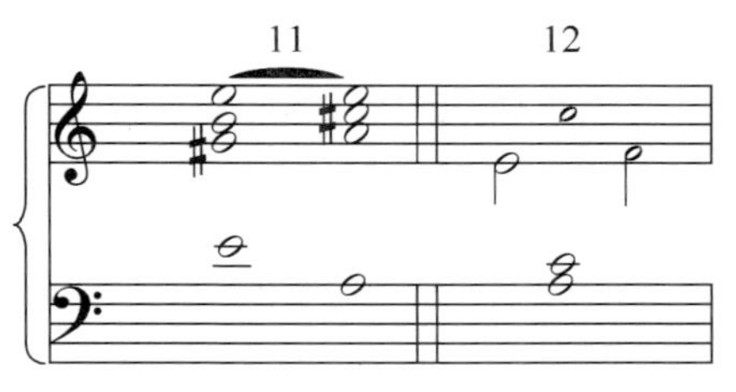

地看到，**和声**能代表律音的组合。这些观察使我们鲜明地回想起在装饰中时而注意这个点，时而注意那个点时得到的印象交替。

在这里还应该提到注意力的不随意游动，它是在一个簧风琴律音持续地同样响几秒时发生的，在这里一切泛音都逐渐自动地、十分明显地浮现出来。这个过程好像是暗示注意力在长期观察一个律音时出 232
现的疲劳。这种疲劳也会通过我在别处详细描述过的一个实验而成为可能的[①]。

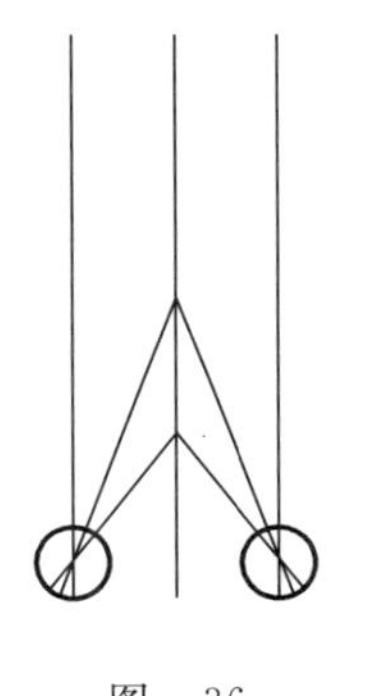
图　36

这里阐明的声音感觉领域的关系，可以用下图来作直观的解释。假定我们的双眼只能作一种唯一的运动，它们只能通过交替变化的对称会聚部位来追踪一个水平的、处于中央平面的直线的点，最近的注视点是纯红的，对应于平行位置的最远的注视点是纯黄的，并且在这两者之间有一切过渡，则我们的视觉的**这个**体系会在很大的能够感觉到的程度上**模仿**声音感的关系。

十三

按照迄今得到的观点，下面加以考察的一个重要事实依然无

① 见拙著《赫尔姆霍茨音乐学说导论》第 29 页与《动觉理论大纲》，第 58 页。

法理解，但它的解释又为一种比较完备的理论所绝对需要。如果两个音序是从两个不同的律音出发的，并且按同一个振动数比例前进，我们则会在两个音序中靠感觉直接认出同一个旋律，正像我们从两个几何形状类似、位置类似的图形认出相同的形式一样。不同的音阶位置上的相同旋律，可以被称为相同律音形式的律音结构，或类似的律音结构。我们能够确信，这种认识并不是与应用常见的音乐音程或常用的简单振动频率相结合的。如果我们在一
233 把提琴或一件多弦乐器上把各个空弦弄成随意不和谐的音调，然后把一块完全任意按复杂比例分割的纸片固定在指板上，我们就会把任意序列中的同样一些分割点首先在一根弦上弹出来，然后在其他弦上弹出来，或者说，从一根弦滑向其他的弦。虽然听到的东西现在完全没有什么音乐感，但我们在任何一根弦上都又认出了同一个旋律。如果我们想按不合理的比例分割那个纸片，实验就会做得很不令人相信。这个实验的结果实际上只是近似的。音乐家会依然主张，他听到的音程接近于已知音乐音程或在已知音乐音程之间。未经训练的能唱歌的鸟类只是在例外情况下才利用音乐音程。

甚至在仅仅由两个律音组成的序列中，也能直接认出振动数比例的相同。全部显示出同一个振动数比例（3∶4）的音序 c—f，d—g，e—a 等等，也都可以直接认出是相同的音程或四度音程。这是形式最简单的事实。察觉与认出音程是初学音乐的人必须掌握的首要本领，如果他想熟习这个领域的话。

库尔克(E. Kulke)在一本值得阅读的短篇论著[①]中,关于P.科内利乌斯的独创教学法作过与此有关的报道,我在这里想根据库尔克的口头报道再把他那文字报道加以补充。为了易于认出音程,在科内利乌斯看来,注意以这些音程为开端的各个乐曲、民歌等等,是大有帮助的。例如,《汤好色》序曲就是从四度音程开头的。如果我听到一个四度音程,我就会立刻察觉,这音序可能是《汤好色》序曲的开头,并从中认出音程。同样,《费德利奥》 234
(*Fidelio*)序曲第一号也可以作为三度音程的代表来使用,如此等等。这种卓越的方法,我在声学演讲中做过试验,发现很有效,显然是一种复杂的事情。我们可以设想,觉察一个音程要比觉察一个旋律,必定更为容易。然而,旋律却比音程给回想提供了更多的帮助,正像我们觉察个人面貌,把它与一个名字结合起来,较之把一个特定角度或鼻子与一个名字结合起来,更加容易一样。任何人觉察各种面貌,都是把它们与名字结合起来。但是,达·芬奇却把各种鼻子理成了一个系统。

十四

正如音序中的每个音程都以表征的方式使自身能察觉出来一样,律音的和谐结合也是如此。每个三度音程、每个四度音程、每个大三和弦或小三和弦都有其独特的音色,它们靠着这种音色,不依赖于基音的高度,不依赖于随着这种高度迅速增加的节拍数目,

① 库尔克:《论旋律的改变》,布拉格1884年。

而被认识出来。

放在一只耳朵前面的一个音叉，几乎只有用这只耳朵听到。如果把两个彼此有所不协调、节拍不相同的音叉放到同一只耳朵前面，则节拍之不同是很清楚的。但如果把一个音叉放到一只耳朵前面，把另一个音叉放到另一只耳朵前面，则节拍之不同就会有很大减弱。两个具有和谐音程的音叉在一只耳前听起来总会有某种嘶哑的响声。但如果在每只耳前都放个音叉，则和谐的特点也就会依然保存下来[①]。在这个实验中，不和谐也是很清楚的。无论如何，谐和与不谐和不是单独取决于节拍。

十五

235 各个具有简单振动数比例的律音，无论在其旋律结合中，还是在其和谐结合中，都是以悦耳的性质和表示那种比例的感觉显著地表现其自身的。关于悦耳的性质，我们不可否认，它部分地由分音的重合得到了解释，并且在和谐的结合中，也由与此有关的节拍的特定振动数比例的缩小得到了解释。但毫无偏见的、有经验的音乐家对这种解释是不完全满意的。喜欢唱出自己的偶然音色的卓越演员困扰着这类音乐家，并且他也察觉，各种律音就像各种颜色一样，还有好的对比关系，只不过在颜色中不可能指出这样精确的愉耳的关系。

---

① 参看费希纳《论双眼视觉的若干关系》，莱比锡 1860 年，第 536 页。我也多次亲自做过这样的实验。

在各个律音之间实际上存在着一种对比关系，这是几乎不能不使我们注意的事实。平滑的、不变的音调，就像笼罩在我们整个周围的单调色彩一样，是某种很不讨人喜欢的、没有特色的东西。只有附加上第二种音调，附加上第二种颜色，才会产生富有生气的结果。就像在用汽笛所做的实验中那样，如果我们让一个律音逐渐向高处挺拔，则一切对比关系同样会消逝。但在相去甚远的律

音之间则存在着对比关系，并且就像这个附图所能解释的那样，它也不仅存在于直接相随的律音之间。乐节 2 的音响完全不同于它在 1 之后的单独音响，3 的音响不同于 2 的音响，5 也不同于 4 直接在 3 之后的音响。

十六

现在我们来讨论第二点，即对应于任何音程的表征感觉，并问
这种感觉是否能按以前的理论加以解释。如果基音 n 与其第三音 236
m 是合乎旋律地或和谐地结合起来的，则第一音调的第五分音(5n)与第二音调的第四分音(4m)是重合的。按照赫尔姆霍茨的理论，这是一切结合而成的第三音所具有的共同特点。如果我把音调 C 和 E 或 F 和 A 组合起来，并把它们的各个分音表现于下图，则实际上在一种情况下是两个用↓指的分音重合起来，在另一种情况下是两个用↓指的分音重合起来，并且在两种情况下都是

C	c	g	$\bar{c}$	$\bar{e}$ ↓	$\bar{g}$	$\bar{b}$	$\bar{\bar{c}}$
n	2n	3n	4n	5n	6n	7n	8n

E	e	h	$\bar{e}$ ↓	$\overline{gis}$	$\bar{h}$	$\bar{\bar{d}}$	$\bar{\bar{e}}$
m	2m	3m	4m	5m	6m	7m	8m

F	f	$\bar{c}$	$\bar{f}$	$\bar{a}$ ↓	$\bar{\bar{c}}$	$\overline{\overline{es}}$	$\bar{\bar{f}}$
n	2n	3n	4n	5n	6n	7n	8n

A	a	e	$\bar{a}$ ↓	$\overline{\overline{cis}}$	$\bar{\bar{e}}$	$\bar{\bar{g}}$	$\bar{\bar{a}}$
m	2m	3m	4m	5m	6m	7m	8m

较低音调的第五分音与较高音调的第四分音重合起来。但这种共同特点只有对于从事物理学分析的理智才存在,而与感觉毫无关系。对于感觉来说,在前一种情况下是两个律音 $\bar{e}$ 重合起来,在后一种情况下是两个律音 $\bar{a}$ 重合起来,因而完全不同的律音是重合的。正是在我们假定了每个可分辨的振动数都有合适的特殊能量以后,我们必须提问:任何结合而成的第三音所共同具有的感觉成分是在什么地方呢?

大家不要以为我的这种区分是咬文嚼字和钻牛角尖。正像我的那个问题——与几何学图形不同的图形的生理学相似性在什么地方——不是多余的一样,这个(大约在 40 年前)同时提出的问题也不是不必要的。如果我们想让第三音的物理学的或数学的标志
237 被认为是第三音感觉的标志,我们就可以按照欧拉的观点①,满足于每个四次振动与每个五次振动的重合,而且只要我们能够相信,音响也在神经中还作为周期性的运动来进行,这种观点就根本不是那么不好,关于这种运动,泽贝克(A. Seebeck)(见《鲍格年鉴》

① 欧拉《音乐学说新论》,佩特罗普利 1739 年,第 36 页。

第 68 卷)也曾经认为是可能的[①]。就这一点而言,赫尔姆霍茨的 5n 与 4m 的重合确有不少的象征意义,而无很多启发价值。

十七

迄今为止,我在作出我的论述时确信,我将不必向后退重要一步。在阐述我实质上已在很久以前遇到的下列假设时,我并未在同样的程度上带有这种感受。但这个假设也许至少有助于还从正面阐明和解释我以为必须向一种较完备的声音感觉理论提出的要求。我想首先用本书第一版的方式来阐明我的观点。

对于一种组织简单的动物来说,对它所处的环境的周期性轻 238

微运动的知觉也许是一个重要的生存条件。虽然注意力的变更(由于器官太大,其中不再可能出现很迅速的变化)变得太迟钝,振荡周期变得太短促,振动幅度变得太微小,以致刺激的各个震相不能进入意识,但是,要知觉到振荡性刺激的累积感觉效应将仍然是

① 我不能理解,怎么有人现在依然能主张冲动暂时重合的学说。如我所相信的,我已经在当时用一种更好的方法代替了泽贝克的实验(《论若干属于生理声学的现象》,入《维也纳科学院通报》1864 年 6 月 26 日),但我绝不可能假定感觉神经过程有周期性。在主观音调与邻近的客观音调之间,同样在两种主观音调之间,从来都观察不到有节拍,这种情况虽然当时不知道,但现在已不必再怀疑了。大家可以看施图姆普夫的有趣报道《对主观音调与重听的观察》(入《心理学与感官生理学杂志》第 21 卷第 100—121 页)。在我耳中出现的那些主观音调,通常持续的时间太短,以致不可能对它们进行实验。然而不久以前(1906 年)我成功地用一个很清楚的、不变的 c—sharp 弹奏了钢琴,我相信在钢琴上轻轻地奏出一丁点儿较低的 c—sharp,是绝不可能指明有任何节拍的。对我来说,指明节拍诚然是多余的,因为我认为两个相反的假定在生理学中是不能允许的。而更重要的是施图姆普夫关于无节拍的主观音调的和谐与不和谐所作的观察。

可能的。听觉器官将胜过触觉器官[①]。一种能振动的末端器官(听觉纤毛)借助于其物理特性反应的,既不是一切振动数,也不是一种振动数,而通常是许多相差甚大的振动数[②]。因此,一俟整个振动数连续统在某些界限之间对动物具有了重要性,少数末端器官就不再够用了,而是需要有一整系列这样的器官,以接受高低不等的音调。赫尔姆霍茨最初把螺旋器视为这样一种系统,后来又把基膜视为这样一种系统。

这种系统中的一个环节将难以仅仅对一个振动数作出反应。相反地我们必须期待,这个环节以高低不等的强度(也许是为结节所分割)很微弱地反应振动数 2n,3n,4n 等等,同样也反应振动数 $\frac{n}{2}$,$\frac{n}{3}$,$\frac{n}{4}$等等。既然每个振动数都有一种特殊能量的假定已经表
239 明是站不住脚的,所以我们就根据以上所述设想,最初只有两种感觉能量,例如说沉闷(D)与响亮(H),被激发出来。有关的感觉我们想(就像在混合颜色中做的那样)使用符号,以 pD+qH 来描述,或者,令 p+q=1,视 q 为振动数的一个函数 f(n)[③],以〔1-f(n)〕D+f(n)H 来描述。这时出现的感觉须对应于振荡性刺激的振动数,无论刺激触及末端器官系列的哪个环节。这并未根本破坏以

① 所以,那些只有很小的时间度量,因而其随意运动给我们产生律音的动物,是否有通常意义上的听觉,或者,使我们对它们造成"听觉印象"的东西是否反而不是触觉,这是有问题的。例如,参看格拉贝尔(V. Graber)的出色实验与观察(《昆虫的弦音感官》,载《显微解剖学文库》第 20 卷第 506 页)。参看我的《动觉理论大纲》第 123 页。这个猜想以后得到了多方面的证实。参看我的《通俗科学演讲集》,第 3 版,第 401 页。

② 例如,像亨森观察过的那样。

③ 若想得到一个很简单的表达式,则设 f(n)=k log n。

前的描述。这是因为，尽管环节 Rn 对 n 反应最强烈，而对 2n，3n 或$\frac{n}{2}$，$\frac{n}{3}$反应很微弱，尽管 Rn 以 n 对非周期性推动作振动，但感觉〔1－f(n)〕D＋f(n)H 却依然**主要是**与环节 Rn 联系起来。

业已得到很好的证实的**重听**情况（参看施图姆普夫《声音生理学》第 1 卷第 266 页以下）必然会使我们把 D 与 H 的激发比例视为依赖于**末端器官**而不依赖于**振动数**的，不过这个结论也同样不会影响我们的观点。

所以，环节 Rn 是以属于**这种**振动数的感觉，对 n 作出强烈的反应，而对 2n，3n……和$\frac{n}{2}$，$\frac{n}{3}$……作出微弱的反应。然而，无论是 Rn 对 n 作出反应，还是 $R_{\frac{n}{2}}$ 对 n 作出反应，感觉都很不可能依然**准确地**是同一个感觉。倒不如说，每当末端器官的各个环节对一个**分音**作出反应时，感觉就**可能**得到了一种微弱的**补充音色**。

我们想**用符号**来表示这种音色，即用 Z_1 表示基音的补充音色，用 Z_2，Z_3 表示泛音的补充音色，用 $Z_{\frac{1}{2}}$，$Z_{\frac{1}{3}}$ 表示低音的补充音色，如此等等。这样，声音感觉就可能是某种组合的东西，它比对应于公式 240
〔1－f(n)〕D＋f(n)H **更加丰富**。受到基音刺激的末端器官的序列所产生的各个感觉，构成了一个带有补充音色 Z_1 的领域，第一个泛音对末端器官序列的刺激产生了一个带有补充音色 Z_2 的特殊感觉领域，如此等等。这个 Z 可能或者是不变的组成部分，或者本身又由两个组成部分 U 与 V 组成，并由〔1－f(n)〕U＋f(n)V 构成可描述的序列。不过，现在要对这个问题作出判定却是没有意义的。

诚然，现在就须首先**找到生理学**要素 Z_1，Z_2……。我觉得，唯

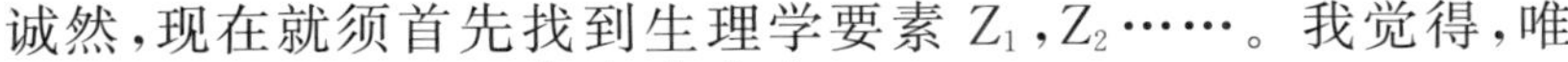

独这种认为必须寻找它们的看法是重要的。让我们把 Z_1, Z_2……视为**给定的**，看一看声音感觉领域是怎样的。

我们且以一个合乎旋律的或和谐的、结合而成的第三音为例。假定振动数是 $n=4p$ 和 $m=5p$，在这里**最低的**共同泛音是 $5n=4m=20p$，**最高的**共同低音是 p，则得出下列一览表：因此，即使律音

	末端器官序列的各个环节	R_p	R_{4p}	R_{5p}	R_{20p}
当律音4p与5p不包含泛音时	对振动数作出反应	4p，5p	4p	5p	$4p=\frac{20p}{5}$ $5p=\frac{20p}{4}$
当律音4p与5p包含泛音时	带有补充感觉	Z_4, Z_5	Z_1	Z_1	$Z_{\frac{1}{5}}, Z_{\frac{1}{4}}$
	另外对振动数作出反应		$20p=5(4p)$	$20p=4(5p)$	
	带有补充感觉		Z_5	Z_4	

不包含任何泛音，在结合而成的第三音中也出现了表征第三音的

241 补充感觉 Z_4, Z_5 与 $Z_{\frac{1}{4}} Z_{\frac{1}{5}}$，并且当泛音在律音中或者出现于耳外或者出现于耳内时，前一类补充感觉（Z_4, Z_5）还得到加强。这个图表对于任一音程都是容易被概括出来的①。

因此，这些补充音色虽然在各个律音及其滑动中几乎完全不

① 这里作出的描述以某种压缩与改变了的形式，见之于我的评论《声音感觉分析》（《维也纳科学院会刊》，数学与自然科学类，第 2 辑，1885 年 12 月）。在这里，声音感觉的分析可以按照作出重要进展的颜色感觉分析的类似方法加以进行。光的任何振动数都按照一种依赖于这类振动数的**比例**，引起少数特殊能量。这些能量的可激发性在视网膜的不同部位是不相同的。关于声音感觉，也可以作必要变更，假定有类似的比例。物理刺激的无穷多样性最初在两种场合显得对应于感觉的无穷多样性。生理学分析在这两种场合都得出结论说，应假定感觉的数目很少，并且按照平行论的原理，应设想它们不再直接依赖于复杂的**物理**刺激，而是直接依赖于同样简单的**心理物理**过程。

被察觉，但是却出现于具有特定振动频率的各个律音的组合中，就像色泽微弱、几乎发白的那些光线的对照在它们的组合中变得鲜艳一样。具体地说，一些相同的振动频率在任何一个律音高度总是对应于一些相同的对照音色。

这样就可以理解，为什么一些律音通过它们与其他律音的合乎旋律的、和谐的结合，就获得了各个律音所缺乏的极其多样的音色。

我们不可设想，要素 Z_1，Z_2……有不变的特定数目。倒不如说，我们必须设想，可察觉的 Z 的数目依赖于有机组织、耳朵训练和注意力。按照这种观点，耳朵能直接辨认的也并不是振动数的比例，而仅仅是这种比例所决定的补充音色。由 $[1-f(n)]D+$ 242
$f(n)H$ 作符号表达的律音序列不是无限的，而是有限的。因为 $f(n)$ 在值 0 与 1 之间移动，所以，D 与 H 是对应于最低律音与最高律音的感觉，即末端环节。如果振动数在末端环节的基音振动数之上或之下有大幅度下降或上升，则只出现一些很微弱的反应，而绝不再出现感觉种类的变化。音程的感觉也必定是在两个听觉界限的附近消失的。这首先是因为，声音感觉一般不再有差别，其次是因为，在上限中缺乏低音所能刺激起来的序列的环节，而在下限中则缺乏对泛音作出反应的序列的环节。

如果我们再概括考察已经获得的看法，我们就会看到，赫尔姆霍茨的著作所确立的一切结论几乎都能保留下来。噪音与乐音可以分解为一些律音。对应于任何可分辨的振动数的都是一种特殊的神经末端器官。但我们代替许多特殊能量的却仅仅是两种特殊能量，它们能使我们理解一切声音感觉的关系，并且通过我们注意的地位，同样能使我们分辨若干同时给定的律音。由于假定末端器官序列的环节有复合反应，由于假定“补充音色”，偶然音色的意义就退居到了次要地位，并且我们看到了主要依据音乐事实来进一步探讨音程的肯定标志的途径。最后，这后一种观点使奥廷根的二元性原理获得了一个基础，它也许向这位研究家本人许诺了某种较之“回忆”更好的道理，而同时表明为什么二元性不可能完全对称。

十八

243 关于末端器官的序列有复合反应的假定和关于补充音色的假定，我已经作了详细阐述，而且我提出这类假定，仅仅是为了解释心理学分析得出的公设的意义，或许能促进别人更成功地把握这个问题。所以，如果别人简直不同意这种尝试，我是不会感到惊奇的。但像施图姆普夫说的那样[①]，认为这类假定毫无用处，并且目的不明确，我则不能同意。补充音色 Z_4，Z_5 或 $Z_{\frac{1}{4}}$，$Z_{\frac{1}{5}}$ 在一根神经中的汇合不仅是物理学的事实，而且也是心理物理学的事实。取决于一种要素的混合音色感觉几乎不会是无所谓的。倒不如说，我觉得，我所寻求的东西，即解释音程的特定音色，和施图姆普夫所寻求的东西，即解释音色的融合，即使不用泛音，而根据我所假定的部分重合，也可能在实际上得到说明。如果施图姆普夫进一步说，在带有泛音的乐音中，要理解相同音程的类似性，对赫尔姆霍茨来说，绝不存在什么困难，那么，这是以误解我对赫尔姆霍茨

① 施图姆普夫：《声学和音乐科学论丛》，第1册，第17、18页。

所作的批判为依据的。无论谁听说在两个第三音中会合了同样强的泛音，谁都不会感到满意，因为问题毕竟在于质上类似的感觉。假如对于合乎旋律的第三音阶的识别是直接可以理解的，那么，要认识和谐的、结合而成的第三音自然就不必寻找什么特别的解释了。但因为施图姆普夫本人以为合乎旋律的音阶是由和谐的结合标志的，所以这种观点就可能包含一种循环论证。按我的阐述来说，特定振动数比例的合乎旋律的、和谐的选择这一事实，也导致同 244
一个问题。我的假定倾向于共鸣理论，按施图姆普夫的观点，就因为这个缘故，也应该抛弃。这最后一点应该再特别加以叙述。

十九

关于听觉的物理学过程，特别是关于中耳的各个部分的功能，已经有很多讨论。虽然如此，看来也很有必要对物理学听觉理论作一种毫无偏见的修正。有人曾经问过，整个听觉小骨片是否振动，或者，音波是否通过这种骨片。韦伯决意拥护前一种观点，这种观点是由波利泽尔(Politzer)用实验方法加以证实，并由我首先在理论上论证过的[1]。如果听觉小骨片的量纲与我们所考虑的音波的长度相比，在其材料方面就像实际上遇到的那样，是很小的，则毫无疑问，同样的一些运动相位都几乎出现在小骨片的整个范围里，因而整个小骨片必定都在运动。这时我们可以设想，听觉小

① 马赫:《听觉器官理论》，载《维也纳科学院会刊》，第58卷，1863年7月。其次参看赫尔姆霍茨:《听觉小骨片的力学原理》，1869年。

骨片的运动传递到了迷路的流体上。但病理学的经验却告诉我们，只要迷路运行正常，即使没有听觉小骨片与鼓膜的合作，我们的听觉也很好。只有问题在于把最轻微的空气运动传递到迷路上，这些部分才显得有重要性。在这种情况下，把扩散在整个鼓膜
245 表面的压力缩小到小镫骨的踏板上，看来是必要的。否则，音波也就会通过头盖骨而被传递到迷路上。在把能发出音响的物体（音叉）置于头部的不同位置时，我们确信，进入迷路的音波的方向绝不起任何特殊的作用。音波接受器的一切量纲与可以听到的音波相比，又是很小的，而音响在骨头与迷路流体中的传递速度则很大，因此，又是在一瞬间同一波相才能明显地在迷路的整个范围里占有其地位。以上所述得出的结论在于，并不是运动与运动的方向，而是在迷路中几乎同步出现的压力变化，应看作是引起感觉的决定性刺激。

然而，且让我们来考察镫骨板运动在迷路中所能传导的运动。我们首先设想，剔出一切柔软部分，骨壁限定的空间仅仅充满了液体。这里能占有其地位的运动，是一种从椭圆窗向正圆窗、从正圆窗向椭圆窗的周期性流动，其形式因为干扰的速度相对于音响的速度而逐渐消失，将几乎完全不取决于周期。如果我们设想两窗的表面为正电极与负电极，并且能传导液体，则电流线与周期流动线会重合。当液体中的柔软部分因其比重差别很小而下沉时，这种情况也不会有很多改变。液体的质量起着主要作用。除了液体以外，各个结构每每按照律音高度而能采取一种特殊的局部振动状态，关于这个事实几乎毋需叙述。在这里量的关系完全不同于弦或膜在空气中的关系。

所以我觉得，埃瓦德的新听觉理论[①]并不比赫尔姆霍茨关于 246
螺旋纤维或基膜电振动的理论更能站得住脚。如果说涂油的膜在埃瓦德实验中，在外层涂得很厚时，就再也显示不出清楚的划分，那么，它在沉入液体中，相应地缩小量纲时，就完全看不清楚了。此外，我们还必须强调指出，埃瓦德的理论也另外在许多方面是适合的，并且可能显示出一些优点。例如，即使没有泛音，膜也在和谐的音程里显示出波节线的重合。所以，这个理论似乎完成了上述公设的一部分。但可惜，撇开它也不能解决的其他困难不谈，它在物理学中是不能允许的。我当然不会妄自用三言两语去否定一件出色的、勤勉的工作，但我也毕竟不能不表示我的疑虑。

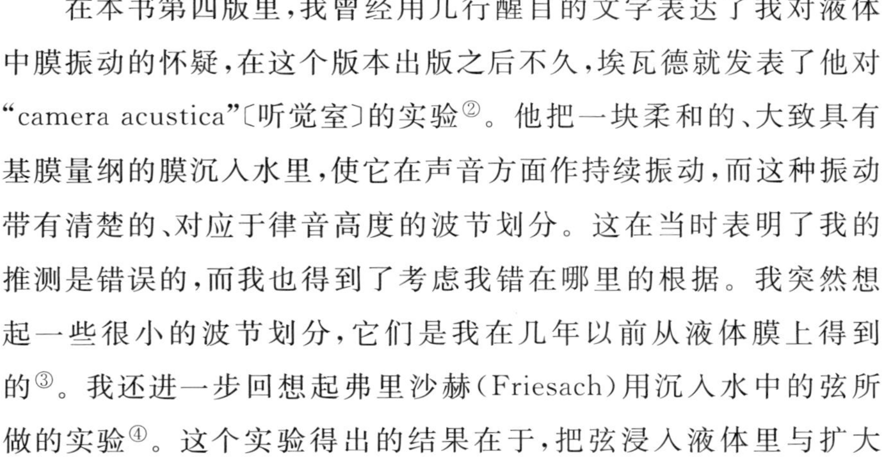

在本书第四版里，我曾经用几行醒目的文字表达了我对液体中膜振动的怀疑，在这个版本出版之后不久，埃瓦德就发表了他对“camera acustica”〔听觉室〕的实验[②]。他把一块柔和的、大致具有基膜量纲的膜沉入水里，使它在声音方面作持续振动，而这种振动带有清楚的、对应于律音高度的波节划分。这在当时表明了我的推测是错误的，而我也得到了考虑我错在哪里的根据。我突然想起一些很小的波节划分，它们是我在几年以前从液体膜上得到的[③]。我还进一步回想起弗里沙赫(Friesach)用沉入水中的弦所
做的实验[④]。这个实验得出的结果在于，把弦浸入液体里与扩大 247

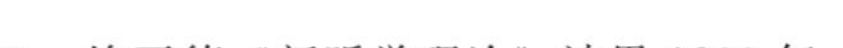

① 埃瓦德：《新听觉理论》，波恩 1899 年。

② 埃瓦德：《普弗吕格文库》，1903 年，第 93 卷，第 485 页。

③ 《光学与声学试验》：布拉格 1872 年，第 93 页。

④ 弗里沙赫：《维也纳科学院通报》，1867 年，第 56 卷，第 2 辑，第 316 页。

弦的质量是一样的，因为液体仅仅在弦的附近以很短的轨道来回同步流动，伴随着这种振动。所以完全可以设想，迷路液体是整个来回振动的，然而在液体中缩小了许多倍的膜的传递速度也表露出膜的持续振动。但如果证实了存在着这样的膜振动，则埃瓦德的理论观念是很有价值的。我在这里还想指出施特尔写的两篇报道[①]，它们在我看来包含着有发展前途的思想萌芽。参看附录 17。

二十

从物理学方面论证共鸣理论的困难，像我所看出来的那样，至少不是被它的创始人感觉到了，而是被研究这种理论的一切人都或多或少地感觉到了。但同时我们也认识到，随着放弃这种理论，促使理解声音分析、审视声音感觉学说的动机也就消失了。拼命维护共鸣理论的各种努力即由此而来。赫尔曼[②]曾经以为，没有某种共鸣理论，我们就寸步难行，但这种理论并不一定就是**物理学的**，
248 而且也可以是**生理学的**，我认为他所说的这些话是正确的。我们可以与赫尔曼一道，作出一个明白可信的假定，即神经末梢器官**本身**对于具有特定**周**期的刺激尤为敏感[③]。使器官返回平衡位置的并不一定恰好就是弹力，相反地，我们也可以设想电的、化学的

① 施特尔:《论断音》，载《德意志评论》1904 年 7 月。马赫与凯塞尔(《鼓窝的功能》，载《维也纳科学院通报》第 66 卷第 3 辑，1872 年)也已经指出从非对称观点研究声学问题的必要性。施特尔《音色》，载《南德月报》，慕尼黑与莱比锡，1904 年 7 月。他在这篇报道中通过另一条途径追求的目标接近于我的目标。

② 赫尔曼:《普弗吕格文库》，第 56 卷，第 494、495 页以下，1894 年。

③ 即使能确立一种充分的物理学共鸣理论，这个假定也可能依然保有其价值。

平衡状态，设想对这类平衡状态的偏离，这些偏离的行为犹如＋符号与－符号。其次，在这些器官中也会有一种结合，通过这种结合，一个器官能以刺激兴奋的方式影响另一个器官。这样就展现出了一个有根据的前景，补救物理学共鸣理论遭受的损失。在这里我不可能完备而准确地复述赫尔曼的论说，而只能以指引读者参看他的论著为满足。

只有一点我还想加以考察。如果两个具有振动数 n，n' 的正弦形（钟摆形）振动是协合发生作用的，那就产生了一些节拍，我们可以把它们视为律音 n 或 n' 在一秒内（$n'-n$）次的升降起伏。但空气运动却绝不可被视为一种似乎包含正弦振动、即律音 $n'-n$ 的运动。这样的节拍无论是迅速还是缓慢，也都绝不可能激发具有振动数 $n'-n$ 的物理共鸣器。当我们设想或描绘节拍过程时，我们诚然容易看出，在共鸣器振动（$n'-n$）的延续时期，有一些数量同样多、强度同样大的正冲动与负冲动。在这个时期的前一半就像在后一半一样，有数量相等、方向相同的冲动。因此，有效的积累作用也就被排除了。但是，只有我们把共鸣器制造得对一种冲动比对另一种冲动更加敏感，而且是在其振动时间的前一半更加
敏感，这种情况才似乎是可能的。我们可以看到，同一种考虑问题 249
的方式如何在一方面导致了放弃杨用节拍迅速对组合律音所作出的解释，又如何在另一方面坚持共鸣理论时导致了赫尔姆霍茨的组合律音理论。但赫尔姆霍茨所必须假定的**物理学**关系，在我们听到组合律音的许多情况下看来并不存在。不过，我们也确实可以设想，一个**神经**器官对于相反的冲动有不同的敏感性，并且在这种冲动的刺激作用的不同阶段，同样有不同的敏感性。因为这个

器官并不单纯尾随那些作用于自身的力量，而且也包含一个**能量存储器**，那些力量只有不断释放能量，才能对这个存储器起作用。这样一来，杨的错误和赫尔姆霍茨的那种估计不会成功的改进尝试就似乎都导致一个重要的**新**观点。

二十一

赫尔姆霍茨的声音感觉学说在最初问世时，显得是一种杰出的、完备的和堪称典范的成就。但它的基本格局却未能经得起批评。而这种批评并不是随心所欲的，这可以从下列事实得到充分证明，那就是不同的批评家的论述尽管带有种种个人的独特之处，但都指向同一要点，指向同一方向。从批评的结果来看，主要问题差不多都是返回到赫尔姆霍茨以前的立场上提出来的。假如允许从个人的立场来看待这件事实，那么，这个事情的结局可能是悲剧性的。

赫尔姆霍茨的成就虽然有懈可击，我们却不能低估。除了我们归功于这件工作的丰富的和积极的收获以外，它还谈到运动，使
250 研究者有勇气从事其他的试验，许多新的探讨受到了鼓励，新的前景展现了出来，可能陷入的迷津被永远肯定地排除了。一种新的尝试和批评确实很容易同现有的建设性工作结合起来。

赫尔姆霍茨发生迷误的地方，在于他以为心理学家、生理学家和物理学家用大量著作研究的这个课题能够主要根据物理学观点来解决。然而，在上世纪中叶与他一道建立起物理生理学派的同时代友人也必定已经认识到，我们掌握的一小部分无机物理世界还远非整个世界。《声音感觉学说》是天才的猜测，是艺术直观的表现，虽然它仅仅用符号、物理类比和图像向我们指明了从事进一步研究的道路。因此我们必须注意，不要随着克服缺点，也把有价值的东西抛弃。赫尔姆霍茨本人为什么很少留心这类批评，我不知道。不过，按照他最后的安排，《声音感觉学说》原文在他死后毫无改变地保留了下来，我觉得他这样做是正确的。

二十二

对于习惯于从进化论观点看事物的人，高度发达的现代音乐和突然自发出现的音乐禀赋乍然看来是一种极奇特的神秘现象。这种听觉能力的发育与物种的保存有什么关系？它不是远远超出不可或缺或单纯有用的限度了吗？精细分辨音调对我们有什么意义？交响乐的音程与音色的感觉对我们有什么用处？参看附录18。 251

真正说来，关于任何艺术我们都可以提出同样的问题，无论艺术的素材是取自这个感觉领域，还是取自那个感觉领域。关于牛顿、欧拉等人的那种似乎远远超过必要限度的智力，也有这个问题，只不过这个问题在涉及音乐的方面最为明显，因为乐音不必满足任何实际需要，往往不必表现任何东西。但与乐音关系很密切的则是装饰。谁想看装饰，谁就必须能辨别线条的方向。而谁能精细分辨线条的方向，谁就会得到对于线条的悦目组合的感受，在某种程度上作为他的教养的副产品。颜色和谐感在分辨颜色的能力得到发展以后的情况如何，音乐感的情况也就如何。

我们现在也必须坚持，我们所谓的有才能的人与天才，无论其成就显得多么巨大，在禀赋方面与通常人相比，只不过表现出一种很小的差别。才能可以归结为一个领域中的某种较大的心理力量。如果超越过少年时期而获得了适应环境的能力，获得了打破常规的行动自由，才能就会变为天才。儿童的天真无邪令我们心旷神怡，并且几乎总是给我们造成天才的印象。但这种印象通常很快就消失了，而且我们察觉，我们成年人习惯于归诸自由的同样一些表现，在儿童身上还以其缺乏固定性为起源。

才能与天才像魏斯曼确切地强调指出的那样[①]，并不是逐渐
252 地、缓慢地出现在世代相传的序列中，也不可能是祖先的锻炼积累的结果，相反地，它们是突然自发地显示出来的。与刚才所说的意思联系起来看，这也是可以理解的，因为我们考虑到，子孙们并非准确地与直系祖先相似，相反地，它们的特性有所改变，而且它们的远祖与近亲时而显示出某种业已削弱的东西，时而显示出某种得到提高的东西。比较同一对双亲的许多儿童，在这一点上是很有教益的。否认血统对心理素质的影响，正像按照心胸狭隘或阴险奸诈的现代种族主义盲信者的意思，把一切都归结为血统一样，看来也是不合乎理性的。然而，我们每个人都亲自体验到，我们把哪些丰富的心理获得性归因于文化环境，归因于早已消失的世代的影响，以及归因于同时代人。进化的各个因素恰恰不是在那胚胎的后期生命中突然变得不起作用的[②]。

① 魏斯曼：《论遗传》，耶纳 1883 年，第 43 页。

② 参看瓦拉舍克的合理的、客观的看法，见《音乐基础》，莱比锡 1903 年，第 291—298 页。

第十四章　前面的研究对于物理学观点的影响*

一

物理学从前面的研究中有什么收获呢？首先，消除了一种非 253
常流行的偏见以及由此产生的障碍。心理的东西和物理的东西之间绝不存在不可逾越的鸿沟，也不存在内部和外部；也不存在这样一种感觉，它和不同于感觉的外界事物是相应的。仅有一类要素，它们构成所谓内部和外部。至于要素本身，则是按照临时的考察方式来区分内外的。

感性世界既属于物理学研究范围，同时也属于心理学研究范围。我们在研究气体状态的过程中，如果不考虑其温度的变化，则达到马略特定律，反之，如果特别观察其温度的变化，则达到盖-吕萨克定律。然而我们的研究对象总是相同的。只要我们研究感性

* 这一章里讨论的问题，我已经部分地在我以前的著作（《能量守恒》、《物理学研究的经济本性》、《力学》和《热学》）中有过论述。关于把概念作为经济方法的观点，哈佛大学教授詹姆士先生在交谈中指出，我注意到他的论文《合理性的情感》（载《心》第 4 卷第 317 页，1879 年 7 月）和我的著作的一致处。每一个人读了这篇公正的、有远见的和生气勃勃的论文，都会感到愉快和有所收获。

世界的联系而完全不考虑我们的身体在此中所起的作用，我们就
254 是在研究最广义的物理学。但是，当我们的主要意图正好针对我们的身体，特别是我们的神经系统时，我们则是在研究心理学或感官生理学。我们的身体如其他东西一样，是感性世界的一部分。心理的东西和物理的东西之间的界限，完全是实用的和约定的。对于高度的科学目标来说，如果我们撤销区分心理的东西和物理的东西的这个界限，将一切世界的联系都看成为等价的，那么，我们就会成功地开辟科学研究的新道路。

前面研究的另一种收获，是在于物理学家不再如过去那样过于佩服传统的理智方法了。通常所谓的“物质”既然可以认为仅仅是一种感性要素相对稳定的复合体，是表示这种复合体的一种不自觉地构成的、很自然而然的思想符号，那么，这种观点对于物理学和化学中那些人造的、假设的原子和分子来说，就格外可以适用了。这些理智方法的价值对于物理学和化学的特殊的、有限的目标所起的作用，是无可非议的。它们永远是把物理学和化学的经验符号化的经济方法。但是人们对于这些方法如同对于代数符号所期待的那样，仅能得到放进去的东西，就是说，除了从经验本身得到启发和启示之外，就得不到任何其他的东西。我们在物理学领域之内要永远警惕，不要对我们的符号作过高的估计。有一种离奇想法，企图应用原子概念说明心理过程，我们更不能为这种想法所侵扰！实际上原子仅仅是那些特殊的感性要素复合体。这样的复合体，我们在物理学和化学的狭小范围内才有遇到的机会。

二

人的根本直观，自然而然地构成一种对于狭小的或广阔的经验范围和思想范围的适应。物理学家或许还满足于一种僵硬物质 255 的概念。这种物质的唯一变化就是运动、场所的变更。生理学家和心理学家面对这种东西完全不能有所作为。但是，谁想把各种科学集合而成为一个整体，谁就必须得寻找一种在所有科学领域内都能坚持的概念。如果我们将整个**物质世界**分解为**一些要素**，它们**同时也是心理世界的要素**，即一般称为感觉的要素，如果更进一步将一切科学领域内同类要素的结合、联系和相互依存关系的研究当作科学的唯一任务，那么，我们就有理由期待在这种概念的基础上形成一种统一的、**一元论的**宇宙结构，同时摆脱恼人的、引起思想紊乱的二元论。当然，将**物质**看成绝对常存的和永远不变的东西，这实际上就破坏了物理学和心理学之间的联系。

认识论的批评对于任何人都没有损害，就是对于专家，例如对于物理学家来说，也绝不会有这种考察方式引起不安的根据。精确的观察和巧妙的本能是科学家完全可以信赖的导师。只要他们的概念显得是不适用的，这些概念就会最好地和最快地被事实改正过来。但是，如果我们涉及的是研究各个不同的特殊发展进程的相邻科学领域的互相结合问题，那么，应用一个**狭隘的**专门科学领域的有限概念是无法做到这一点的。在这种场合之下，就需要创造一种适用于**更广泛的**研究范围的概念。并不是每个物理学家都是认识论的批评家，每个物理学家既没有必要，也不可能成为认识论的批评家。专门研究要求一个人全力以赴，对于认识论的批评家的要求也是如此。

256 本书第一版出版后不久，有一位物理学家教训我，说我是很笨拙地执行了我的任务。他说，在头脑中的原子轨道没有被认识之前，人们对于感觉无法进行分析。一旦头脑中的原子轨道被认识了，关于感觉的一切问题就能迎刃而解。这些话在拉普拉斯时代的青年那里或许能找到肥沃的土壤，可能在“潜伏运动”(!)的基础上发展成为一种心理学的理论，但是对我来说，断然是毫无用处的。无可讳言，这些话也有其作用，那就是要我对杜步瓦的“不可知论”不公开地请求谅解，因为到那时为止，我认为他的理论引起了科学中的最大紊乱。然而杜步瓦认识到他的问题不可能解决，这不能不说是科学上的一个重大进展。这种认识使许多人得到思想上的解放；这是他的著作所得的效果，否则这种效果是无法理解的[①]。这种见解的重大意义，是在于一切所谓原则上不可解决的问题，应归咎于我们**用错误的方式提出了这种问题**。当然杜步瓦自己并没有认识到这一点。因为他像其他无数的科学家那样，将专门科学的仪器看成真正的世界了。

三

科学既能根据物质材料，也能根据对这种材料的处理方式加

① 参看杜步瓦-雷梦得(Dubois-Reymond)的《自然认识的界限》1872 年，第4 版。

以划分。但是,一切科学总是以事实在思想中的摹写为其出发点,或者是为了实际的目的,或者是为了解脱理智方面的烦恼。我们用“导言”中所使用的指称来说:当人们对其他要素的联系使用 $\alpha\beta\gamma$……来摹写时,就产生了科学。例如,最广义的物理学是通过 ABC……及其相互关系的摹写产生的;感官生理学和感官心理 257
学是通过 ABC……对于 KLM……的关系的摹写产生的,生理学则是通过 KLM……相互之间的关系和 K L M……对于 ABC……关系的摹写产生的。使用其他 $\alpha\beta\gamma$……对 $\alpha\beta\gamma$……的摹写则导致真正的心理科学的产生。

例如在物理学方面,似乎有一种意见,认为对物理学来说,重要的是构成感性事实的核心的原子、力和规律,而不是感性事实的摹写。但是,公正的思考会使人深信,只要我们的思想对感性事实能作出完善的摹写,那就能满足实用的和理智的要求。因此,这样的摹写是物理学的最终目的。原子、力和规律则不过是使我们易于完成这种摹写的方法,而且这种方法仅能根据对我们帮助的大小来断定其价值。

四

我们认识一种自然过程,例如地震,如果我们的思想能将整个相关的感性事实展示到这样一种程度,以致这种思想几乎能当作这种事实的代替品,而这种事实本身则能当作已经熟悉的事物,从而使我们不会对这种事实感到不知所措,那么,我们对这种自然过程的认识就会达到尽可能完善的地步。例如,假使我们听到地下的吼声，感到摇晃，觉得地板起落，墙壁破裂，尘土降落，看到家具和壁像左右摇摆，钟停止摆动，窗户颤动作响，发生裂痕，门柱扭歪，门扇无法转动，假使我们见到风浪像穿过麦田一样，穿过森林，折断树枝，把城里刮得尘土飞扬，并听到钟楼上的钟敲响，假使我们还感到一些当时尚未认识的地下运动过程会出现在我们眼前，那么，我们就会从这许许多多想象的现象中联想到地震如同从远
258 处急驰而来的车辆一样，即将到来，以致我们终于感到大地在我们脚下震荡起来。我认为，我们对于地震的认识，除了所举的这些见识之外，便不能有**更多的**苛求。虽然我们没有一定数学辅助概念或几何学构造就不能将从属于地震的部分事实以正确的比例组合起来，而这些概念或构造毕竟能使我们的思想逐渐地了解那些不能**一下子**了解的事实。但是，这些辅助概念如果不能使我们对于感性事实作出生动的描写，便是没有什么价值可言的。

假如我见到射在棱镜上的一束白光以彩色扇形出现，具有事前给定的角度，假如我见到插入一块透镜时在屏障上形成光谱实像，因而也在预先知道的地方见到弗兰霍夫线，假如我见到这些谱线在棱镜转动时如何移动，在棱镜的质料替换时如何移动，在它的有关温度记录改变时又如何移动，那么，我就认识了我对这个问题所要知道的一切。所有的辅助概念、定律和公式仅仅是我的感性表象在数量方面的准则。后者是科学的**目的**，前者是科学的**方法**。

五

因此，思想对事实的适应，是一切自然科学工作的目标。科学

有意地和自觉地对日常生活中没有注意的自动过程继续进行研究。只要我们有可能做自我观察，我们就能发现我们的思想已经对事实具有广泛的适应性。思想会把那些像感性事实一样的要素集合体展现在我们面前。但是，有限的思想储存不足以应付不断变化的经验。几乎每个新的事实本身都带来了继续适应的过程，而这种继续适应的过程是在判断过程中体现出来的。

人们在孩子们那里会观察到这种过程。有个小孩初次从城市 259
来到乡村，来到一片大草原，四面八方地观看周围的景色。他惊讶地说："我们是在球里面。宇宙是一个蓝色的球。"①这里我们有两个判断。但是，什么是构成这些判断的因素呢？在第一个判断中，那个已经完成的感性表象"我们"(他自己和他的伙伴)以同样现成的球的表象作为补充，构成一种单独的形象。与此类似，在第二个判断中，"宇宙"的形象(所有环境中的对象)是以包容万物的蓝色的球(它的表象已经有了，否则不会有这个名称)作为补充而构成的。因此，判断经常是一种对感性事实作出更完善陈述的感性表象的补充品。如果判断能用语词来表达，那么，这样的判断就总是在于用现成的记忆形象组成崭新的表象，而这些记忆形象在一个人说到时，就会在心目中涌现出来。

因此，判断的形成过程就是一种表象在感性事实指导之下，由其他感性表象充实、扩大和补充的过程。如果这种过程已经完成，

① 这里引用的实例不是虚构，而是从我的三岁孩子身上观察到的情况。这种情况证实了一种生理学事实。当然这一点是后来才被认识的。古代科学天文学就是从这样素朴的陈述开始的。但是当时它认为这是一种物理学陈述。

我们对于这种形象也习以为常，这种形象便会作为完成的表象进入意识里面。这样，我们就不再和判断，而是和简单的**记忆**[①]打交
260 道了。自然科学和数学的成长大部分是以这种**直观**认识（如洛克所称的那样）为基础的。例如，我们观察下列一些句子："1. 树木有根。2. 青蛙无爪。3. 蝴蝶从毛虫中嬗变出来。4. 稀硫酸溶解锌。5. 摩擦玻璃生电。6. 电流使磁针转向。7. 正立方体有六个面、八个角和十二个边。"第一个句子意味着树木表象在空间上的扩大，第二个句子意味着由于习惯而急促构成的表象的修正，第三、四、五、六个句子意味着和它们相关的表象在时间上的延续，第七个句子向我们提供了几何学直观认识的一个实例。

六

这样的直观认识铭刻在记忆里面，表现为自发地补充每个感性事实的回忆。这些各种各样的感性事实不是完全相同的。但是，感性表象的共同组成部分的不同情况将因而得到加强，而且使**尽可能泛化的**原则或**连续性**原则进入记忆之内。另一方面，记忆

① 我在这里不能介入关于判断过程的研究。但是我想在关于这个课题的新的著作中，提出耶路撒冷（W. Jerusalem）的《判断功能》（维也纳 1895 年）这本书。虽然我没有和他站在同样的观点上，但读了他的著作，通过许多细节方面的研究，得到了好多启发，学到了好多东西。在生理学方面，特别是在判断的生物功能方面，他作了非常生动的陈述。然而，他将判断的主体作为力的中心，几乎不能说是妥当的。反之，人们乐于承认，在文化发展和语言形成的开创时期，拟人说的观念曾经有过很大的影响。施特尔在他的著作《名称的理论》（1889 年）、《判断的多义性》（1895 年）和《文法的代数》（1898 年）里所研究的，是完全不同的问题。在我看来，这些著作关于逻辑和文法的关系的研究，是饶有趣味的。

如果要对各种各样的事实作出合理的安排，而且有实际的用处，则必须符合于充足分化原则。甚至于动物也能根据鲜红色和黄色的水果（无须仔细观察树木），回忆起甜的味道，根据绿色的（难于看出的）硬水果，回忆起酸的味道。追逐昆虫的猴子会捕捉成群飞鸣 261
的东西，但提防带着黄斑和黑斑的苍蝇和黄蜂。这些实例足以明确地说明，记忆是力求尽可能泛化和连续性的，是力求实际的充足分化的。要想达到这两个目标，可以用同样的方法，就是强调和突出对于思想过程和经验的适应具有决定性作用的那一部分感性表象。如果物理学家概括地说“所有透明刚体都将射入的光线折射为垂直的”，如果他特殊地说“非晶体和同分异构晶体的折射是单层的，其余的物体的折射则是双层的”，那么，我们在他们那里也会见到十分类似的情况。

七

思想对于经验的适应大部分是在感性事实指导之下，不自觉地和随意地完成的。如果这样的适应足以应付大多数发生的事实，但我们遇到一种和我们习惯的思想进程相矛盾的事实，同时又不能立即发现导致新的分化的决定性因素，那么，就会产生一个问题。新的、不常见的和奇异的事实是作为引人注意的刺激而起作用的。只有关于实用的考虑或单纯理智的烦恼才能创造排除这种矛盾的意志，创造新的思想适应的意志。有意识的思想适应或科学研究就是这样产生的。

例如，我们有时见到一种完全和我们的习惯相反的现象：笨重

的东西使用杠杆或者滑轮只须费很少的力气就会举起来。我们寻
求这种不能直接向我们提供感性事实的分化因素。当然，只有当
262 我们将各种类似的事实作比较，注意到重量和力臂的影响，自然地
达到力矩或功的抽象概念时，才能说明这里的问题。力矩或者功
都是分化的要素。如果关于力矩或者功的观察成为思维的习惯，
那么，这样的问题就不再存在了。

八

我们进行抽象时，是在做什么？什么是抽象？什么是概念？一种感性表象会符合概念么？我不能想象一个一般的人，而最多只能想象一个特殊的人，或者说，只能想象这样一个人，这个人结合了不同的人的偶然特征，而这些特征并不相互排斥。我不能想象一般的三角形，这种三角形既是等边的，同时又是直角的。一个随着概念名称出现的、陪伴着概念操作过程的形象，绝不是概念。一般地说，那种亟须用以表示许多具体表象的语词，也不能看成为概念。例如，初次看到一只黑狗和听到这个名称的小孩，会同样地称呼一只飞跑的大黑甲虫为“黑狗”，同样地称呼一头牛或猪为狗[1]。能够在以往有名称的表象上回忆起来的任何一种类似的东西，都会引导我们使用相同的名称。这种类似之点在先后相继的

① 例如马科曼族人把罗马人从多瑙河引渡来的狮子叫做“狗”，约阿尼亚人按照生活在灌木丛中的蜥蜴的名字，把尼罗河的“Champsa”称为“鳄鱼”。（希罗多德，卷二，第 69 页）

许多情况之下，完全不必成为**同样的东西**。例如，这一次是在颜色方面相似，另一次是在运动方面相似，又一次是在形式、外部覆盖物方面相似，如此等等。因此，这里完全不存在概念问题。所以，小孩有时称呼鸟毛为头发，牛角为触角，刮胡刷为父亲的胡须，而把蒲公英的种子毫无差别地称为“刮胡刷”，如此等等，不胜枚举[①]。大多数成人也可能按同样的方式使用语词，只是不那么突 263
出，因为他们有更多的词汇可用。一般人称呼矩形为“四角形”，有时也把骰子（由于有直角的界限）同样称为“四角形”。语言科学和若干可信的历史事实告诉我们，许多民族都是按这种方式使用语言的[②]。

概念根本不是**现成的**表象。我们使用一种语词来表达概念时，这种概念中有一种引起常见的**感觉活动的简单冲动力**。这种感觉活动的**结果**会产生一种感性要素（概念的标志）。例如，我在想到**七角形**的概念时，就依次计算眼前的图形或心中的表象的棱角，一直数到“七”为止。在这种情况之下，声音、数字和手指向我们提供数的感性标志。这样，给定的表象和给定的概念才能一致起来。如果我说到一个**平方数**，我可以用 5×5，6×6 等等运算方式，表示这个数，找出其感性标志，即两个相乘的数是**相等的**。这种处理方式对于任何概念都适用。语词引起的感性活动可以由许多操作组成，其中一种操作可以包含着另一种操作。但是，所得的结果总是一种前所未有的感性要素。

① 全部实例都是从观察中得来的。

② 辉特尼（Withney）：《生活和语言的成长》，莱比锡，1876 年。

如果我见到或者想到七角形，我心目中便无须再设想棱角的“七”的数目。七角形的“七”的数目是通过计算棱角的数才得出的。例如，拿“三角形”来说，新的感性要素经常是那么显而易见，以致没有必要对它作数的运算。然而，这是一些特殊情况，这些情况恰恰会导致对于概念的性质的误解。例如，拿圆锥曲线来说，我们不能直接见到这些圆锥曲线（椭圆，抛物线，双曲线）会包含在同样的概念之内。但是，我们切断圆锥体和列出方程式，即能见到这
264 个事实。

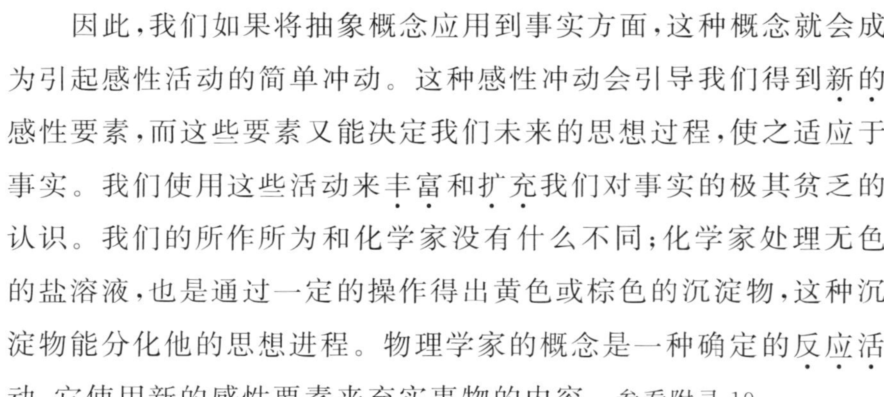

因此，我们如果将抽象概念应用到事实方面，这种概念就会成为引起感性活动的简单冲动。这种感性冲动会引导我们得到新的感性要素，而这些要素又能决定我们未来的思想过程，使之适应于事实。我们使用这些活动来丰富和扩充我们对事实的极其贫乏的认识。我们的所作所为和化学家没有什么不同；化学家处理无色的盐溶液，也是通过一定的操作得出黄色或棕色的沉淀物，这种沉淀物能分化他的思想进程。物理学家的概念是一种确定的反应活动，它使用新的感性要素来充实事物的内容。参看附录 19。

一种很不充分的感性能力和一种很有限的灵活性就足以构成概念。关于这一点，哑巴和盲人罗拉·布里奇曼的智力发展史即能说明。这个哑巴和盲人的发展历史，在耶路撒冷的有趣的小册子[①]里面作了浅显的叙述。罗拉几乎完全没有嗅觉。她对于震动

① 耶路撒冷：《罗拉·布里奇曼》，维也纳，1891 年；《马利娅·哈尔丁》，载《奥地利评论》（第 3 卷 292 页、426 页，1905 年）。斯特恩（L. W. Stern）：《海伦·克利尔》（柏林，1905 年）。

和声浪的知觉仅来自她的脚板和手指。简言之，她只能靠她的皮肤构成简单的概念。她在周围行走和移动双手，才找到门、椅子、刀子等等的可触特征（类的特征）。当然，这样的抽象能力是有限的。她自己获得的最抽象的概念，似乎是数目。总而言之，她的思维过程是依存于特殊的表象。对于这一点的证明，在于她认为课本中的数学习题是特别为她编写的，按照她的见解，天空或宇宙的彼岸是一所学校，如此等等。

九

为了和以前引用的实例联系起来，我们观察一根杠杆。我们必须量其力臂，称其重量，并将表示力臂长度的数目和表示重量的数目相乘。如果同样的感性数目符号和两个得数相符合，我们便会得到平衡。这样，我们就有了一种新的感性要素，这种要素从前在单纯的事实中还不存在，现在则将我们的思想进程分化了。我们如果正确地认识到概念的思维是一种要彻底地实习的反应活动，就能了解那种众所周知的事实，即数学或者物理学或者任何一种自然科学，仅仅通过讲授和阅读，而不做实际练习，是无法掌握的。理解完全是以实践为其基础。不研究具体事物，无论在什么领域内，都不能上升到高度的抽象。

因此，事实是通过概念的处理而扩大和充实的，并且最后又得到了简化。只要新的、决定性的感性要素（例如表示杠杆力矩的数目）被发现了，这种要素就会受到更多的重视，而各种极其不同的事实的相似性和差别性也只有通过这种要素才能看得出来。如同直观认识的情况那样，在这里一切事物都可以归结为决定性的感性要素的**发现**、**强调**和**挑选**。科学研究只能通过**曲折的道路**达到向直观认识**直接**显示出来的东西。

化学家是用他的试剂对待事实的，物理学家是用度量尺、天平和电流计对待事实的，数学家对待事实也持完全同样的态度；他和其他研究家的唯一不同之点，就在于他扩大事实时极少越出要素 $\alpha\beta\gamma$……，KLM 的范围。他的辅助方法总是非常方便地放在手边。
266 科学家和他的整个思维，如同任何其他东西一样，都仅仅是自然界的一部分。在科学家和自然界的其他部分之间不存在真实的、不可逾越的鸿沟。一切要素都是等价的。

如果人们（像康德那样）将抽象思维的本质看成**消极**的注意力，则按照前面的论述来说，这种本质就是不可穷尽的。的确，在抽象过程中我们的注意力远离开了许多感性要素，但另一方面，它也转向新的感性要素，而且这种转向正是科学研究的重要特点。任何抽象都是以突出一定的感性要素为根据的。

十

在这里我没有改动我 1886 年的说明，但是我想同时向读者指出我在以后的一部著作中所做的进一步的论述[①]。在《热学原理》第二版（1900 年）中，我已经提到冈佩茨和利鲍 1897 年以来发表的著作，这些著作包含的研究成果在某些方面和我的成果是类似

① 《热学原理》（1896 年），1900 年第 2 版，第 415、422 页。

的。冈佩茨和利鲍将科学概念从他们的研究中排除出去，而仅仅使用日常交际语言的语词确定下来的粗糙概念。与此相反，我认为有意识地构成和使用的科学概念比粗糙概念更能明确地表现概念的本质。粗糙的概念有模糊性，因而几乎不能成为真正的概念。粗俗语言的语词仅仅是熟知的标志符号；这种标志符号也能引起熟知的思维习惯。但是，这些语词的概念内容即使有比较精确的形式，也几乎不能进入意识之内，这一点，利鲍在他的统计试验中业已发现。毫无疑问，如前面所举的实例证明的那样，如果冈佩茨 267
和利鲍在他们的研究中也应用科学的概念，我和他们就会有更多的一致之处。

我们在上面选择了静力矩作为概念的简单实例。复杂的概念要求一种复杂的反应系统，这种反应或多或少地牵连到中枢神经系统的大部分，而且有助于呈现出一种相应地复杂的、表示概念特征的感性要素系统。冯·克里斯所提出的这方面的一些困难[①]，按照我的观点，大概是可以克服的（参看第57、58页）。

十一

因此，感性事实既是物理学家用思想适应经验的一切活动的出发点，也是它们的目的。直接随着感性事实产生的思想，是最熟知的、最强烈的和最富于直观的思想。当人们不能立即跟上一个新的事实时，最强有力的、最熟知的思想就会蜂拥而出，给这个事

① 冯·克里斯：《意识现象的物质基础》，夫赖堡，1898年。

实以更丰富的和更确定的形式。这样的过程是一切自然科学假设和思维的根源，这些假设和思维的根据则在于那种推动它们和最后使它们成为假设和思维的思想适应。这样，我们便设想行星是一种被抛射出来的物体，带电的物体覆盖着起超距作用的流质，热是从一种物体充溢到另一种物体的物质，一直到这些新的事实像我们作为辅助方法来应用的旧事实那样，成为熟知的和直观的对象为止。但是，我们无法对于事实进行直接的直观时，物理学家的思想便在尽可能遵守连续性和充足分化原则的条件下，构成一种
268 经济地组成的概念反应系统。这种系统最低限度也会引导我们经过最短的途径，达到对于那种被观察的事物的直观。一切计算、构造等等，都不过是一些中介手段，在不能直接达到直观时，它们能帮助我们以感性知觉为支柱，逐步地达到这种直观。

十二

现在我们考察思想适应的结果。思想仅能适应事实中具有恒久性的东西，而且只有对这种恒久性的东西的摹写才会得到经济的优点。因此，追求思想连续性的最后理由，即追求保持尽可能久的恒久性的理由，就在这里。不仅如此，甚至这种恒久性还能帮助我们对于思想适应的结果有所了解[①]。连续性、思维经济和恒久性是相互依存的；它们实际上仅仅是健全思维的同一个性质的不同方面。参看附录 20。

① 参看《力学》，第 1 版，1883 年，第 4 版第 519、520 页。

十三

无条件的恒久性的东西，我们称之为**实体**。如果我把目光转
向一个物体，我就会看见它。我能不触它而看见它。我能不看见
它而触着它。这样，虽然复合体的要素的出现是有条件的，但是，
要想特别重视和注意这些条件，我却有力量**支配**它们。我观察物
体或要素复合体，或者这些复合体的核心，将它看成恒久的东西，
不管我目前是否感觉到它。如果我经常**备有**这种复合体的思想，
或这个复合体的符号，即这个核心的思想，我就能从中得到作出预 269
见的优点，避免感到突然的缺点。我以同样态度对待无条件的恒
久的化学元素。在这里，要想将有关的复合体变成为感性事实，单
靠我的意志是不够的，还需要**外在的**中介体（例如我身体以外的物
体）。但是，只要我们对这些中介体熟悉，就能不顾这种外在中介
体，而将化学元素看成为恒久的东西。相信原子存在的人，就是以
类似的方式对待原子的。

应用类似于对待要素复合体（它相当于**物体**）的方式，我们能通过高级的思想适应，处理整个事实**领域**。我们说到电、磁、光、热时，即使不设想什么特殊的**实体**，也能不顾产生它们的熟知条件，而承认这些领域内的事实的恒久性；而且我们经常备有摹写那些事实的思想，从而得到类似于上述情况的好处。当我说一个物体“带电”时，与我强调指出一个带电物体在具体情况下所产生的吸引相比，我所引起的回忆要多得多，我所期待的事实集合体也更确定得多。但是，这种具体说明也有其缺点。首先，我们这样处理事

物，总是继续沿着同样的历史道路前进。当然对于我们来说，主要之点是在于认识到：一种特殊的**电的**事实是不存在的，每一种**电的**事实都可以了解为**力学的**、**化学的**或**热学的**事实，甚至可以说，一切物理事实最后都是由同样的感性要素（颜色、压力、空间、时间）组成的，我们应用“电”这个名称，仅仅是使我回忆起我们最初据以认识电的事实的一种特殊形态。

270 我们习惯于将手能随意摸到和眼能随意看到的物体当作恒久的，就是在我们的感觉能力所完全不能及的场合，我们还是易于保持这种观点。例如，我们完全不能摸到太阳和月亮，我们也许只见过一次而不能重见宇宙的某部分，或者说，我们是从别人的描述中知道宇宙的这部分的，但我们照样把它们看成恒久的。这个处理方法对于宁静的、经济的世界观来说可能有其意义，但绝不是唯一的合理方法。把整个痕迹斑斑的过去（例如我们看到数千年前的星球）和整个正在孕育的未来（例如我们的太阳系数千年后仍然会在它现今所在的地方看到）当作**恒久的**，这仅仅是应用这种方法时所采取的一贯的和进一步的步骤。但是，整个**时间的进程**总是和我们的感觉的条件结合着。在意识到一种**特殊的**目标时，这种步骤还是允许采取的。参看附录21。

十四

如前面的论述明确地指出的那样，一种真实的、**无条件的恒久性**是不存在的。我们之所以能达到这样的恒久性，仅仅是因为我们忽视和低估了构成它的好多条件，或者认为这些条件总是给予的，或者索性置之不理。我认为仅有一类恒久性，它包括了一切发生的恒久性情况，即结合的**恒久性**或关系的**恒久性**。**实体、物质**并不是**无条件恒久的东西**。我们所谓的物质是**各个要素**（感觉）之间的某种合乎规律性的联系。**一个**人的不同感官的感觉，和**不同的**人的感觉一样，都是合乎规律地**互相**依存的。物质就是从这里产生的。较老的一代，特别是物理学家和化学家，将对于下列见解会感到惊讶：物质不是被看成绝对恒久的东西，而是把瞬息即逝的要素 271
之间的一种**固定的结合律**当作**恒久的**。年青的一代接受这种观点，也不是那样轻而易举的事。就以我个人来说，我也是费了一定时间，经过激烈的思想斗争，才克服了那种普遍的成见，达到了这个不可避免的观点。如果有人想要摆脱在这个问题上经常遇到的狼狈处境，他就必须有决心作出思想方式的这种急剧的改变，接受新的观点。

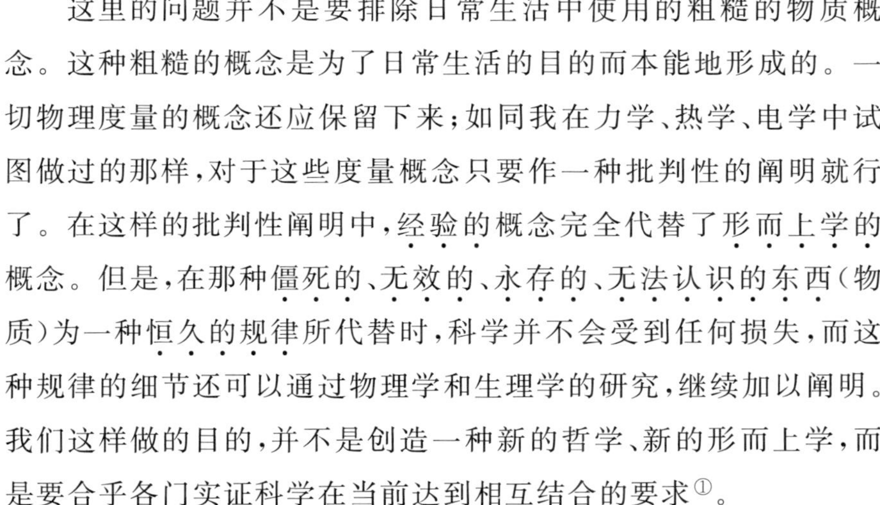

这里的问题并不是要排除日常生活中使用的粗糙的物质概念。这种粗糙的概念是为了日常生活的目的而本能地形成的。一切物理度量的概念还应保留下来；如同我在力学、热学、电学中试图做过的那样，对于这些度量概念只要作一种批判性的阐明就行了。在这样的批判性阐明中，**经验的**概念完全代替了**形而上学的**概念。但是，在那种**僵死的、无效的、永存的、无法认识的东西**（物质）为一种**恒久的规律**所代替时，科学并不会受到任何损失，而这种规律的细节还可以通过物理学和生理学的研究，继续加以阐明。我们这样做的目的，并不是创造一种新的哲学、新的形而上学，而是要合乎各门实证科学在当前达到相互结合的要求[①]。

① 参看《热学原理》，第 2 版，1900 年，第 423 页及以后。

十五

自然科学的命题仅能表达这样的**结合的恒久性**:“蝌蚪转变为青蛙。氯化钠以立方体的形式出现。光线是直的。物体以 9.81 $\left(\frac{m}{sec^2}\right)$ 的加速度降落。”我们称这些恒久性的概念表达为**规**
272 **律**。**力**学意义下的力仅仅是一种结合的恒久性。我们说物体 A 将一种力作用于物体 B,这就是说,只要 B 和 A 的位置是相反的,B 就立即产生一种对 A 的加速度。

有人认为物质 A 是一种**力的绝对永恒的支持者**;只要 B 和 A 的位置是相反的,这种力就会发生作用。这种离奇的幻想并不难排除。如果我们,或更严格地说,我们的感官,是处于 B 的位置,那么,我们就可以撇开任何时候都会满足的这种条件,觉得 A 是绝对永恒的。同样,我们觉得常见的磁铁是磁力的永恒的支持者。因为一小块铁**接近**磁铁时,这种磁力就立即起作用。这一小块铁对我们来说,如同我自己一样,是不能熟视无睹的[①]。有句成语说:“既没有无力的物质,也没有无物质的力。”这句成语企图徒劳无益地克服自己造成的矛盾,在我们只承认**结合的恒久性**时,将会

---

① 在儿童看来,一切东西都是**实体性**的,对于他的知觉仅仅需要感觉。他问“影子到何处去?熄灭的灯到何处去?”他为了使电动机上的火花能用之不尽,而不让电动机继续旋转。有一个还不到一岁的小孩,想从其哨着歌的父亲的唇边捉住声音。在较大的孩子们那里,也还能见到他们想要抓住有色的映象,诸如此类,不胜枚举。只有在我们注意到事实的条件在我们**外部**时,实体性的印象才能消失。热学的历史给我们提供了这方面的宝贵经验。

成为多余的。

十六

有了我们的足够稳定的环境恒久性，就会产生一种相应的思想恒久性。我们的思想借助于自己的这种恒久性，推动我们**补充**那种只观察到一半的事实。这种补充事实的动力，不是来自刚被观察到的事实，也不是有意制造出来的；我们并不需要做任何动作，就可以在自己身上找到这种动力。它好似一种**外来的力量**，面对着我们，并且总是伴随着我们，资助我们得到正好需要的东西，273 从而使我们对事实作出补充。虽然这种动力是通过经验而发展的，但它所包含的东西比具体经验所包含的**要多得多**。它在一定程度上可以**充实**具体事实，使我们**更多地**了解事实。由于有了这种动力，我们所看到的自然界的范围就比毫无经验的、只认识具体事实的人所看到的**要大得多**。因为具有思想和动力的人，正好也是附加在具体事实上的一部分自然界。但是这种动力绝没有权力自命为**万无一失**；一种迫使事实与之相适应的**必然性**当然是不存在的。我们对这种动力的信赖，仅在于**假定**我们的思想有屡验不爽的、充分适应的能力。但是，这种思想在任何时刻都必须准备着被否定的可能性。

我们的所有摹写事实的思想并不是具有**同样的**恒久性。凡在我们对摹写事实感到特别有趣的地方和时候，我们总是力求用具有较大的恒久性的思想来支持和加强具有较小的恒久性的思想，或用前者来代替后者。所以，虽然开普勒定律已经成了众所周知的事实，但牛顿还是将行星想象为一种被抛射出来的物体；而且他认为潮汐是由月亮引起的，尽管潮汐过程很久以来就被认识了。我们不将空气的压力设想为分子内聚的锁链，是无法了解虹吸管的吸入和流出的。与此类似，我们企图将电的、光的、热的过程视为力学的过程。应用比较强有力的思想支持比较脆弱的思想的需要，也被称为因果性的需要，而且这种需要是一切自然科学说明的主要发动力。我们倾向于将最强有力的、试验结果最佳的思想作为科学的基础。这种思想是我们通过多次做力学工作才提供给我们的。无论在什么时候，无需应用许多工具，我们就可以对这种思想进行新的试验。因此，力学说明的权威性，特别是用压力和碰撞

274 作出的说明的权威性，是极其显著的。与此相适应，还有一种更高的权威，这就是数学的思维。我们促进数学的发展，无需外来的工具，倒不如说，使用数学可以经常支配大部分实验素材。不过，人们一旦认识到这点，对于力学说明的需要就会显得减少了[①]。

我已经多次指出，所谓因果性说明仅仅是一种对事实或事实的联系的断定（或描述）。我可以提请读者参看我在《热学》和《通俗讲演集》中所作的详细论述。但是，没有特别研究过物理学的人们总是相信，如果他们假定自然科学的描述（例如关于胚胎发育的

① 力学经验以外的物理学经验，按照它们为人所熟悉的程度，能接近于力学经验的价值。在我们看来，斯特里克已经接触到了正确的重要之点，因为他将因果性和意志联系起来了（《关于表象联想的研究》，维也纳，1883 年）。我自己在当青年讲师的时候，论述穆勒的差异法的意义，曾经以很大的狂热性和片面性，主张后来由斯特里克说出的观点。这个思想我绝没有完全放弃。（例如，参看《力学》莱比锡 1883 年，第 78、282、456 页）但是我现在仍如前面指出的那样，认为这个问题并不那么简单，还必须从许多方面加以研究。参看《热学原理》，第 2 版，1900 年，第 432 页。

描述)和物理学的**说明**的基本不同,他们就对事实能进行更广泛的和更深入的思考。对于这一点,请允许我补充几句话。当我们描述一种植物的生长时,我们立即注意到其中有许多复杂的、变化多端的情况。因此,我们对它的描述至多只能在粗略的要点方面普遍适用,在细节方面,则只有在个别情况下才是有效的。在物理学方面,如果情况复杂的话,我们所见到的也正是如此;唯一的不同之点就在于物理情况一般说来是比较简单的和认识得比较清楚的。我们之所以在**实验方面**和**理论方面**(通过抽象)易于将各种物理情况分开,易于用公式表示它们,理由也就在这里。古代天文学 275
家描述行星运动的任务和现代植物学家描述植物发育的任务,是类似的。开普勒发现他的定律,是以一种侥幸的、相当粗糙的公式化表示法为其根据的。我们对行星运动的观察愈精确,它们的运动愈特殊,开普勒定律的精确性就愈少。严格地说,每个行星的运动都不相同,同一个行星在不同时间内的运动也不相同。牛顿指出一个质点 m 通过另一质点 m' 得到加速度 $\varphi=\frac{km'}{\gamma^2}$,同时,不同的质点所确定的第一个质点的加速度可以用几何学方法计算出来,从而对行星运动作了"**因果性**说明"。牛顿这样做时,仅仅是断定或**描述**了已被观察所证实(虽然是经过迂回的道路)的**事实**。让我们观察这里发生的情况是什么。首先,我们观察到,确定行星运动的**各个状态**(各个质点和它们的距离)是**彼此分开**的。两个质点的关系非常**简单**,而且我们相信确定这种关系的所有状态(质量和距离)都能认识。我们可以不考虑一种**未知的**、陌生的情况所引起的干扰,而假定对少数情况适用的描述推广到经验范围之外,也仍然

普遍正确;但是,在经验范围之外,我们会产生迷误,例如,要证实引力在时间上是被一种介质所传递的。如我们已经指出的,如果在两个质点中加入第三个质点,在三个质点中再加入第四个质点,诸如此类,那么,这些质点的关系的改变也是同样简单的。因此,牛顿的描述绝不是对个别情况的描述,而是用要素所作的描述。当他描述各个质量要素在时间要素中的关系时,他向我们指出,我
276 们能按照样板,用要素来描述任何具体情况。理论物理学所能掌握的其他情况也是这样。但是,这绝不会改变描述的本质,这是用要素作一般描述的问题。如果人们对于使用微分方程式描述现象感到满足——这种观点我在很久以前(《力学》1883 年,1901 年第四版,第 530 页)就介绍过,现在日益为大家所接受——那么,这实际上已经承认了科学的说明即是用要素所作的描述。因此,每个具体情况都能由时间要素和空间要素组合而成。在时间要素和空间要素里,我们已经用方程式描述了物理性态。

十七

上文说过,人本身就是自然界的一部分。关于这一点,可以用实例加以说明。对于化学家来说,一种物质仅仅通过感觉即可完全刻画出来。在这种情况之下,化学家本人用他自己范围以内的手段,就能提供确定他的思想进程所必需的整个事实。但是,在另一种情况之下,他要想从事反应的研究,就必须借助于他自己范围以外的手段。如果一种电流围绕着位于其平面上的磁针流过,只要我把自己设想成为“电流中的安培浮标”,那磁针的北极就会向

我的左边偏斜。当我把自己通过内部反应介入这种观察时，我就会充实那个不足以确定我的思路的事实（电流和磁针）。我也可以在电路平面上摆一个怀表，这样，表针就随着电流的运动而继续偏斜。于是南极偏向表盘的前面，北极偏向表盘的后面。或者，我用电路制成日晷（怀表是按照日晷构成的[①]），使影子随着电流移动。277
在这种情况下，北极就偏向电路平面背太阳的一边。最后这两种反应是外部的反应。只有当我和世界之间不存在不可逾越的鸿沟时，这两种反应才同时有其用处。自然界是一个整体。有人认为，在任何情况下都不知道有这两种反应，而且它们对于观察者也似乎没有什么影响。这种看法没有证明反驳上述观点的任何东西。

我们觉得左和右是同样的；与此相反，前和后、上和下则不是同样的。但是，它们仅仅是不同的感觉，这些感觉被同样的、更强烈的感觉掩盖起来。因此，感觉的空间有三种突出的、本质上不同的方向。从度量学的考察方式来说，几何学空间的一切方向都是一样的。直接的感觉把所有的对称形状反映为等价的。但是从物理学方面来说，它们绝不能是等价的。物理学空间也有三种本质上不同的方向，这三种方向在三斜晶介体中，在电磁要素的性态中，表现得最明显。在我们身体里面，也会出现同样的物理性质，所以，我们可以把我们的身体作为研究物理学问题的反应剂来使用。我们对于自己的身体要素的精确生理学知识同时也是我们对于世界的物理学理解的重要基础（参照第 83 页）。

① 时钟指针的转动方向，带有它起源于日晷和被发现于北半球的痕迹。

十八

我所屡次强调的物理的东西和心理的东西的统一性，还值得从一个特殊的方面加以考察。我们的心理生活，就我们把它理解为表象而论，显得完全独立于物理过程之外，可以说是自成一个世界，有更自由的规律，有另一种形式的规律。可是，这确实只是一
278 个假象，这种假象起源于永远只有物理过程的一小部分痕迹活跃在表象中。决定这部分痕迹的情况是那么无比地复杂，因而我们不能指出它所据以发生的精确规则。为了要决定一个物理学家会把什么思想与某一个光学事实的观察联系起来，我们就必须知道他以前的经验，知道这些经验所遗留的印象的强度，知道影响过他的一般文化发展和技术文化发展的事实，最后，我们还必须考虑到他在那一时刻的心情。要做到这点，就必须把整个最广义的和居于不可达到的发展高度的物理学作为辅助科学来应用[①]。

让我们现在考察相反的图景。我们第一次经验到的一个物理事实对我们是陌生的。这个事实发展的方式可能完全与它发生的方式不同，它并不会因此而使我们觉得奇怪。它的发展，在我们看来似乎并不是为任何事物所确定的，无论如何不能说是被明确地确定的。是什么东西使一个事实的发展得到确定性的性质，这只

① 这样，虽然我很重视作为理想的纯生理心理学，但在我看来，完全摒弃所谓"内省"的心理学也是一个错误，因为自我观察不仅是个很重要的方法，而且在多数场合，要得到基本事实的知识，还是唯一的方法。

能从心理的发展过程来理解。表象生活才把这个事实从它的孤立状态中解放出来，使它同其他大量的事实接触；由于需要同其他事实一致，由于排除了矛盾，这个事实才得到确定性。心理学是协助物理学的科学。两个科学领域互相支持，并且只有它们的结合才构成一门完备的科学。从我们的观点看来，主体和客体的对立（通常意义的）并不存在。表象会多少准确地摹写事实这个问题，像一切其他问题一样，是个自然科学的问题。 279

十九

当一个要素复合体中的一些要素为其他要素所替换时，一种结合的恒久性就变成了另一种恒久性。在这样的情况下，最好找到一种虽然有这个变化但仍然不变的恒久性。R. 迈尔最先感觉到这个需要，并提出他的“力”的概念来满足这个需要。这个概念相当于力学家的“功”的概念（彭西勒〔Poncelet〕），或更准确地说，相当于“能”的一般概念（多马斯·杨）。迈尔设想这个力（或能）是绝对恒久不变的（像一批存货或一种材料），这样就回到那个极其牢固的和极其直觉的思想上去了。迈尔竭力追求表达方式，追求一般哲学语句（见于他的第一篇和第二篇论文），从这件事看来，他起初是不由自主地和本能地为得到这样一个概念的强烈需要所驱迫。可是，只有在他把现有的物理学概念适应于事实和他的需要时，才有了巨大的成就[①]。

① 参看《热学原理》，第2版，1900年。

二十

思想在充分适应事实时，就自然而然地摹写了事实，**补充了部分地**给予的事实。物理学只能起**数量**调节的作用，并且按照实用的或科学的需要，使自发的思想得到**更确定的**形式。当我看见一个物体沿着水平方向投出时，我心上会出现一个抛物运动的直观图像。但是，炮手或物理学家还需要知道**更多的**东西。例如，他必须知道，他假如用测量尺 M 量抛物路程的横坐标，则能数出 1，2，3，
280 4……，他如果在用测量尺 M′量纵坐标，也必定会数出 1，4，9，16……，以便达到这条路程上的一个点。所以，物理学的功用在于教导我们说，一个事实，对于一个**确定的**反应 R 提供一个感觉记号 E，同时对于**另一个**反应 R′则提供另一个记号 E′。这样就可能使部分地给予的事实得到**更确定的**补充。

把普通可比较的、所谓绝对的度量引进物理学，把一切物理学的度量归结为厘米、克、秒这些单位（长度、质量、时间），有一个特别的结果。无论如何，存在着一个倾向，就是把可以用物理学把握和度量的东西，把可以共同断定的东西[①]，认为是“客观的”和“实在的”，以与主观的感觉相对立。这个意见似乎从绝对度量得到了一种支持，得到了一种心理的（尽管不是逻辑的）动机。看来我们在熟知的意义下称为感觉的东西，在物理学内似乎是某种十分多余的东西。假如我们察看得更精细些，其实度量单位的系统还可

① 这样一来，个人的偶然性实际上就被消除了。

以再加以简化，因为质量的度量数是由加速度的比率给定的，而时间的测量则可以归结为角度或弧长的测量。因此，长度的测量是一切测量的基础。可是，我们不是测量单纯的空间，我们需要一个物质的量具，这样就把含有各种各样感觉的整个系统又引进来了。只有直观的感性表象能导致物理学方程式的提出，并且对这些方程式的解释恰恰就是这种表象。因此，虽然这些方程式只含有空间的度量数，但这些度量数也只是这样一种组织原则，这种原则指示我们必须用感性要素系列中的哪些项构成我们的世界 281
图像。

二十一

我曾在别处[①]说明，定量陈述与定性陈述的区别只在于前者涉及一种由性质相同的情况组成的连续统。依这个见解，有益地使用方程式作描述，只在很有限的领域是可靠的。可是，有希望把这个领域逐步扩大到无限。具体地说，这是用下列方法做到的。所有可能的视觉虽然不可测量，但它们的特点可以按照心理物理学方法用数目加以描述和列出。任何（视觉的）经验都可以这样描述，就是用方程式把数目特点的值表示为依存于空间和时间坐标，表示为相互依存。从原则上说，在其他感觉领域中也可以达到相同的结果。这样，第二章第四节末尾所用的表达式就获得了可以精确指出的意义。

①　参看《热学原理》第 438、459 页。

二十二

在不考虑 KLM 的条件下研究 ABC……这些要素的**互相**依存关系，这是自然科学或最广义的物理学的任务。可是，实际上 ABC……也永远依存于 KLM。f(A,B,C……K,L,M……)＝0 这个形式的方程式是永远存在的。由于许多不同的观察者 KLM……，K′L′M′……，K″L″M″……都参加在内，所以，我们就能成功地把 KLM……等等的变异的偶然影响消除掉，而只获得**可以共同断定的东西**，即 ABC……之间的纯粹的**相互**依存关系。在这样做时，KLM……，K′L′M′……是像物理学**仪器**那样加以对待的，科学研究

282 的报道和结果必须摆脱这种仪器的特殊性、特有常数等等。但是，问题假如只是关于一个**数量的**反应和另一个数量的反应的联系，如上述动力学例证那样，那么，事情就更简单了。于是，一切事情就都在于断定 ABC……在同样情况下(在相同的 KLM……中)的**相等**或**同一性**，这就是说，仅仅在于断定空间上的同一性。感觉性质的种类这时就无关紧要了；只有各个感觉的**相等**是有决定性作用的。这时单独一个人就足以确定对一切个人有效的依存关系。这样，从此以后我们就获得了**整个**科学研究领域的基础。这也使心理生理学得到了好处。

二十三

几何学家的空间绝不是纯粹的**空间感觉**(视觉和触觉)系统，毋宁说，它是由概念中理想化和公式化的大量**物理**经验组成的，这

些经验和空间感觉联系着。几何学家认为他的空间在一切地点和一切方向都是性状相同的，这就使他远远超出了触觉和视觉所给予的空间之外；后一种空间绝没有那种简单的特性（第138、148页及其后）。没有物理的经验，几何学家将永远达不到这样的空间。几何学的基本命题事实上只是由物理的经验，由叠置长度和角度的量尺，由彼此叠置刚体，才可得到。没有全等命题，就没有几何学。且不论空间形象若是没有物理经验就不能出现于我们心目中，若是没有物理经验，我们也不能把这些形象互相叠置，以验证他们全等。当我们觉得自己被迫想象等腰三角形的两底角相等时，这种被迫感是基于对强烈的旧经验的回忆。假如这个命题是基于“纯粹的直 283
观”，那么，我们就用不着去学它了。如日常发生的情况那样，人能够以纯粹的几何学想象做出发现。这种情况只是表明，对经验的回忆也能使我们意识到以前未曾注意的环节，正像从一盏亮灯的余象可以观察到以前未见过的新的细节一样。就是数学也必须以类似的方式加以理解。数学的基本命题也不会是完全不依靠经验的。

几何学（和整个数学）之所以使人信服，不是由于它的理论是从一种完全特殊的知识得来的，而是由于它的经验材料是我们特别容易和方便得到的，是屡屡经过特别试验的，而且在任何时刻都能再加以试验。并且，空间经验的范围比整个经验的范围更有限得多。于是，立即就产生了一种信念，认为空间经验业已探察无遗，从而引起了对此所需要的自信心[①]。

---

① 参看《热学原理》第455页。迈农(Meinong)：《休谟研究》，维也纳，1877年。晋德勒(Zindler)：《数学知识理论论文集》，维也纳，1889年。

二十四

毫无疑问，在声音感觉领域获得丰富经验的作曲家和在颜色感觉领域获得丰富经验的美术师也有类似于几何学家的自信心。对于几何学家，不会发生其成分为他所不熟悉的空间图形；作曲家和美术师也不会碰到新的声音的或颜色的组合。但是，假如没有经验，初学几何学的人因其活动的结果所感到的惊讶或失望将不会比年轻的音乐家或美术师所感到的更少些。

爱好沉思默想的数学家、作曲家、美术师和自然科学家，尽管

284 他们的素材和目的不同，进行的方式是完全相类似的。当然，数学家的素材有极大的局限性，因而他在他的行为的可靠性方面比别人处于有利的地位，而作曲家、美术师和自然科学家则由于极其相反的理由，比别人处于不利的地位。

二十五

生理空间与几何空间的区别曾经证明是不可避免的。可是，既然几何学的认识是由物体在空间中的互相比较而得到的，那么，也就不能不考虑到时间，因为在这样比较时不能不考虑到物体的移位。空间和时间有密切的联系，从而显示它们是相对地不依存于其他物理要素的。这表现于物体在运动而它们的其余特性还相对不变的事实中。正因为这样，纯粹几何学、运动学和力学的产生才有可能。

如果我们作精密的考察，那么，空间和时间在生理学方面是指
特种的感觉，而在物理学方面则是指感觉所表征的**要素在函数中
的互相依存关系**。当我们的身体的部分和过程所制约的空间生理
指标和时间生理指标在相同的生理情况下加以互相比较时，就得
出了**物理要素的相互**依存关系（一个物体的要素对另一个物体的
要素的依存关系、一个过程的要素对另一个过程的要素的依存关
系）。根据这个洞察，我们就可以把时间和空间的各个规定当作纯
粹物理的。与一个定向连续过程的**较小**部分相会合的过程，在时
间上是**较早的**。在一个均匀充实的空间内，假如从位置 A 出发的
过程到达位置 B 比到达另一位置**更早**，那么，位置 B 就比那另一个
位置**更接近**位置 A。直线是由两点（无限小的物体）的物理关系所 285
明确地决定的位置的全体。如果在均匀的空间内由 A 和 B 出发
的过程在**相同的**时间内到达位置 C，并且这种过程比从 A 和 B 出
发而到达 C 的任何其他过程都在时间上**更短**，C 就是在直线 AB
的二等分点上。

二十六

物理学家的时间与**时间感觉**系统不一致。当物理学家要决定一段时间时，他用**相同的或假定为相同的**过程，如摆的振动，地球的旋转等等，作为度量的标准。这样，与时间感觉相联系的事实就受一个反应的制约，并且这个反应的结果，即所得到的**数目**，**代替**了**时间感觉**，去对思想进展作更准确的决定。与此完全一样，我们调节我们关于热过程的思想，不是按照物体提供给我们的**热感觉**，

而是按照这样一种更确定的感觉，这种感觉是由察看水银柱的高度，从温度表的反应得来的。通常是以空间感觉（地转的角度，或表盘上的时针路程）代替时间感觉，又以一个数目代表空间感觉。例如，假如我们以 $\vartheta=\Theta_{e}^{-kt}$ 代表一个正在冷却的物体温度比它的周围超出多少，那么，t 就是那个数目。

一个方程式中的各个变量的关系通常是（在分析的意义下）比人想要用这个方程式代表的关系更广泛的关系。例如在 $\left(\frac{x}{a}\right)^{2}+\left(\frac{y}{b}\right)^{2}=1$ 这个方程式中，x 的一切可能的值都有分析的意义，并提供了 y 的相应的值。可是，我们假如用这个方程式代表一个椭
286 圆，那么，就只有 $x<a$ 和 $y<b$ 的这些值有（实在的）几何学的意义。

与此类似，假如这个情况不是显而易见的，就必须明确地补充说，$\vartheta=\Theta_{e}^{-kt}$ 这个方程式只在 t 的值增加时代表这个过程。

假如我们设想不同事实的进程，例如一个物体的冷却和另一物体的自由降落，可以由一个包含时间的方程式来代表，那么，可以从这种方程式中把时间排除出去，而温度的超出量也可以由降落的距离来确定，这样，要素就简单地表现为相互依存的了。可是，要进一步确定这种方程的意义，那就必须补充说，只有不断增大的降落距离或不断减少的温度才可以相继代入这种方程内。

当我们这样设想温度超出量为降落距离所确定时，这种依存关系并不是直接的。在这一点上，我同意彼得楚尔特的看法①。

① 彼得楚尔特：《一义性的规律》，载《科学哲学季刊》第 19 卷，第 146 页及其后。

但是，当我们认为温度超出量为地转角度所确定时，依存关系也同样不是直接的。因为没有人会相信，如果地球受一种冲击而改变它的旋转速度，相同的温度值还可以归于相同的旋转角度值。在我看来，由于这种考虑，似乎可以得出结论说，我们的公设只是暂时的，它们是以我们对于某些决定性的、认识不到的独立变元的部分无知为根据的。我愿意人们只以这个意义去理解我以前指出的一种不确定性[①]。这个见解也与一义确定性的公设颇为一致因为这种公设总是在**给定的**情况的前提下，**撇开**非常的和不可预期的
变化而出现的。如果人们想到彼得楚尔特所强调的同时的依存关 287
系和相继的依存关系的区别适用于直观表象，而不适用于在数量上调节直观表象的**方程式**，那么，在我看来，这种见解似乎是不可避免的。这些在数量上调节表象的方程式只能是**同一类的**，只表示同时的依存关系。至于通常意义下的非决定论，例如，某些哲学家和神学家以为意志自由的假定，与我的观点则相距太远了。

时间不是**可以倒退的**。一个热的物体在冷的环境中只会冷却，不会自己又变热。只有极小的温度超出量与更大的（或更迟的）时间感觉相联系。一所失火的房子被烧掉，但不会自己又盖起来。植物不会自己变小，爬进地里去，而是从地里生长出来，越长越大。时间不可倒退的事实可以归结为这样一件事，就是物理量在值上的变化只沿一个**确定的方向**发生。在两种排斥的可能性之中，只有一种是**实在的**。我们用不着从这里看出任何形而上学的问题。

变化只能由差别来确定。在没有差别的场合，就没有确定性。

① 马赫:《功的守恒》，布拉格，1872 年。

插进来的变化可以扩大差别，也可以缩小差别。但是，假如差别有扩大的趋势，变化就会无限地和无目的地持续下去。只有假定**一种普遍地减少差别**的趋势才与世界的一般图景不相冲突，或更好地说，才与我们的有限环境的图景不相冲突。可是，假如产生差别的情况没有从**外面**侵入我们的环境中，使我们受到它们的影响，那么，也就不再会立刻发生什么事情了。

像彼得楚尔特那样，我们也能够根据我们自己的存在，根据我们身体的和精神的稳定性，推断自然界过程的稳定性、一义确定性
288 和单向性。因为不仅我们自己是自然界的一小部分（276 页），而且我们环境中的这些特性正是我们的生存和思维的条件（参看《通俗科学演讲集》第三版第 250 页）。可是，也不可以太信赖这种推断，因为有机体是自然界**特殊的**一小部分，它们的稳定性是很有限的和程度适当的，事实上它们也会消亡，只有程度适当的环境稳定性才会保持它们。所以，我们的最适宜的态度就是承认到处可见的知识限度，而把追求一义确定性视为一种**尽可能**在我们的思维中实现的**理想**。

当然，我不认为我在自己的思想太激动的时期（1871 年）所写下的论点，特别在它们的形式方面，是无懈可击的，而且我丝毫也不把彼得楚尔特的反对意见看做是轻率的；但我希望我再详细地讨论这个题目（关于这个题目，我在这里只能作简短的论述）时，我可以不放弃我的见解的实质，而得到完全被了解[①]。

---

① 关于这里讨论的东西的进一步论述，包含在最近出版的拙著《认识和谬误》（1905 年）中，尤其是第 426—440 页。

第十五章　本书陈述的见解被接受的情况

一

本书第一版出版之后，对它的意见大有分歧。在大多数场合，289
好评是关于细节方面的，而得出这些细节的基本见解则大部分被抛弃了。就我所知，公开的评论[①]即使在反对我，也是中肯的，而且它的坦率态度对我很有教益。

阿芬那留斯后期出版的作品对评论我的著作所起的有利影响。是无可否认的。然而，一个职业哲学家以详细的、系统的论述建立起来的观点，在自然科学家那里，人们倾向于看作是一种轻易设想的、一知半解的妄说，这却应该加以深思。现在，甚至于连阿芬那留斯的门生和那些通过自己的道路而接近于我的观点的青年科学家也站到我这方面，乐于给我以帮助了。可是，对于我的基本

---

① 即使没有由于细微的轻率举动，使我知道私下的评论，我也不相信这种评论是同样中肯的。一位德国同事给我作出一个比蔑视我还厉害的评论，它是通过一条奇特的迂回道路使我知道的——我们可以说，差不多是经过持对立观点的人使我知道的——无疑是要存心刺痛我。当然，这个目的没有达到。因为对于我认为无益的见解置之不理，这是我自己常常使用的一个权利，假如我不肯给别人同样的权利，那就的确是很不公平的了。不过，我始终没有觉得需要侮辱与我意见不同的人。

思想，所有的评论家，包括那些把它们引证得十分正确而且确实了
290 解它们的人们，都几乎毫无例外地免不了有严重的怀疑。这没有什么奇怪，因为我对于读者的思想的可塑造性提出了过分的要求。逻辑地领会一种思想和以同情的态度采纳这种思想，是两件不同的事。其实，只有当心理生活达到高度的发展，已经显示出丰富的、本能的获得性储藏时，逻辑思维的系统化和简单化的功能才会开始。要由逻辑的途径得到这种本能的、逻辑思维出现以前的获得性储备，几乎是不可能的。毋宁说，这是关于心理转变过程的事情，如我经验过的那样，这种转变即使在青年时代也是够困难的。因此，要在这件事情上期望立刻得到同意，那就是不自量了。反之，只要人们容许我说话，毫无成见地加以听取，我就满意了。现在我要按照我从评论家那里得到的印象，把那些特别遭到反对的论点再提出来加以说明。在这样做时，我并不把人们曾经提出的反对意见视为恶意的和个人攻讦的，而是视为典型的反对意见，所以我不指名道姓。

二

假如我们不受强制，我们就会看到地球固定不动而太阳和恒星在动。这种见解不特对平常的**实用**目的够用，而且也最简单和最有利。可是，相反的见解业已证明它自己对于某些**理智**的目的更为方便。虽然这两种见解都**正确**，并且在它们各自的领域内都适用，但第二种见解是在对一种敌视科学的力量——这种力量在这里与平常人的本能见解是联系在一起的——作了艰苦的斗争之

后，才被接受的。然而，无理地要求观察者想象他是站在太阳上而
不是站在地球上，比起要求他把他的自我视为一无所有并把它分 291
解为变化的要素的一个暂时复合体，那不过是微不足道的小事罢了。这后一种见解早已从不同方面有了准备[①]。我们看到我们所谓自我的单一体在诞生时出现，在死亡时消灭。除非我们相信这些单一体生前潜在、死后长存这个今日已成为极怪诞的虚构，我们只能认为它们仅仅是暂时的单一体。心理学和精神病理学告诉我们，自我能生长和丰富自己，会变得贫乏和萎缩，会变成别人和自我分裂，简言之，在人的一生中会有显著的变化。尽管有这一切，自我对于我的本能的观点仍是最重要的和最恒久的。自我是联系我的一切经验的纽带，也是我的一切活动的源泉。同样，坚硬的物体对于粗糙的本能的观点也是某种颇为恒久的东西。假如这个物体被分割、被分解，与别的物体化合在一起，那么，这些恒久性就会加多和减少。于是，为了不惜任何代价都要坚持那个久成爱好的思想，我们就假定有潜在的恒久性，而使我们求援于原子论。既然我们往往能够把消失的或变化的物体再恢复起来，所以，这个情况比关于自我的情况就有某种更好的根据。

正如我们在把握一件东西时不能没有物体观念一样，在实践上，我们行动时也不能缺少自我观念。就像我们看见太阳总是升起一样，在生理上，我们总是利己主义者和唯物主义者。但是，在

① 请参看休谟和利希滕贝格的观点。在过去几千年中，佛教主要从实用方面走向这个观点。参看卡路斯(P. Carus)《佛陀的福音》，芝加哥，1894年。也参看那个奇异的故事：卡路斯《羯磨，初期佛教的故事》，芝加哥，1894年。

理论上，我们必须不坚持这种观点。试让我们改变这种观点吧！假如这样做，有所了解，则总会产生实践效果的。

三

292 谁一度受过康德的影响，而采取一种唯心主义的观点，并且不能摆脱物自体这个观念的最后残迹，谁就会遗留下一定的唯我论倾向，这个倾向会多少明显地表现出来。根据我青年时期的经验，我对这种情况知道得很清楚，并且觉得容易理解。**哲学家**把唯一的、原则上不可解决的自我问题作为解决一切其余问题的出发点。自我是给予我们的，我们不能超出自我之外。因此，当思辨哲学家们说，“唯我论是唯一的彻底的观点”时，鉴于他们力求得到一个封闭的。包罗万象的、业已完成的世界观体系，这是可以理解的。当然，我们必须说，对于相信物质是唯一的直接与件，不须再加以解释的人来说，唯物主义也是同样彻底的。一切体系恰恰都是这样。可是，一个**自然科学家**对我说唯我论是唯一的彻底的观点，这就使我惊奇了。我完全不愿强调这种观点对于沉思默想、梦中度日的行乞僧，比对于严肃思维、积极活动的人更适合。可是我相信，自然科学家由于这个转向，就混淆了**哲学**的思想方法和自然科学的思想方法。自然科学家不追求完备的世界观；他早已知道他的一切工作只能扩大并加深他的洞察力。对于他，没有不需要更加深入解决的问题，但是也没有他会认为绝对不可解决的问题。假如一个问题一时不能下手，他在这时就解决其他可以解决的问题。当他随后回到原先的问题时，它那种可怕的外貌通常大部分就消失了。

当人们完全暂时说自我是一个特种的要素联系时，只要这种联系的性质未经详细研究，自我就确实没有被穷尽。这里涉及的 293
各个问题用思辨是不能解决的，而首先是由心理学家、生理学家和精神病学家来解决的；依靠他们的力量，我们已经得到这些问题的许多重要解释。自我的物质基础，即人体[①]，给我们提供了一些解释问题的基点；这些基点，内省心理学只能很不完备地提供出来。唯我论的自然科学家就像这样一个物理学家，这个物理学家由于当时还不完全认识热胀冷缩，而认为温度表是世界的根本问题。另一方面，唯我论的哲学家在我看来则可以比作这样一种人，这种人认为他所看见的一切东西，在他旋转时总是在他前面，因而就不肯再旋转了。至于把自我分裂为被经验的客体和能动的或能观察的主体，这是一个不能成立的、本能的做法，它会使人人长期苦恼不堪；要进一步思考这些问题的人，请看本书第20、21页。

四

任何人不放弃把自我作为一切事物所依据的**实在**，他也就免不了把**我的**感觉和**你的**感觉作根本的区别。同样，任何人相信物体是绝对恒久不变的，他就会以为一切特性都附属于**这个单一的**载体。可是，当这块银白色的钠溶化，分解为蒸汽，完全不再像原

① 但是，这里涉及的不是一个超验的、不可知的自我，这种自我在多数哲学家看来似乎还是不可消除的物自体的最后残余，虽则他们一般已经克服了这个观念。

来的东西时，当这块钠分成不同的部分，进入不同的化合物，因而有了比以前更多的，甚或更少的物体时，我们所习惯的思想方式只
294 有用极端矫揉造作的方法，才可以保持下来。于是，时而认为这些具体特性属于这个复合体（物体），时而认为它们属于那个复合体，并且以恒久不变的规律代替不恒久的物体，就变成更有益的了，而这种规律在这些特性和它们的联结变化之后，还会存在。要求采纳这种新的思想习惯，也不是轻而易举的事。假如有人对古代研究家说，“土、水、空气绝不是恒久的物体，恒久的是藏在这些东西里的近代化学元素，这些元素的多数是看不见的，其他的元素也很难孤立或固定起来。火绝不是物体，而是一个过程”，他们会多么反感呵！这一步伐所包含的巨大转变，我们几乎不能正确地加以估计。可是，近代化学正准备把这个转变继续向前推进，而这些抽象方法在相当时间内就达到了这里所采取的观点。正如我不认为红或绿是属于个别物体一样，根据我在这里为一般的辨方定向所采取的观点，我也不对我的感觉与别人的感觉作实质上的区别。这些相同的要素在许多结合点（即自我）上互相联系着。但是，这些结合点不是什么恒久的东西。它们发生、消亡和不断改变。可是，一时不互相联系起来的东西，也没有觉察得出的互相影响。无论能不能用连结神经的方法把别人的感觉转移给我，我的观点都不受影响。最熟悉的事实就是这个观点的充分根据。

五

许多读者反对他们所认为的——当然是误解了的——我的世

界观的一般性质，也许比反对我的基本思想还要厉害。首先，我必 295
须说明，那些不顾我自己和其他方面的再三抗议，而把我的观点和贝克莱的观点等同起来的人，当然远远不会对我的观点作出正确的评价①。造成这种误解的部分原因，无疑在于我的观点过去是从一个唯心主义阶段发展出来的，这个阶段现在还在我的表达方式方面留有痕迹，这些痕迹甚至在将来也不会完全磨灭。因为在我看来，由唯心主义到达我的观点的途径是最短的和最自然的。其次，还有一件事与此有关，那就是我的读者有时害怕泛心论。在一元论的世界观与本能的二元论成见的殊死斗争中，许多人陷入泛心论。我在青年时期曾经从这种痛苦的经历中挣扎过来，而阿芬那留斯在他的1876年的著作中还是如此。关于这两点，我觉得特别幸运的是，阿芬那留斯在完全实在论的（假如人们愿意，可称为唯物主义的）基础上发展了关于物理的东西和心理的东西之间的关系的同样观点，所以我只须请读者参看他的论述。

① 我是不是要再简单地指出这个不同呢？贝克莱认为“要素”是以一个在它们之外的不可知的存在（上帝）为原因的，因此康德为了要使自己显得是清醒的实在论者，就制造出“物自体”，而按我所持的观点，认为有“要素”的相互依存关系，在理论上和实际上也就足够了。康德害怕被人们认为自己是怪诞的人，他的这种心情是很自然的，并且在心理学方面是可以理解的。我觉得，人们现在解释康德时，很少考虑他这种害怕的心情。但只有从这个观点出发，我们才可以了解：这个人既然认为只有可以用于可能经验的概念才有意义和价值，为什么又会制定出任何经验都不可设想的物自体。普通人和自然科学家都把物作为一切回忆的、预期的、与特殊感觉相联系的经验的表象复合体，以与这种特殊感觉对立起来；他们这样做，是极其精明的。但是，对于吸收康德的思想方法的人，这种做法在经验的界限上就没有任何意义了。

六

我的由要素(感觉)构成的世界,不特自然科学家,而且职业哲
296 学家,都觉得太轻浮。我认为物质是表示相对稳定的感性要素复合体的**思想符号**,这种看法被人们称为**卑劣**的观点。有人认为,把外部世界理解为感觉的**总和**是不够的,至少必须在实际的感觉里再加上穆勒的所谓感觉的可能性。与此相反,我必须指明,即使对我来说,世界也**不**仅仅是感觉的总和。我所明确说到的,倒是**要素**的**函数关系**。因此,穆勒的“可能性”不特变成了多余的,而且也被一种更为坚实的东西,即数学的**函数概念**所代替了。假如我猜想到简短的精确表达会那么容易被人忽视,而冗长的通俗陈述却会起更好的作用,那么,像 H. 科内利乌斯[①]在《论客观存在的概念》中所提供的那种优美论述,也许对我是适合的。当然,就是在这里我也要避免使用“可能性”这个词汇,而代之以函数概念。

有人从其他方面发现,我的观点可以从过分的重视感性和相应的不了解抽象作用和概念思维的价值得到理解。须知,若不重视感性,自然科学家便不会有多大成就,而重视感性,并不会妨碍他建立明晰和精确的概念。恰恰相反!近代物理学的概念在精确性和抽象程度方面可以与任何其他科学的概念相比,同时还表现出一个好处,即人们总能轻而易举地、确定无疑地追溯到建立起这

① 《作为经验科学的心理学》,莱比锡,1897 年,第 99 页,特别是第 110 页和 111 页。

些概念的感性要素。对于自然科学家，直观表象与概念思维之间的鸿沟并不是很大的、不可跨越的。我可以顺便指出，我绝没有轻视物理学的概念，而是在过去的几乎四十年中，在许多方面都比以前更彻底地从事于评论这些概念。并且，因为我评论的结果遭到 297
长期的反抗之后，渐渐得到了物理学家们的同意，所以，至少可以说这种同意不是轻率的。物理学家生来就有一种对任何定义都感到压抑和烦恼的习惯；当这样的物理学家对于把一切事物都归结为感性要素的函数关系的定义渐渐表示满意时，哲学家当然也就不想比物理学家更加有物理学味道了。自然，在这个纲要——这个纲要仅拟作为各门精确科学互相联系的一个**纲领**——里没有地方能做有关的详细讨论，而这样的讨论只能见于作者的**物理学**著作中。其实，即使仅仅设想一切物理学家都熟悉我的这些著作，就可能是极端的狂妄自大，更不要说设想那些不以物理学为职业的人们也熟悉这些著作了。但是，举例说，有人谴责我完全忽视了思维的“自发性”和“独立自主性”，这却与不熟悉我的物理学著作有关。就是对于纯粹的感觉，我们的态度也不是被动的，而是这些感觉引起一种生物性反应，这种反应的自然持续过程正是思想对事实的适应过程。如若适应立刻完全成功，这种过程当然就终结了。可是，各种不同的、不完全适应事实的思想互相发生了冲突，所以，这种生物性过程就得持续下去。这样就发生了我所谓思想的**互相**适应。现在我倒真想知道，究竟有什么科学发展的过程，包括逻辑的过程，不会包含在这种适应过程里面呢？在这里，就让我暂时停止这些争论吧，在这些争论中，我不得不只是重复我久已屡次说过的话。

七

有些读者觉得，按照我的观点来看，世界是一团混沌，是一堆乱得无法解开的要素网。它似乎缺少主导的、统一的观点。但这
298 是基于对我的著作的任务的误解。专门科学和哲学世界观的一切有价值的观点，都可以有更广泛的应用，我也应用了它们。我的著作中的貌似破坏性的倾向，仅仅是针对搀入我们概念中的多余的、会迷误人的东西。这样，我相信我就把心理的东西与物理的东西、主观的东西与客观的东西的对立正确地归结为本质的东西了，同时也就把传统的迷信的观点清洗出去了。这样做并没有改变科学地建立起来的观点，同时却为新的观点获得了地盘。我也不愿意以自满自足、不知悔悟的态度，摒弃值得认识和可以认识的东西，去代替挽诗哀悼或仰天长叹的"不可知论"。因为拒绝回答那种被认为无意义的问题，绝不是无所作为，而是科学家面对大量可以研究的事物所能采取的唯一合理的态度。现今没有物理学家会认为不再研究永动机是无所作为，也没有数学家会认为不再致力于化圆为方或完全在代数范围内解五次方程式是无所作为。更普遍的哲学问题也是这样。这种问题或者是被解决了，或者被认为是作废了。

"马赫的哲学见解的谬误或片面性在什么地方呢?"我觉得评论我的人所提出的这个问题是很温和的，因为我深信我的阐述不止在一个方面有很多缺点。诚然，在一个作者的见解激烈转变的过程中，几乎不能不如此。这种过程就是一个头脑里也始终不会

演变到完成的地步。因此，我即使能感觉到这些缺点，也不能把它们指出来。否则，我就会前进更大的一段路程。但是，我也没有从我的评论家的著作中把我的缺点搞明白。所以还是让我们再等一会儿吧！

那些反对我的见解的论据，我在这本书以及我的其他著作中 299
已有详细讨论。我不愿意因为有人提出这些论据而责怪任何人。要阅读一切出版的东西，并且还要在短短的给定的时间内审慎负责地、深思熟虑地作评判，这必然是一种真正令人苦恼的事情。我始终对这个重要职务不感兴趣，因此在四十年中一共只写过三篇评论。所以，评论家们虽然对我有一部分损害，但减轻了这种烦恼，我不埋怨他们。假如我不对每一个责骂，每一个所谓巧妙的讽刺作出反应，我希望人们不会对我怀恨在心。

随后，赫尼格斯瓦尔德（Hönigswald）在他的一本著作（《对马赫哲学的批评》，柏林 1903 年）里评论我的观点。我必须承认赫尼格斯瓦尔德竟然不厌其烦地去阅读我的那些著作。一个评论家说我的观点与康德的观点不相容，对于这个评论的结论，我一点不反对。当然，一切哲学家都不会因此而推出我的观点是不能成立的。我对康德的关系是特别的。我深为感激地承认他的批判的唯心主义是我的一切批判思想的出发点。但是，我不可能固守他的唯心主义。我很快就又接近于贝克莱的见解，这种见解是多少潜伏在康德的著作中的。经过感官生理学研究，经过赫尔巴特，我达到了近似于休谟的观点，虽然当时我还不知道休谟。一直到今天，我都不得不认为贝克莱和休谟是远比康德更为彻底的思想家。批评或反驳像康德这样一位必须根据当时的情况加以评判的哲学家，不

300 能是自然科学家的任务。指明康德哲学不适合于作为近代自然科学的指导，已经不再是伟大的英雄事迹了。这件工作早已由一切领域（包括哲学）中的进展完成了。当赫尼格斯瓦尔德选出一些表示比较一般的观点的言论，立刻把它们汇集成一个完备的哲学体系时，他完全误解了自然科学家审慎地试用的近似值方法。自然科学家的恒久性不是绝对不变，而且他们所研究的变化也不是相当于赫拉克利特所说的无限的流。只要生物性目的不是以纯知识自身为目的，我就叫它们是**实用的**。请大家考虑一下，假如自然科学家在开始思考之前，必须将一切哲学体系一个一个地加以反驳，他会落到什么样的地步。再说一遍，并没有马赫哲学这样的东西[①]！

八

到底我能不能使**哲学家们**觉得我的基本思想有可取之处这个问题，我必须让它悬而不决。这件事，我认为并不重要，虽则我对于一切时代的大哲学家的巨大智力劳动深为敬佩。但是，我真诚地殷切地希望得到**自然科学家们**的了解，并且我认为这样一种了解是可以达到的。我希望他们考虑到，我的观点是**排除**一切**形而上学**的问题的，不论这些问题被认为只是此刻不能解决的或是根本永远无意义的。我还希望他们考虑到，我们能从世界知道的一切东西必然是由感觉表现出来的，这些感觉能够以精确陈述的方

① 参看《认识和谬误》，1905 年，“序言”。

式摆脱观察者的个人影响（请看本书第 281 页）。我们所能希望知道的一切东西，通过解决数学形式的课题，通过查明感性要素的函数的相互依存关系，都可以提供出来。这种知识已经把关于“实 301
在”的知识包罗无遗。正是**这些要素**构成最广义的物理学和自然科学的心理学的桥梁，这些要素按照所研究的联系，或是物理对象，或是心理对象。

九

有些（也许很多）生理学家可能在一个细节问题上对于我的态度感到恼火，关于这个问题，我可以再说几句话。我对于像艾克斯纳[1]的那些研究给予了高度评价，并且相信，多数重要的心理现象问题能够通过单纯研究中枢器官的神经联系[2]和观察刺激在数量标度上的渐变[3]来解决。其实，艾克斯纳的著作本身就证明了这一点。可是，在我看来，我不能设想神经联系的变异和单纯的数量差别怎么会产生出多种多样的、性质不同的感觉来。并且我在差不多四十年以前就已经不能这样设想了。费希纳的心理物理学曾经起过重要的影响，当时也对我有巨大的鼓舞。在费希纳的著作的鼓舞下，我就这个题目作过一些有严重缺点的讲演；后来我立即认识到费希纳关于度量公式的概念是个错误，因而这些讲演也就

① 《心理现象的生理解释草案》，维也纳，1894 年。

② 前引书，第 4 页。

③ 前引书，第 3 页。

更失去了价值。在讲演中，分析了赫尔姆霍茨关于感觉的电讯线路理论之后，我说：“神经中的电过程要作为（对于各种不同的感觉性质的）充分解释会不会太简单呢？是否有必要把这种解释再推
302 移到尚未认识的领域呢？假如我们探究完整个脑之后，到处只发现电流，那又怎么办呢？我的浅见是：关于神经的电学研究的确很精细，但在某一方面又很粗糙。某一特定强度的电流无非告诉我们，一定量的活力在一个时间单位内通过电流的横切面。是什么过程和分子运动促进那个活力，我们却不知道。**同一个**电流强度有极其不同的过程作为基础”[1]。直到今天，我还不能排除这个思想，并且一定会证实实质上相同的思想，例如，指出不同的电解物中出现相同的电流[2]。生理化学的进步[3]和移植不同器官的实验[4]，今天在我看来，是更有决定性作用的、有利于我的观点的事实。关于那些与本书的阐述有密切关系的重要问题，洛勒特曾经依据他自己的工作和别人的工作，就它们的联系，作了很有教益的研讨[5]。

① 《关于心理物理学的讲演》载《实用医学期刊》，维也纳，1863 年，第 335、336 页。

② 请看本书英文版“序言”，芝加哥 1897 年，第Ⅴ、Ⅵ页。

③ 胡珀特（Huppert）：《论物种特性的保存》，布拉格，1896 年。

④ 利伯特（Ribbert）：《论卵巢、睾丸和乳房的移植》，载《进化机制文献》，1898 年，第 7 卷。

⑤ 《进化论和特殊能量》，载《斯台尔马克医生协会通报》，1902 年，第 8 号。

附 录

附录 1(第 30 页)

仅仅一时追求实用目的的人(这样的人也常常包括学者、正在做研究工 303
作的物理学家,甚至还包括一时不想批判地思考的哲学家)绝不会放弃他本能地获得的自然世界观,这种世界观是自动地指导他的活动的。这样的人,如同平常人一样,能说到他接触到的、作出轻重估计的东西,说到他要研究的客体,并且按照它的需要决定自己的态度。但是,如果他想到感觉的意义,想到**物理的东西**和**心理的东西**的关系,那么,他必定会考虑到,只有这些感性要素对其他感性要素的依存性的种类差别才能使他知道他的身体和其他环境组成部分的差别。关于物质,关于世界,我们只知道它是一种人或种种不同的人的感性要素的函数联系。凡是不能在一定条件下对这个人或那个人的感性要素、意识内容发生影响的东西,都不是实在的。我们经验过的事物给我们留下记忆和表象。但是,如果说一种热的、亮的、闪光的被感觉的东西是能用来烧水的火焰,那么,用一种热的、亮的、闪光的被表象的东西在环境中则做不成什么事情。在前一种情况下,**心理的东西和物理的东西是吻合的**;在后一种情况下,两者间的关系则**比较松弛**,不过没有被取消。表象正像物理的东西那样**实在**,例如,它促使我升火烧茶。

参看马赫《论物理的东西与心理的东西之间的关系》,载比纳《心理学年 304
刊》第 12 卷,1900 年,第 303 页;马赫《感性要素和自然科学概念》,载《综合生理学文献》第 136 卷,第 263 页。

附录 2(第 32 页)

这里提到的思想虽然初看起来是简单而平凡的,但会使人彻底地感到失

望。布吕克内(A. Brückner)博士出色的实验指出,盲点不仅可以通过投在这个点上的形象的消失看得出来,而且也可以通过对比、残像和网膜上其他部分的实际感觉内容的填补看得出来。如果黑白之间的分界直线是从盲点中穿过去的,这种最悦目的现象就会发生(《综合生理学文献》第136卷,第510—557页)。

附录3(第37页)

只要要素ABC……仅表示相互规定、相互限制和相互**依存**的质的特征,我们对于方程式和函数便只能在**符号的**意义下来了解。我在本书第四章第五节——第七节、第十四章第二十一节和第二十二节、第十五章第八节的论述,以及在《认识和谬误》第二版第278页和第320—323页的论述,对于ABC……的这种关系作了说明。

附录4(第45页)

施图姆普夫(C. Stumpf)在其《慕尼黑国际心理学大会开幕词》(第3版,1909年)第18页中,奥斯瓦尔德在《自然哲学讲义》(1902年)第371—372页中提出一种关于特殊心理能量的假设。我在《认识和谬误》第二版第43页中
305 已经谈到这个假设。在这里我还想指出,能量是一种**质量概念**,它在涉及质的过程的心理学领域里对我们是不能有所帮助的。

附录5(第51页)

我曾经从费希纳原来的平行论出发,可是我认为,即使把心理的东西和物理的东西看作一个第三者的两方面,这个考虑也不是那么可轻蔑的。这里头有个含义,就是唯心主义与唯物主义的审慎的妥协,这个妥协导致更深远的科学后果。假如我们用**同一个过程的两种观察方式**代替这个考虑,那么,就没有自然科学家再对这个公式抱反感了。现在我对这个原理的特别应用远远超出了费希纳自己的应用。我追究心理的东西和相应的物理的东西之间的形式相似性、形式关系,以及物理的东西和相应的心理的东西之间的这些关系。

附录 6(第 73 页)

参看延森(P. Jensen):《从生理学观点看有机体的目的性、进化和遗传》(耶拿,1907 年)。这是一个远超过这里所说的彻底研究。

附录 7(第 81 页)

特别参看门格尔:《社会科学方法和特别是政治经济学方法的研究》,莱比锡,1883 年。

附录 8(第 85 页)

看来有机体的发展采取了极其不同的途径,但在人类身上则主要是脑的发展显得最占优势。因此,其他躯体形式的强烈变异就成为不必要的了。

附录 9(第 108 页)

希尔布兰德现在所做的研究得出了一个结果,即用绝对空间量值补偿相对空间量值的原理并不是绝对有效的。如果我们注视一个缓慢间歇的暗室 306
中央光点,并在暗度变化时期把视力转向右边放的光点,那么,实际上居中的点在它下次出现时就会显得是在虚假中央的左边:虚假的中央现在是在两个光点之间。如果我们把侧面的光点去掉,因而毫无可见的目标,而移动视线,则错位还会变得更加剧烈。如果我们随着暗度变化阶段的节律,在左右之间变换位置,而不在中央停留,错位就会大得令人惊讶。如果我在做实验之前造成一个持续的中央后象,错位则依然存在。错位的程度是可变的,并且依赖于暂时仅仅部分已知的情况,所以无疑依赖于两点之间的虚假距离。在这里使用的距离(3—8m)上,顺便对错位点作测量,往往得到一个结果,即新的中央的错位大约是两个光点的距离的 1/3。如果我们不用两个光点,而用一对光点,把它们的距离选择到使它们能在单眼视物时与平行的视线相融合的程度(即与圆周半象的减光和一对中央光点的间歇发亮相融合的程度),则错位就能很明显地看出来;如果在其他相同的情况下我们用十字相交的视线在单眼中视物，则错位会有相当大的削弱。

从这个实验得知，在这里采用的条件（暗室、光点）下，视线的移动虽然也像在正常视觉活动中那样，是与绝对空间量值的改变相结合的，然而却没有达到完全补偿映象位移所给定的相对空间量值的改变所必要的程度。（此外，萨克斯与沃拉沙克也已经注意到这一点。）中央错位表现的总量说
307 明实际的补偿要比完全的补偿差很多，完全的补偿在通常的视觉活动的情况下是近似地或全部地达到的。为了说明这种差别，希尔布兰德援引了一件事实，即在暗室中的绝对距离也远比在装满东西的亮室中的距离差得很多。（一个用平行视线造成的融合象在前一种情况显得大约相差 $1^{1}/_{2}$m。）因为虚假宽度相同的对象离得越近，成象的视角就必然越大，所以在虚假距离上的任何差额都意味虚假宽度与真实宽度的正常对应关系的错乱：点是在一个位置看到的，对应于这个位置的通常可能是一个更大的客观的钝角。因此，如果与视线横向移动相结合的是在正常情况下获得的补偿，则这种补偿相对于现在的宽度必定是过分小的，就是说，只能是一种部分的补偿。

希尔布兰德还把施瓦茨（O. Schwarz）（《心理学杂志》第 3 卷第 398 页以下）与荷尔特（E. B. Holt）（《哈佛心理学研究》第 1 卷第 3 页以下）根据上述错误后象定位所报道的观察与单纯部分补偿的事实结合起来。这两位作者除了错误定位的后象条纹以外，也观察到正确定位的后象条纹，但这种条纹在长度方面超过了前一种条纹，据荷尔特估计，大约是三倍。马赫说过，这里涉及的仅仅是坚持以前的，因而尚未得到补偿的位置量值，这个思想是需要单纯在部分补偿的意义上加以修改的：两种后象的关系必定像视线移动中得到补偿的份额与未得到补偿的份额的关系，在这里数量关系本身自然取决于实验的特殊条件。

附录 10（第 112 页）

308 这里叙述的亚里士多德触觉实验用一种带有光滑小棒在特殊形式中所作的倒转，我在许多年以前已经有过论述，但在《感觉的分析》最近的一版中我才用文字作了叙述。埃瓦德为了同一个目的（《亚里士多德实验的倒

转》，载《感官生理学杂志》1908 年，第 44 卷）也使用绷紧的弦线，观察在注意手指长度时结果的改变，并指明这种倒转首先是由亨利（Victor Henri）在其著作《论触觉器官的空间知觉》（柏林 1898 年，第 67 页及以下）里描述出来的。

附录 11（第 122 页）

我想借用这个机会，提到塞恩的著作《耳迷路是时空的数学感官》（柏林 1908 年）。我觉得自己没有责任深究对这本书的指摘、控告、怀疑等等，但我为我的读者能读到这本书而感到高兴。我关于这个题目所写过的少量东西，仅限于 1873 年与 1874 年的几个月和本书 1886 年的一篇简短后记，而这对每个内行的人都是公开的。

附录 12（第 147 页）

参看附录 10 中提到的亨利的有价值的著作。

附录 13（第 159 页）

参看《认识与谬误》里的论述。

附录 14（第 162 页）

布太尔-雷彭先生写信告诉我："在我的 1908 年 12 月 29 目的信中，我不揣冒昧地指出，'真正高度的心理发展'（第 161—162 页）这个术语说得过头了，因为魏斯曼、福雷尔和我都一致认为，蚂蚁与蜜蜂虽然比一部反射机器要 309
高级得多，但绝没有显示出任何高度的心理发展，它们虽然显示出了多方面的发展，但在我看来，无论如何这种发展或者是完全在意识界限之内，或者——如果我可以这么说的话——是局限于本能的界限，而可能与一种朦胧的意识结合在一起。在我看来，它们的变化能力与伸缩能力是很有限的。无论如何，这里有一种位置记忆、学习能力等等。"

我援引了布太尔-雷彭先生的原话，以便在这次能公正对待他。此外，当贝特与其论敌之间的争论开始进行时，看来大家也同意我在本书第 4 版大致采取的立场。针对贝特，我当时就怀疑有完全不可改变的反射，并且把反射与随意行动的差别视为一种单纯渐进的差别。这就是大家在一种类似于我们的心理过程的过程上应该仅仅按照外在类比，而完全不按照内在类比作出展望的原因。有些动物心理学家不得不承认，类似于我们的大脑过程的过程指导着动物的行为，我同样也不理解他们的不幸。整个科学的动物心理学竟然会因而趋于毁灭吗？大脑过程恰恰是类似于其他的脑过程与脊髓过程的过程，只不过不能预测，因为这取决于个体生活史中的偶然性。但大脑过程并不因而同样起源于另一世界。

附录 15(第 184 页)

几何光学的图形错觉理论的根本原理

几何光学的图形错觉理论，我已经作过详细的讨论[1]，这种错觉的特征
310 在于用单眼观看物体图形时，近处显得远，远处显得近，因而低处显得高，高处显得低。

如果像图 1 所示，我们观察一个由白卡片切成的实际纸片 **ABCD**，它在它的中点 **G** 被固定在一根用不动的手握住的棍棒上，我们用单眼凝视它的倾斜位置，并且我们持续注视实际纸片上的两个相距较远的角点 **B**,**C** 之一，我们就会觉得相应的梯形幻觉纸片 *ABCD* 围绕着棍棒的延伸轴线 **GH** 转向部分地由虚线画出、部分地由点标出的位置。对应于实际纸片较远的边 **BC** 的幻觉纸片较近的边 *BC*，显得长度缩短了，而对应于实际纸片较近的边 **AD** 的幻觉纸片较远的边 *AD*，则显得长度加大了，因此，幻觉纸片的其他两个边 *AB*，*CD* 也显得在向观察者会聚。此外，在棍棒前方的幻觉纸片部分显得缩小很多，而在棍棒后方的幻觉纸片则显得扩大很多。通过精心的实验观察得知，实际纸片 **ABCD** 与幻觉纸片 *ABCD* 的各个对应点是在向视点，即眼睛的静止旋点延伸的直线上。

---

① 布尔迈斯特：《几何光学图形理论》，载《心理学杂志》，第 41 卷第 321 页（1906 年）与第 50 卷第 219 页（1908 年）。

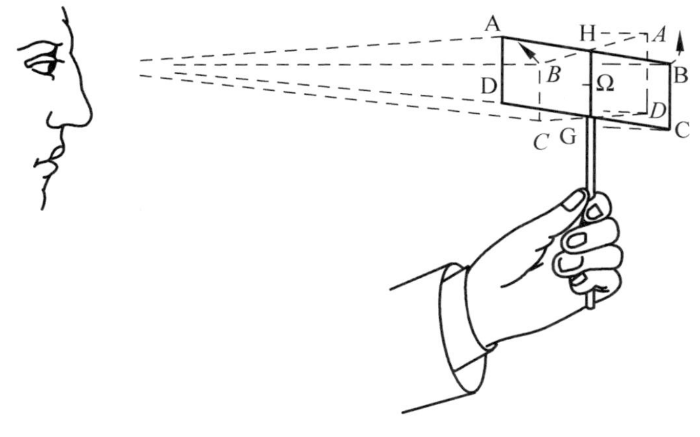

图 1

为了从几何学观点研究在实际纸片上发生的图形错觉现象，视点与直 311
线 **GH** 决定的平面可被称为投射平面，在 **GH** 上垂直于这个平面的平面可被称为中立平面，从视点落到这个平面上垂直线的脚点 Ω 可被称为首点。中立平面的标志在于：它的一切点就像线段 **GH** 的各个点一样是无错觉的。

如果不断注视角点 **B**,**C** 之一，手不动而握着的棍棒随实际纸片旋转，则幻觉纸片按相反方向围绕棍棒的延伸轴线 **GH** 而旋转，就像在对应点 **B**,B 上向左的箭头所示的那样。在这种旋转中，实际纸片与中立平面构成一个扩大的角 w，方向相反地旋转的幻觉纸片也与中立平面构成一个扩大的角 w，它是不能由观察决定的。在这个旋转期间，幻觉纸片对于做实验的观察者是一直存在的，直到它随实际纸片同时跟投射平面重合，于是 w＝w＝90°；但幻觉纸片有时也随实际纸片同时越过投射平面，直到它随不断缩小的旋转消失不见。如果角 w 为旋转所缩小，则角 w 也会缩小。

根据许多系统地做过的观察，可以假定每个角 w 都有一个相等的对应角 w。因此，如果实际纸片与中立平面重合，则 w＝w＝0，而且幻觉纸片在这个特殊位置上也可以被认为与实际纸片是同一个。这样，如果更广泛地考察的不是实际东西与幻觉东西，而是实际空间与幻觉空间，则可得出几何光学的图形错觉理论的根本原理。

312 在几何光学的图形错觉中，实际空间与幻觉空间的各个对应点的联结直线都是经过视点的，在一条经过首点的中立平面直线中切割开的两个对应平面都与中立平面形成相等的角。

按照这条原理，例如在图 1 中，对于实际空间中的一个点 **A**，就能规定出幻觉空间中的对应点 *A*。经过实际点 *A* 与首点 Ω 的任一实际平面与对应的幻觉平面，都是在与这两个平面形成等角的中立平面的一条直线 **GH** 上切割开的，而且从实际点 **A** 伸向视点的直线在对应的幻觉点 *A* 切割开幻觉平面。反之，如果 *A* 被假定为实际点，则由此得知 **A** 是对应的幻觉点。实际空间与幻觉空间的这种相互转换也可以称为渐伸浮雕体视。这就用几何学解释了图形错觉，因为在已知视点与中立平面时，对于任何实际图形都可用构造方法规定对应的幻觉图形。

如果在图 1 中不是实际纸片，而是由卡片切成的、形体一样的幻觉纸片 *ABCD*，被视为在用单眼注视相距较远的点 *A*，*D* 之一时的实际纸片，则对应的幻觉纸片显得有以前的实际纸片 **ABCD** 的形式与位置。

像图 2 所示，如果我们观察一个固定在棍棒上的、折成直角的实际纸片 **AHBCGD**，它的折边 **GH** 在棍棒的延伸的轴线上，它的凹面没有明显的投影而朝着观察者，则在我们用单眼注视折边的一个点 Ω 时，对应的、打折的幻觉
313 纸片 **AH***BC***GD** 以凸面在虚线画出的位置上显得朝向观察者。从视点落到折边 **GH** 上的垂直线的脚点 Ω 是首点，而通过 **GH** 与这条垂直线成直角的平面是中立平面。

棍棒有一种倾向，它使打折的实际纸片向着观察者或离开观察者倾斜，与这种倾向对应的是凸出的、打折的幻觉纸片的折边的相反倾向。在旋转棍棒时，幻觉纸片以相反的方向围绕着它那向棍棒倾斜的折边旋转。在这种情况中只有支点 **G** 不从打折的实际纸片产生错觉，并且那个通过支点而与从视点伸向注视点的直线成直角的平面是中立平面。如果打折的实际纸片以凸起的面朝向观察者，并且用单眼注视的一个点是在一个背向观察者的边上，则对应的打折的幻觉纸片显得是凹入的。按照这种理论，可以预先决定图形错觉的现象。

如果凹入的打折的幻觉纸片是在桌上，并且注视桌上折边的角点，则两
314 个在桌上靠前的角点是没有错觉的和固定不动的，并且幻觉纸片显得是一个

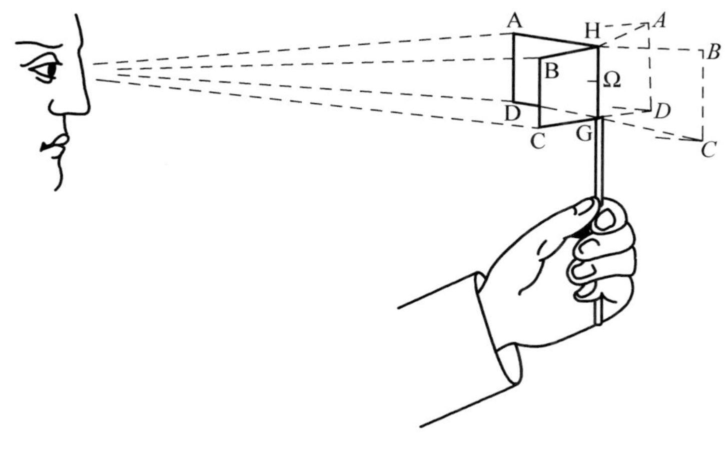

图 2

凸起打折的、倾斜放置的幻觉纸片，它在视点向这两个固定的、放在桌上的角点移动时，只在罕见的兴奋状态中有改变。

如果用光线斜照一个实际图形，则在幻觉图形上照亮的部分显得有令人注目的、"向外焕发的"光辉，而自身的阴影与投影则只有不可描述的独特的闪光。这种现象现在尚未毫无异议地得到解释。

在用三块正方形硬纸片做成的立方体的凹角与凸角上，在用导线组成的骨骼形立方体上，在用硬纸片做成的阶梯上，在用石膏制成的中空形浮雕上，如果视点不动而这些实际图形被移动，或视点被移动而这些实际图形不动，则会表现出多种多样的幻觉图形。

——L. 布尔迈斯特

附录 16(第 188 页)

根据组织学研究，施特尔教授已将他对视觉过程的看法有所改变。他的新观点扼要阐述于他的论文《单眼形象》(《维也纳哲学学会年报》，莱比锡 1910 年)里。他继承了舍夫勒的视觉细胞变化理论，不过他还试图查明这种变化的机理。视觉的主要过程被移到了眼里。

附录 17(第 247 页)

借用 1910 年在维也纳召开国际生理学家大会的机会,埃瓦德教授对我作了亲切访问,给我看了他的仪器与实验结果,从而打消了我对这个美好的理论能否成立的最后怀疑。

附录 18(第 251 页)

几乎毋庸置疑,脑的迅速发展使任何其他躯体的形态变化都成了不必要
315 的,而退居次要地位。谁能借助于自己的大脑的发育,发明一种云梯或链球,谁就绝没有必要获得用于攀登的足趾和分量很大的拳头。他单纯通过脑的发展,就变成了世界的主人。(参看《通俗科学讲演集》第 4 版第 455 页)因此,低估脑在生存斗争中的发展肯定是不正确的。人们也很容易发生一种错觉,以为只有学者、作家、艺术家等等才有某种精细的智力,而且由于这些智力很特殊,就像课本里讲的那样,认为它们对实际生活毫无用处。成吉思汗确是一位最天才的君主,尽管马哥勃罗到处夸张,但成吉思汗在其庞大帝国中创立的宏伟福利设施却是他精神伟大之不可收买的证据,这样宏伟的福利设施现在也还无与伦比。这样就消除了我与彼得楚尔特之间的一个使我感到痛苦的分歧。(《纯粹经验哲学导论》第 2 卷,第 179 页)

附录 19(第 264 页)

施特尔通过他的独创性的概念研究,非常接近于我的观点。见他的《心理学表述中的逻辑纲要》(维也纳 1905 年)和《心理学表述中的逻辑教程》(维也纳 1910 年)。

附录 20(第 268 页)

这一版的第十二节,除了最后一句话以外,都是 1886 年第一版的第 12
316 节(第 154 页)原有的。这一节可以用来证明,我像阿芬那留斯(1888 年)那样,极其重视稳定性。

附录21(第270页)

这一版第十三节提出的问题与杜里舒《自然概念和自然判断》(莱比锡1904年,第4页以下)中所谓的第二级现实事物和第三级现实事物是相关的。我没有忽视这一点,但没有特别提到它。像《自然概念和自然判断》这样的著作,可惜容易使人为过多的名称而影响对内容的理解。

事项索引*

* 事项与页码均按德文版译出。

人名索引*

* 人名与页码均按德文版译出。

图书在版编目(CIP)数据

感觉的分析/(奥)马赫著;洪谦,唐钺,梁志学译.—北京:商务印书馆,2017
(汉译世界学术名著丛书:120年纪念版:珍藏本)
ISBN 978-7-100-14762-0

Ⅰ.①感… Ⅱ.①马… ②洪… ③唐… ④梁…
Ⅲ.①感觉—分析 Ⅳ.①B842.2

中国版本图书馆CIP数据核字(2017)第158547号

汉译世界学术名著丛书
(120年纪念版·珍藏本)
感觉的分析
〔奥〕马赫 著
洪谦 唐钺 梁志学 译

商务印书馆出版
(北京王府井大街36号 邮政编码100710)
商务印书馆发行
北京冠中印刷厂印刷
ISBN 978-7-100-14762-0

2017年12月第1版 开本710×1000 1/16
2017年12月北京第1次印刷 印张21½
定价:108.00元